·河南社会科学文库·
编委会

主　任　孔玉芳
副主任　王　耀　杨　杰
委　员（以姓氏笔画为序）
　　　　孔玉芳　王　耀
　　　　王朝纪　关玉梅
　　　　李自强　杨　杰
　　　　孟繁华　唐玉宏

人的全面自由发展之路
——一个马克思主义中国化的命题叙述

姚巧华 著

河南人民出版社

图书在版编目(CIP)数据

人的全面自由发展之路:一个马克思主义中国化的命题叙述/姚巧华著. —郑州:河南人民出版社,2012.2
ISBN 978-7-215-07873-4

Ⅰ.①人… Ⅱ.①姚… Ⅲ.①马克思主义-人学-研究②马克思主义-发展-研究-中国 Ⅳ.①A811.64②D61

中国版本图书馆 CIP 数据核字(2011)第267153号

河南人民出版社出版发行
(地址:郑州市经五路66号 邮政编码:450002 电话:65788050)
新华书店经销 河南省瑞光印务股份有限公司印刷
开本 680毫米×960毫米 1/16 印张 16
字数 260千字
2012年2月第1版 2012年2月第1次印刷
定价:50.00元

总　序

适值"十二五"规划开局和中原经济区建设起步之年,《河南社会科学文库》与广大读者见面了。

改革开放以来,在中共河南省委和河南省政府的正确领导下,河南省社科界坚持以马列主义、毛泽东思想、邓小平理论和"三个代表"重要思想为指导,深入贯彻落实科学发展观,哲学社会科学事业不断进步和发展,在推动中原崛起、河南振兴进程中发挥了积极作用。当前,"十二五"规划的实施和中原经济区建设的推进,为河南经济社会持续健康发展提供了难得的历史机遇和实践平台。可以说,未来一个时期,将是河南经济社会大发展、大繁荣的一个重要时期。"十二五"规划和中原经济区建设是一项全新的伟大事业,有许多重大的理论问题和现实问题需要研究探索,有许多新的实践经验需要总结梳理,有许多热点难点问题需要科学解答。这一重任,责无旁贷地落到了全省哲学社会科学工作者的肩上。胡锦涛同志曾经指出,努力为建设中国特色社会主义事业、为党和政府的决策提供智力支持和理论服务,应该成为全国广大哲学社会科学工作者的一个最基本的任务。这是胡锦涛同志对广大哲学社会科学工作者的殷切希望,也是哲学社会科学工作者的使命所在。2010 年 12 月 28 日,中共河南省委书记卢展工同志在 2010 年度省领导与社科界专家学者座谈会上强调,要把社科联建成党委、政府与社科工作者沟通交流的重要平台,社科工作者之间沟通交流的重要平台,切实推动研究成果向现实生产力转化,进一步繁荣发展河南哲学社会科学事业。有鉴于此,我们积极策划推出了《河南社会科学文库》。该文库每年一辑,每辑 10 本。

出版《河南社会科学文库》，旨在集中推出新的历史时期代表河南哲学社会科学研究水平的学术精品，努力构筑河南哲学社会科学领域的理论高地和人才高地，充分展示河南哲学社会科学的学术创造力，更好地发挥优秀成果和优秀人才的示范带动作用，鼓励广大哲学社会科学工作者以优良学风创造出更多的精品力作，不断推动河南哲学社会科学事业繁荣发展。

《河南社会科学文库》是一个开放的工程。今后，我们将随着形势和任务的需要，在省委和省政府的正确领导下，坚持以中国特色社会主义理论体系为指导，自觉服务于中国特色社会主义建设大局以及河南改革开放和社会主义现代化建设实际，实事求是，开拓进取，科学遴选有较高理论价值和实践意义的选题，不断推出新的力作，并使之尽快转化为社会生产力，更好地为河南经济社会发展服务，为加快中原经济区建设，实现中原崛起、河南振兴提供智力支持和理论服务。

河南省社会科学界联合会
2011 年 3 月

前　言

马克思主义是关于人类解放的理论,实现每个人全面而自由的发展是马克思主义一以贯之的价值立场、理论主旨和基本思想,是社会主义的根本价值追求,因而也是判断马克思主义中国化进程的一个基本尺度。马克思以人类解放为使命,本着寻求人类从必然王国迈向自由王国道路的初衷,深入剖析人的发展所受种种制约的根源,科学预测了人类从"人的依赖性"走向"以物的依赖性为基础的人的独立性"、而后迈向"自由个性"的演进图景,规定共产主义社会是"以每个人的全面而自由的发展为基本原则的社会形式",并科学指明人类获得全面自由发展的具体途径,为人类留下一个完整、科学的解放理论。

马克思关于人的解放理论向我们指示出,在以马克思主义理论为指导的中国特色社会主义发展中,要始终体现人的全面自由发展这一刚性价值追求。制度原则的确立、体制规范的建设、路线方针政策的制定与执行都应有利于激发人的本质力量、提升人的主体地位、伸展人的自由个性。

自马克思主义传入中国以来,中国早期马克思主义者和以毛泽东、邓小平、江泽民、胡锦涛为主要领导的历代党和国家领导集体,从中华民族独立和中国人民解放的迫切需要出发,在对社会主义应如何认识和对待"人"这个根本问题的探索中,自觉将马克思主义人的全面自由发展理论逐步体现在社会主义革命和建设的伟大历史进程中,走出了一条中国特色的人的解放和发展之路。

以李大钊、陈独秀、瞿秋白等为主要代表的中国早期马克思主义者,面对启蒙与救亡的双重使命，依据对马克思主义的初步认识，比较科学地解读了其人的全面自由发展理论，提出社会主义与人的发展应是统一的，是"个性解放与大同团结相统一的运动"；探讨了马克思关于实现人的解放的具体途径，如"以经济变革为基础的社会制度变革是实现无产阶级解放的根本途径"、"民众是变革社会、实现自身解放的主体力量"、"用革命的方式实现无产阶级人民大众的解放"等，为此后将这一思想付诸实践进行了较好的理论启蒙。

毛泽东时代，帝国主义、封建主义和官僚资本主义的多重压迫和剥削强烈凸显出中国人民要求解放的时代课题。以毛泽东为核心的党的第一代领导集体视社会主义为人民当家作主的制度保证，并将此确立为革命的奋斗目标。毛泽东围绕救亡图存的革命斗争，一方面充分阐发了马克思的人学思想，作出了理论建树；同时立足于解放人、拯救人，带领中国人民进行了艰苦卓绝的革命战争，最终推翻了"三座大山"，斩断了捆绑中国人民的"四大绳索"，建立了社会主义新中国，创造了中国人民当家作主的政治前提，实现了中国人民解放道路上具有里程碑意义的第一次飞跃。但受当时中国特定的时代任务、社会发育程度所限，加之主观上的失误，毛泽东的探索过程中也出现了失误，如集体主义偏向对个人合理需求的淹没、超前的生产关系对人的发展基础的削弱、"阶级斗争为纲"笼罩下的人本悲剧、"多面手"培养中的人本误读等。造成上述失误的重要原因在于毛泽东过多地从生产资料所有制结构等基本特征方面来理解社会主义，最终导致了实践中片面追求生产关系"一大二公三纯"的"左"倾的错误，偏离了社会主义人的价值取向。

党的十一届三中全会的召开不仅拉开了新时期改革开放的大幕，而且也揭开了人的发展的新篇章，进入了中国特色社会主义人的全面自由发展理论的演进阶段。以邓小平为核心的党的第二代领导集体打破了既往从基本物征上认识社会主义的思维定势，在对"什么是社会主义、怎样建设社会主义"的追问中，把满足人的需要确立为社会主义的根本价值追求，提出以"共同富裕"为最终目的的社会主义本质论，开创了中国特色社会主义人的全面自由发展理论的新起点。实践中，他立足于造福人民、使中国人民富裕起来，致力于物质文明建设，大力发展经济、解放生产力,创造了中国人民实现发展的决定性前提——物质财富基础,是中国人民迈向解放道路上的又一次飞跃。他还通过大力加强社会主义精神文明建设,培育了一批以"四有"为特征的社会主义新人,不仅为社会主义现代化建设提供了精神动力、智力支持和思想保证,而且还极大地解放了中国人民的思想,提升了国民的综合素质,从而促进了人的发展。

以江泽民为核心的党的第三代领导集体面对总体小康社会目标实现之后中国人民要求拓展自身发展丰富性的强烈愿望,首次在中国共产党的纲领性文献中确认了马克思所说的"共产主义社会是每个人全面而自由发展的社会",用清晰的语言阐明了马克思主义学说蕴涵的理论主旨;同时,秉承邓小平社会主义本质论,进一步将"促进人的全面发展"明确为"社会主义新社会的本质要求",提出了人与社会发展"两个历史过程相统一"的思想,在党的基本理论发展史上初次确认了中国特色社会主义的价值取向在于促进人的全面发展,是对马克思主义人的全面自由发展理论的重大深化与推进。

进入21世纪之后,适应以人为中心的社会发展理念在全球的崛起和全面建设小康社会的新格局,以胡锦涛为核心的党的中央领导集体根据时代特征的变化提出了科学发展观,并将此作为建设中国特色社会主义必须坚持和贯彻的重大战略思想。科学发展观明确界定了以人为本的科学内涵,将以人为本置于科学发展观的本质和核心地位,实现了中国化马克思主义人的全面自由发展理论从理论形态到实践形态的突破,其显著标志是在党的执政治国理念中首次提出了"以人为本"思想,是马克思主义人的全面自由发展理论中国化的又一次历史性飞跃。另外,以人为本还是一种治理原则,从深层次上回答了中国特色社会主义"靠谁发展"、"怎样发展"和"为谁发展"的问题,体现了以胡锦涛为核心的党的新一届领导集体自觉将既往所追求的人的解放宗旨更加确切地落实到执政治国理念与社会运行机制之中,与现实社会运动构成一个有机整体,从而使这一思想实现了从抽象到具体、从理论到实践的巨大转变。

今天站在新世纪的潮头,回眸马克思主义人的全面自由发展理论百年中国之路可以看出:以毛泽东、邓小平、江泽民、胡锦涛等为核心的历代党和国家领导集体,秉承马克思主义人的全面自由发展基本原则,以满腔的人文情怀规划中国社会主义革命和建设,人的发展目标在中国社会主义发展中由模糊甚至偏离逐渐走向清晰,最后成为社会主义的主导价值观。在实践中,历代党和国家领导集体分别站在不同的逻辑起点、面对不同的时代任务,设计了递进式人的发展目标,圆满完成了特定条件下人的解放的历史使命,走出了一条中国特色人的解放和发展之路。马克思主义人的全面自由发展理论中国化的历史进程呈现出"指导思想的一脉相承性、治国理念的与时俱进性、目标设计的时代差异性、实践推进的阶段演进性"等基本特点。但由于受制于社会发展的现实状况,无论是理论的推进还是人的全面发展实现程度,皆与马克思所设想的人的全面自由发展理想状态存在着相当大的距离。真正实现每个人的全面而自由发展的任务还相当艰巨,在未来实践中应力避将初见成效的东西视为完美无缺的模式而滞迟前进的步伐。

目　录

导论　沿着马克思开辟的道路——人的全面而自由的发展 … *1*
　一、问题的缘起 …………………………………………… *1*
　二、研究的视角 …………………………………………… *7*
　三、结构与主线 …………………………………………… *15*

上　篇

第一章　毛泽东的人的全面自由发展理论形成的时代背景 …… *23*
　一、帝国主义与无产阶级革命时代凸现人的解放课题 ………… *23*
　二、半殖民地半封建社会条件下救亡图存的历史使命 ………… *26*
　三、中国早期马克思主义者对人的全面自由发展理论的启蒙
　　　与传播 ……………………………………………… *28*

第二章　毛泽东对人的全面自由发展理论的艰辛探索 ……… *45*
　一、毛泽东关于人的全面自由发展的哲学思考 ……………… *46*
　二、中国革命的人本进程 …………………………………… *62*
　三、社会主义建设中塑造"新人"的思想 …………………… *71*
　四、毛泽东的人的全面自由发展思想的历史地位 …………… *80*

下 篇

第三章 中国特色社会主义理论体系的人的全面自由发展理论的演进方位 …… 99
一、人类社会发展历史长河的审视 …………………… 100
二、人的全面自由发展理论演进的国际背景 ………… 109
三、人的全面自由发展理论演进的国内背景 ………… 123

第四章 邓小平对人的全面自由发展理论的开拓与创新 …… 132
一、邓小平对"什么是社会主义"的再认识 ………… 132
二、社会主义本质论的人民性 ………………………… 141
三、社会主义本质论指导下的人本实践 ……………… 149
四、邓小平的人的全面自由发展思想的历史地位 …… 163

第五章 江泽民对人的全面自由发展理论的深化与推进 …… 166
一、促进人的全面发展是社会主义新社会的本质要求 ………… 166
二、人的全面发展的辩证统一思想 …………………… 175
三、"三个代表"重要思想与人的全面发展 ………… 183
四、江泽民的人的全面自由发展思想的历史地位 …… 187

第六章 胡锦涛对人的全面自由发展理论的拓展与升华 …… 191
一、时代语境下以人为本的精神实质 ………………… 191
二、坚持以人为本在当代中国社会治理中的价值诉求 ……… 203
三、胡锦涛的人的全面自由发展思想的历史地位 …… 212

终论　人的全面自由发展理论百年中国之路——特点与前瞻 ·················· *217*
　　一、中国化的人的全面自由发展理论的基本特点 ·················· *217*
　　二、中国化的人的全面自由发展理论与实践前瞻 ·················· *227*

参考资料 ·················· *232*

后记 ·················· *243*

导论 沿着马克思开辟的道路
——人的全面而自由的发展

实现每个人全面而自由的发展是马克思主义一以贯之的价值立场、理论主旨和基本思想,是社会主义的根本价值追求,也是判断马克思主义中国化进程的一个基本尺度。自马克思主义传入中国以来,中国早期马克思主义者李大钊、陈独秀、瞿秋白等和以毛泽东、邓小平、江泽民、胡锦涛为核心的历代党和国家领导集体,从中华民族独立和中国人民解放的迫切需要出发,在对社会主义应如何认识和对待"人"这个根本问题的探索中,自觉将马克思主义人的全面自由发展理论逐步体现在社会主义革命和建设的伟大历史进程中,走出了一条中国特色的人的解放和发展之路。

一、问题的缘起

(一)实现每个人全面而自由的发展是马克思主义学说的理论主旨

"马克思主义是人的解放学"①。在马克思之前,人的问题已经开始吸引着人们或歌颂、或批判、或呐喊、或追问、或奋而争取,期望以此助推人类摆脱受苦难、受压迫、受束缚的实然状态而进入全面自由发展的应然境界。伴随着人类社会的诞生和延续,人的发展也一直在丰富和进步中,

---

① 高放:《加强对马克思主义科学的整体研究》,载《马克思主义与现实》2005 年第 2 期。

但其作为一种思潮并掀起壮阔的运动则始于西方"文艺复兴"时期。文艺复兴运动倡导"解放人、开发人",第一次将目光从对"神"的崇拜转向对"人"的重视。18世纪的启蒙运动高呼人性的张扬,把理性视为人与动物的根本区别,将人性从仅仅是动物本能的理解中剥离出来,体现出一种人道主义情怀。面对被资本主义隆隆机器声扭曲了的人性和大批单面畸形人的出现,以圣西门、傅立叶、欧文为代表的空想社会主义者在痛斥资本主义私有制的同时设计出一种人人和谐、平等、自由的新社会模式并进行了大量实验。同期的德国还有两位伟大的哲学家,一个是给马克思以辩证法启迪的黑格尔,另一个是给马克思以唯物论灵感的费尔巴哈。黑格尔认为,"社会和国家的目的在于使一切人类的潜能以及一切个人的能力在一切方面和一切方向都可以得到发展和表现"[①]。费尔巴哈则提出要以人为本位,确认人在宇宙中的地位、作用和价值。

就是在这样一种关注人、拯救人的呼唤声中,马克思站在辩证唯物论和历史唯物主义的立场上,厘清了既往形形色色的抽象、机械的人道说教,建立起了人的解放学说——人的全面而自由发展的理论。马克思曾倾注一生去认知人、分析人、论证人、寻找实现人的全面发展的现实必要条件,彰显着马克思对"宇宙之精华"、"万物之灵长"的价值追求。早在中学毕业时,马克思就立下了为人类解放而奋斗的远大理想。此后他博取集成,孜孜不倦地开拓着这一主题,并最终凭其过人之处超脱了学院之争,走出了人道主义的窠臼,将自己的人学思想建筑在唯物主义的基石之上,并寻找到了实现人的全面自由发展的现实路径。1848年马克思在《共产党宣言》中明确指出:未来共产主义新社会,"每个人的自由发展是一切人的自由发展的条件"[②]。1867年马克思在《资本论》中重申:未来共产主义社会是"一个更高级的、以每个人的全面而自由的发展为基本原则的社会形式"[③]。1877年马克思在《〈祖国纪事〉杂志编辑部的信》中,把共产主义社会称为是"在保证社会劳动生产力极高度发展的同时

---

① [德]黑格尔著、朱光潜译:《美学》第1卷,商务印书馆1979年版,第59页。
② 《马克思恩格斯选集》第1卷,人民出版社1995年版,第294页。
③ 《马克思恩格斯全集》第23卷,人民出版社1972年版,第649页。

又保证每个生产者个人最全面的发展的这样一种经济形态"①。可见,实现每个人全面而自由的发展既是《共产党宣言》的基本思想,也是整个马克思主义学说的价值立场和理论主旨。恩格斯晚年有记者问他:你认为马克思主义最基本的信条是什么? 他回答说,是《共产党宣言》中的这句话,"每个人的自由发展是一切人自由发展的条件"。作为马克思一生并肩战斗的亲密战友,恩格斯用一句话点明了整个马克思主义学说的论纲。即实现每个人的全面而自由的发展是灵魂、是统率、是贯穿在整个马克思主义学说字里行间的一根红线。

然而,马克思主义学说绝非一种"经院哲学"或"贵族式闲暇哲学",它跳出了"只是用不同的方式解释世界"的西方哲学传统而立志于"改变世界"。马克思接受人道主义,不是把它作为各种哲学中的一种,而是把它作为一种历史事实,或者更确切地说,作为一种历史可能性。通过变革阻碍实现"全面的个人"的现存社会条件,可以建立起实现"全面的个人"的新的社会条件。马克思接受人道社会(社会主义)的"价值",并把它作为思想和行动的标准,就像人们接受健康的价值,并把它作为诊断与治疗疾病的标准一样。② 换言之,马克思创立其学说的动意,决不在于构筑一个完满的理论体系而使自己成为一个什么"家",而是致力于"现存世界革命化,实际地反对并改变现存的事物"③。马克思主义学说作为推进现存世界革命化的根本理论,其深层价值旨归正在于"推翻那些使人成为被侮辱、被奴役、被遗弃和被蔑视的东西的一切关系"④,实现人类的解放与自由。

在资本主义语境下,马克思主义并非一种泛化的人的解放学说,而是有着鲜明的阶级指向。它首先是为了服务于当时风起云涌的无产阶级自我拯救、自我解放的革命运动,是适应无产阶级挣脱异化困境斗争实践的

---

① 《马克思恩格斯选集》第3卷,人民出版社1995年版,第342页。
② 参见[美]杜娜叶夫斯卡娅著、傅小平译:《马克思主义与自由》的序言《赫伯特·马尔库塞写的序言》,辽宁教育出版社1998年版。
③ 《马克思恩格斯选集》第1卷,人民出版社1995年版,第75页。
④ 《马克思恩格斯选集》第1卷,人民出版社1995年版,第10页。

需要。"马克思从一开始就是从生产中无产阶级的活动出发的"①。他所生活的时代正处于资本主义上升时期,他所直接遭遇的是被资本严重异化了的、正在进行着激烈抗争的工人阶级。就当时无产阶级为改变自身的生存境遇、追求自身解放与自由的具体情况看,渐次成熟起来的无产阶级已经开始超越单纯的经济利益,开始提出包括政治自由等在内的全面要求,迫切需要一种成熟、科学、行动的理论来催生无产阶级运动由自发走向自觉。显然,这是当时盛极一时的空想社会主义理论无法支撑起来的艰巨使命,必须以一种体现科学性与革命性相统一、兼具无产阶级运动合规律性与合目的性的崭新革命理论作指导。因此不可抗力的时代发展将马克思主义学说与无产阶级争取自身解放的运动"胶"在了一起:"这个解放的头脑是哲学,它的心脏是无产阶级","哲学把无产阶级当作自己的物质武器,同样地,无产阶级也把哲学当作自己的精神武器"。

在解放工人阶级崇高使命的驱使下,马克思将理论触角伸向资本主义的生产方式。马克思对资本主义的诊断,其本意绝非是探索救治资本主义的良方,而在于寻求无产阶级"被侮辱、被奴役、被遗弃和被蔑视"的根源和实现解放的道路。马克思的理论不是在描述和分析"自在自为"的资本主义经济,而是以另一个社会为参照来描述与分析,即以一种已成为行为的现实目标的可能性为参照来描述和分析。② 也就是说,马克思通过着力分析与解剖资本主义条件下无产阶级的生存境遇,切入资本主义生产方式、生活方式的历史与现实,提出了无产阶级获得解放的主观要求与客观条件、历史前提与现实路径、解放与自由的现实尺度与未来取向。

然而马克思的解放学说并非仅仅停留在无产阶级的革命斗争上,无产阶级的解放仅仅是实现人的全面自由发展的第一步。在完成无产阶级解放历史使命的基础上,马克思将目光投向了整个人类的解放,即"全人类的解放","每一个人"都能获得全面自由发展的机会,回归人的本质,

---

① [美]杜娜叶夫斯卡娅著、傅小平译:《马克思主义与自由》,辽宁教育出版社1998年版,第31页。
② 参见[美]杜娜叶夫斯卡娅著、傅小平译:《马克思主义与自由》的序言《赫伯特·马尔库塞写的序言》,辽宁教育出版社1998年版。

实现人类社会从必然王国向自由王国的飞跃。美国学者杜娜叶夫斯卡娅在谈到马克思的解放理论时曾说,"马克思的眼界一开始就是总体自由的眼界。他所关怀的是人类的自由,而他所瞩目的则是现代社会中与人类自由相对立的两个特征:不可避免的苦难与生命的浪费"①。为此,马克思号召人们去消灭人类社会在经济上的剥削和政治上的压迫,消灭产生剥削和压迫的社会制度,解放被剥削和被压迫的工人阶级,最终解放全人类。

(二)马克思关于人的全面自由发展的内涵规定与实现途径

在人的全面自由发展理论中,马克思不仅将其作为一个美好的理想仅仅规定为未来共产主义社会的一个基本原则,他首先从批判资本主义社会所造成人的畸形、片面发展入手,充分阐释了人的发展的具体内涵,即全面、自由、充分、和谐发展。第一,人的需要的全面发展。马克思认为,人的需要有物质需要和精神需要,在物质需要满足之后,人的需要更多地体现在社会关系精神层面,这是全面发展的人所应该具备的需求结构。在社会主义和共产主义条件下,剥削制度被消灭,生产力高度发展,社会产品极大丰富,人的需要将不断呈现出丰富性和多面性。马克思把人的需要的丰富性、普遍性看成是实现社会主义的前提。第二,人的能力的全面发展。人的能力是人的本质力量的体现,包括体力和智力、物质生产能力和精神生产能力、社会交往能力、道德修养能力和审美能力等。马克思认为,在共产主义自由王国里,发挥和发展人的能力将成为目的本身,个人能力的发展将呈现出前所未有的普遍性和全面性,任何人的职责、使命、任务就是全面地发展自己的一切能力。第三,人的个性的全面发展。人的个性是个人的自我意识及个人特有的素质、品格、气质、性格、爱好、兴趣、特长、情感等的总和。人的个性的全面发展就是指上述各个方面获得最大限度的发展,它是人的全面发展的综合表现,是共产主义社会形态的最高象征。在共产主义社会,人类社会此前所呈现的各种依赖

---

① [美]杜娜叶夫斯卡娅著、傅小平译:《马克思主义与自由》,辽宁教育出版社1998年版,第29页。

关系将被冲破,人的个性得以充分发展,整个社会将是个性充分发展的自由人联合体。第四,人的社会关系的全面发展。在马克思看来,人的本质不是单个人所固有的抽象物,在其现实性上,它是一切社会关系的总和。这里的"社会关系"是相对于自然关系而言的,指的是一定的生产方式所决定的生产关系的总和,它所反映的是人类所特有的本质联系,决定着一个人能够发展到什么程度。

应当指出的是,人的发展不仅应当是全面的,而且应当是自由的,马克思称之为"每个人的全面而自由的发展"。人的个体的全面发展,不仅是指个人的所有素质和潜能都无一遗漏地得到发展,而且是指人的全部才能的"自由发展",是人作为主体的自觉、自主、自愿的发展,即每一个个体的人不受到他人和外力的强制、完全按照自己的意愿自由地发展自己想要发展的素质和能力。

马克思还科学地指明了实现人的全面自由发展的基本途径。一是生产力高度发展是实现人的全面自由发展的物质前提。生产力的发展首先创造了日益丰富的物质生活资料,突破人的生存困境,并使人在基本满足生活需要的前提下追求精神层面的享受和自由个性的发展;而且生产力的高度发展也为人的发展提供充足的自由时间,人们才有机会从事文化娱乐、科学研究、文学创作等活动,从事各种各样的有益活动,挖掘和培养多方面的情趣、爱好及能力,使人不仅在物质关系上而且在精神关系上愈益丰富。二是消灭私有制和旧式分工是实现人的全面自由发展的根本条件。只有消灭私有制和旧式分工,才能消灭城乡差别、工农差别、脑体差别,使劳动成为真正自由自觉的活动。三是教育是实现人的全面自由发展的根本途径。教育不仅是提高社会生产的一种方法,而且是造就全面发展的人的唯一的方法。教育能弥补不同的人先天的差异,甚至超越人的天赋;还可使年轻人很快熟悉整个生产系统,使他们能够根据社会的需要或自己的爱好,轮流从一个生产部门转到另一个生产部门。因此,要大力发展教育事业,提高人们的素质,为摆脱旧式分工所带来的片面性创造条件。四是精神产品的生产是实现人的全面自由发展的重要保证。马克思认为,整个社会机体是物质生产、人类自身生产、社会关系再生产和精神产品生产的统一,精神产品(包括哲学、宗教、政治、法律、道德、文学和艺术等)的生产是整个社会生产的重要组成部分。精神产品可以强化人的主体意识,满足人们的精神和文化需求,使人逐渐形成对自身区别于他物的性质、地位、作用、价值的自觉;也能增强人们认识世界、改造世界的能力,进而促进物质生产,为人的全面自由发展提供必要的精神动力和物质基础。

综上,马克思以实现人的全面而自由的发展为根本理论宗旨和价值原则,以对人的解放与自由的诉求(在目标设定、现实基础、革命主体、实现的路径以及与之浑然一体的价值取向和思维方式)为坐标,建构起了自己的理论大厦,是一个完整、科学的人的解放理论。它向我们指示出,在以马克思主义理论为指导的中国特色社会主义发展中,要始终体现人的全面自由发展这一刚性价值追求。制度原则的确立、体制规范的建设、路线方针政策的制定与执行,都应有利于激发人的本质力量、提升人的主体地位、伸展人的自由个性。通过这样一个长期的、持续不断的努力过程,渐次达到共产党人的终极理想——自由人联合体。

二、研究的视角

作为马克思主义的理论主旨和终极价值追求,人的全面而自由发展理论自诞生以来就受到了各方关注。西方马克思主义形成了人本主义,东方国家则在以苏联为代表的社会主义实践中,先后形成了中、左、右三种观点。在中国该理论也历经百年演变,并在总体上随着中国特色社会主义日渐成熟而日益恢复其本来面貌。本研究正是站在马克思主义人本追求的价值立场上,高扬马克思主义的理论主旨,关注中国特色的人的解放发展之轨迹。

(一) 研究现状述评

人的发展始终是人类恒久的主题。自马克思主义诞生以来,该理论同时受到了东西方社会思潮的高度关注。西方马克思主义自20世纪20年代发轫之后,逐渐分化成人本主义和科学主义两大流派,其中又以人本主义为主流。人本主义依次出现的学派有以卢卡奇、科尔施、葛兰西、布洛赫为代表的非传统马克思主义,以霍克海默、阿尔多诺、马尔库塞、弗洛姆等为代表的法兰克福学派以及列斐伏尔的马克思主义生活批判理论、萨特的存在主义、赖希的弗洛伊德马克思主义等。不同的人本主义诸派别在具体问题上存在着歧见与争论,有的甚至相差很大,但其共性在于注重对马克思主义异化理论和实践哲学的解读,进而探索如何扬弃异化、实现人的彻底解放等。其突出成就主要有:注重揭示马克思人道主义根源,强调"马克思的人道主义"(卢卡奇),"把人本身作为它的基础"(萨特);秉承马克思的人本初衷,对资本主义异化现实进行批判与诊断并开出救治良方。其不足在于:舍弃了马克思历史观中基始的"唯物"的方面,倾向于将马克思学说解释为人本主义而陷入唯心主义窠臼。"作为西方马克思主义共同传统的最为突出的一个特征,或许是:其中始终存在着种种类型的欧洲唯心主义及其影响。"(安德森)

该理论在东方国家的研究状况则与以苏联为代表的社会主义实践密切相关,先后形成了中、左、右三种观点。列宁坚持共产主义"不仅满足社会成员的需要,而且保证社会全体成员的充分福利和自由的全面发展"①,在极其艰苦的条件下比较正确地践行了这一原则。然而斯大林却没能很好地承继之,他所推行的高度集权模式和肃反扩大化造成了苏联社会主义建设史上严重的"左"倾人本错位,并由此框定了两大理论研究误区:一是见物不见人,倾向于从"物质决定论"或阶级斗争等方面解释马克思主义,忽视其价值原则;二是谈人色变,将对人的关怀与关注斥为资产阶级的意识形态而列入禁区,人学研究陷入沉寂。20世纪80年代,为了矫正斯大林"专横官僚主义体制",戈尔巴乔夫发表《改革与新思维》,在政治领域推行"全人类利益高于一切"的改革取向,实施了人道的民主的社会主义改革内容,将苏联人民从禁锢多年的人性牢笼中释放出来,理论研究也热衷于将马克思主义人道主义化。然而这种打着人道主义旗帜实质上否定社会主义的改革,从根本上背离了马克思主义的人本观,终使世界第一个社会主义大国走上了不归之路,成为国际共运史上最

---

① 《列宁全集》第6卷,人民出版社1986年版,第218页。

悲壮的一幕。

马克思主义人的全面自由发展理论在中国也历经百年演变,并在总体上随着中国特色社会主义日渐成熟而日益恢复马克思主义的本来面貌。西学东渐大潮中,中国早期马克思主义者对其作了两种倾向的解读:一方面他们视马克思主义为安民济世、恢复人类真正自由、平等、人道、正义之学说;另一方面又将阶级竞争视为马克思主义之钥。更为重要的是由于阶级竞争说适应了当时中国人民救亡图存的迫切需要,以致在此后长达半个多世纪的中国,阶级斗争理论几乎遮蔽了马克思主义的价值学说。更为不幸的是,新中国成立后中国社会逐渐滑向了"以阶级斗争为纲"并由此导致中国人民发展的灾难。与此相适应,这一时期的理论研究也集中在马克思主义的国家、阶级、革命等领域(即使在20世纪90年代初仍有不少政治课教程还是按这种内容编排),人的问题如斯大林时期的苏联一样成为人们不敢问津的禁区。

党的十一届三中全会的召开不仅拉开了新时期改革开放的大幕,还启动了一场对中国传统社会发展的价值革命,促使中国理论界进入了"反思哲学"时期。"反思"是全面的,也包括对"十年文革"所造成的人性摧残与扭曲的沉痛追忆。作为反思的结果,一是在实践中"以经济建设为中心",实现了党和国家工作重心的转移;二是在理论上展开了真理标准问题的大讨论,解放思想、实事求是的精神逐渐深入人心。在此进程中,马克思主义人道主义激起了理论界的强烈关注,中国思想界于80年代初发表了数以百计的文章,"呈现出汹涌澎湃的强大声势"①,并在1983年纪念马克思逝世100周年之际达到高潮,中心内容集中在人性、人的本质、异化、人道主义等问题上。这场讨论对于促使人们解放思想、深入探讨马克思主义的人本精神具有积极意义,但受苏联的影响,理论研究中也出现了一种模糊人道主义与社会主义界限的倾向。

对此,邓小平曾一针见血地指出:"有一些同志热衷于谈论人的价值、人道主义和所谓异化,他们的兴趣不在批评资本主义而在批评社会主

---

① 黄楠森:《马克思主义与人道主义》,载《学校党建与思想教育》2004年第6期。

义。"①"现在有些同志却超出了资本主义的范围,甚至也不只是针对资本主义劳动异化的残余及其后果,而是说社会主义存在异化,经济领域、政治领域、思想领域都存在异化,认为社会主义在自己的发展中,由于社会主体自身的活动,不断产生异己的力量。"②"这实际上只会引导人们去批评、怀疑和否定社会主义,使人们对社会主义、共产主义的前途失去信心"③,邓小平将此称为"精神污染"④,并同时表明态度:"人道主义作为一个理论问题和道德问题,当然是可以和需要研究讨论的。但是人道主义有各式各样,我们应当进行马克思主义的分析,宣传和实行社会主义的人道主义(在革命年代我们叫革命人道主义),批判资产阶级的人道主义。"⑤

根据邓小平的精神,时任中共中央书记处书记的胡乔木于1984年作了题为《关于人道主义和异化问题》的长篇报告,区分了作为世界观和历史观的人道主义与作为伦理原则和道德规范的人道主义,提出我们应坚持唯物主义世界观和历史观,同时在社会主义发展中贯彻人道原则但坚决摒弃人道史观。这一澄清和定论是人道主义研究史上的重大理论突破,中国理论界关于人道主义和异化问题的讨论自此渐趋平静。

20世纪80年代中后期,以美国为首的西方资本主义国家在"民主、自由、平等"的幌子下加紧了向社会主义国家"和平演变"的进程。在此攻势下,苏联戈尔巴乔夫实施的人道的民主的社会主义改革,直接触发了东欧剧变、苏联解体,在中国国内也掀起了旨在颠覆社会主义制度的政治动乱。此次社会主义国家政治领域内的普遍动荡无不打着民主、平等、自由、人权等貌似马克思主义的旗号,在理论界造成了重大混乱。不少研究难以区分马克思主义人道主义与唯心人道主义的真正差异,无法辨别马克思主义自由观与资产阶级自由化的本质不同,甚至力颂苏联人道的民主的社会主义改革,也为西方的民主、自由所吸引而乐道。此次学术界的

---

① 《邓小平文选》第3卷,人民出版社1993年版,第40—41页。
② 《邓小平文选》第3卷,人民出版社1993年版,第41页。
③ 《邓小平文选》第3卷,人民出版社1993年版,第42页。
④ 《邓小平文选》第3卷,人民出版社1993年版,第40页。
⑤ 《邓小平文选》第3卷,人民出版社1993年版,第41页。

人道主义争论在苏东剧变的巨大震撼中得到了实践的澄清,唯心的人道史观不攻自破,而作为价值原则的马克思主义人道主义合理地得到坚持。

就在对苏联模式的反思中和对"什么是社会主义"的长期追问中,20世纪90年代初邓小平提出了社会主义本质论。社会主义本质论突破了既往片面地从基本特征方面认识社会主义的思维定式和历史局限性,确认社会主义的价值取向在于实现中国人民的共同富裕,在于满足人的需求。在社会主义本质论的指引下,理论研究发生了重大转向,开始注重从人的发展方面揭示马克思主义的理论宗旨和价值立场、合目的性与价值性,探讨社会主义的价值取向。

世纪之交,人的发展因为社会主义市场经济的推行而被迅速地凸显出来。与此同时,经过中国改革开放20年大规模的社会主义现代化建设,综合国力显著提高,人的发展拥有了一定的经济基础。在此情况下,江泽民于建党八十周年之际在党的纲领性文献中第一次确认了共产主义社会人的全面自由发展原则,并将努力促进人的全面发展作为建设社会主义新社会的本质要求。自此,人道主义这个极易引起争论的词汇,无论是在施政层面还是在学术界被使用的频率大大减小,代之而起的是被马克思经常大量提到的"人的全面发展"、"人的全面自由发展"等。及至胡锦涛在执政治国理念中提出"以人为本",学术界掀起了热烈而持久的关于马克思主义人的全面自由发展思想的大讨论。讨论主要集中于下述两个方面:

一是马克思主义人的全面自由发展理论的文本解读。即根据经典著作诠释马克思关于人的全面自由发展的内涵、实质、衡量标准、实现途径和人在马克思主义学说中的地位等。如北京大学黄楠森教授主编的《人学理论与历史》通过史论结合两条途径探讨了人的发展的基本理论;中共中央党校韩庆祥教授的《马克思开辟的道路:人的全面发展研究》、《马克思人学思想研究》等全面诠释了马克思人的思想;北京大学陈志尚教授《人的全面自由发展论》详尽论述了马克思人的全面自由发展的基本理论等;还有一些学者提出了人的全面自由发展是马克思主义学说的基本思想(沈宝祥)、最高命题和根本价值(俞可平)、逻辑主线(郭清梅)、精华和核心(王伟光)等。

二是马克思主义人的全面自由发展理论中国化的研究。这方面主要集中在两大领域:第一是从"史"的角度挖掘历代党和国家领导人对该思想的认识。如冯契《中国近代哲学的革命进程》、何萍与李维武《马克思主义中国化探论》、袁洪亮《中国近代人学思想史》谈到了早期马克思主义者李大钊、李达、艾思奇等对马克思人学思想的理解;武汉大学雍涛教授《毛泽东眼中的人》、湖南大学张忠良教授《毛泽东人学思想》、郑州大学辛世俊、滕世宗教授的《邓小平人学思想》等是为数不多的有关毛泽东、邓小平两代领导人的发展思想专著;王伟光《科学发展观研究》、丁涛《胡锦涛的以人为本思想研究》等反映了胡锦涛对人的全面自由发展思想的突破;此外还有不少短论回顾和总结了毛泽东、邓小平、江泽民等党的几代领导集体的人的发展思想。第二是从"论"的角度论证人的全面自由发展为社会主义的核心价值理念、本质和基本原则,提出全面建设小康社会、构建和谐社会、落实科学发展观应以促进人的全面发展为根本追求。这方面的成果更为丰硕。

相关研究不胜枚举,皆从不同侧面触及到了这一理论及其中国化进程中对该理论的继承、丰富和发展,有些研究还相当深入。但限于篇幅与内容相关性,我们仅采用列举的方法实难穷尽当代理论界浩如烟海的丰硕成果,在此举例仅为说明性。由于该领域的研究起步较晚,还有许多值得进一步探索的问题,突出表现为"论多史少",研究多为阐发马克思主义人的全面自由发展理论、论证人的全面自由发展与中国特色社会主义的相互关系,而缺乏对百年来这个理论中国化历史进程的系统梳理,对几代领导集体人的全面发展思想的研究存在着衔接不紧甚至中断的倾向。

(二) 研究意义和创新

实现每个人全面而自由的发展是马克思主义的基本思想和社会主义的根本价值追求,也是判断马克思主义中国化进程的一个基本尺度。胡锦涛在改革开放30周年讲话中首次提出"什么是马克思主义、怎样对待马克思主义"的命题,并与"什么是社会主义、怎样建设社会主义,建设什么样的党、怎样建设党,实现什么样的发展、怎样发展"等重大理论与实际问题联系起来。深入研究人的全面自由发展理论是重新认识"什么是马克思主义、怎样对待马克思主义,什么是社会主义、怎样建设社会主义"的需要,通过梳理和再现该思想百年中国化历史进程,以期达到使这个理论与我们建设社会主义目标紧密相连的目的。

1. 理论意义

其一,深入挖掘、充分彰显和系统阐释马克思主义人的全面自由发展理论,是恢复马克思主义本来面貌、实现对"什么是马克思主义、怎样对待马克思主义"再认识的重大尝试。马克思主义是严整科学性和崇高价值性相统一的学说,其科学性在于从社会制度、生产力与生产关系、意识形态、阶级斗争等方面揭示人类社会发展的客观规律,其价值性在于高扬人的主体地位、确立了人的价值指向、实现每个人全面而自由的发展。在二者的关系中,价值性具有终极目的的意义,科学性服从和服务于价值性。既往理论界对马克思主义发展史的探讨,往往特别关注它的科学理论、历史发展的合规律性方面,却忽略了它的价值维度和作为历史活动主体与未来的合目的性,即对人的关注相对薄弱。忽视理论宗旨,不但会使科学性研究迷失方向,而且也不利于正确解读马克思主义。当前在进行马克思主义理论研究和建设工程时,理论界强调要从全局上整体把握马克思主义。所谓全局上、整体性,就在于我们不仅要重视马克思主义的科学维度,更要注重其价值维度,从手段与目的辩证统一上认识手段的必要性和目的的终极性。因此,笔者选取马克思主义人的全面自由发展理论作为本研究的关注之一,意在矫正既往马克思主义研究中重科学性、轻价值性的偏颇,回应对马克思主义"见物不见人"的种种责难与挑战,实现对"什么是马克思主义、怎样对待马克思主义"的再认识。

其二,拓展马克思主义在中国传播史研究的新领域。实施马克思主义理论研究和建设工程,其实质就是推进马克思主义的中国化。除政治经济文化社会等传统领域外,人的发展与社会发展一样,是马克思主义理论中国化的重要视域。著名学者俞可平在谈到马克思人的全面自由发展理论时曾说:"是什么东西将马克思、《共产党宣言》、科学社会主义和中国特色社会主义有机地联系起来并且具有如此巨大的魅力和影响,吸引着无数人的追逐,并对人类历史进程产生深刻的影响?我觉得最主要的,就是马克思在早年提出并在《共产党宣言》中系统阐述、又为后来的马克思主义者不断丰富发展的这一最高价值追求:消灭基于阶级分化之上的剥削与压迫,建立一个自由人的联合体,即共产主义社会,实现人性的完全复归和人的自由而全面的发展,最终实现全人类的彻底解放。""最主要的"是它"将马克思、《共产党宣言》、科学社会主义和中国特色社会主义有机地联系起来"①。因此,要研究马克思主义中国化,人的全面自由发展必然是一个重要的视域。从早期马克思主义者李大钊、陈独秀开始,到党的几代领导人毛泽东、邓小平、江泽民、胡锦涛都留下了宝贵的人的发展思想,继承、丰富和发展了马克思人的全面自由发展思想的理论宝库,对此进行历史的梳理无疑是一项极具意义的基础性和开拓性工作。

2. 实践意义

人的全面自由发展作为一个基本目标、基本原则,也是一门行动科学、一种现实运动。马克思主义自19世纪末被渐次传入中国以来,至今已有百余年的历史。一个多世纪以来,中国共产党先后进行了28年革命斗争、29年社会主义改造和探索以及30年改革开放,其根本宗旨都是为了中国人民的解放与发展。中国共产党以马克思主义理论为指导,把改变人的生存和发展状态与"什么是社会主义、怎样建设社会主义"紧密结合起来,使中国人民从饱受压迫与剥削的境地逐渐成为国家和社会的主人,实现了温饱,步入了全面小康,走出了一条"中国特色的人的解放发展之路"②。其间既有值得总结的经验,更有需要研究的教训。本研究以人为尺度,历史地审视中国社会主义人的全面自由发展进程,期待中国特色社会主义运动能够自觉地沿着马克思指引的道路前进,从而为实现共产党人的终极理想——建立"自由人联合体"的目标做出贡献。

3. 创新之处

本研究的创新之处突出表现于:

其一,领域新。研究跳出了既往马克思主义研究多集中于政治、经济、文化、社会发展等领域,而选取了作为马克思主义理论主旨、价值立场

---

① 俞可平:《努力实现人的自由而全面的发展——谈〈共产党宣言〉与中国特色社会主义》,载《马克思主义与现实》2008年第3期。
② 李中元:《人的解放和全面发展的伟大历程》,载《公民导刊》2008年第9期。

和基本思想——人的全面自由发展理论作为切入点,拓展了马克思主义中国化研究的新领域。

其二,角度新。研究不墨守关于人、人性、人的本质、人的需求等人学研究视角,而是从科学社会主义的角度审视中国社会主义在不同发展阶段上是如何认识和对待"人"这个根本问题,在人的发展问题上是如何逐步地恢复马克思主义本来面貌的,从而为将以人为本作为治国理政的核心理念提供思想资源。

其三,视域新。"史"的研究永远具有基础的地位和作用,研究针对"论多史少"的现状、着眼于"史"的追踪,全面系统地梳理自马克思主义传入中国后百年来人的全面自由发展理论中国化的历史进程,是一项具有基础性同时又具有开拓性的研究。

三、结构与主线

马克思主义是关于人类解放的理论,它以实现每个人全面而自由的发展为终极理想。该理论涉及人的内涵、人的全面自由发展的基本内容、衡量标准、实现途径等,这一理论的中国化进程也必然涵盖上述问题。本研究以马克思的解放理论——人的全面而自由的发展为切入点和理论依据,以"什么是社会主义、怎样建设社会主义"为研究平台,以人的发展为价值尺度,以梳理思想发展脉络和探索实践演变轨迹为基本思路,以文本解读、史论结合为主要方法,逻辑与历史相统一地追溯百年来在不同发展阶段上党和国家主要领导人对马克思的人的全面自由发展理论的解读、丰富和发展,追踪这一理论中国化的基本脉络,剖析其中蕴涵的理论与实践价值。

(一)上、下篇分期依据

就整体结构而言,研究分为导论、上篇、下篇和终论。其中上、下篇为研究的主体部分,共有六章。上篇包括第一章和第二章,主要谈以毛泽东为核心的党的第一代领导集体对人的全面自由发展理论的艰辛探索;下篇包括第三章到第六章,涉及中国特色社会主义人的全面自由发展理论形成的时代背景、主要内容、历史地位等,涵盖以邓小平、江泽民、胡锦涛等为核心的三代党的领导集体对这一理论的继承、丰富、发展和创新。

著作上、下篇的划分,主要是依据人的发展所处的时代背景及所要完成的历史使命。毛泽东时代是战争与革命的时代,当时中华民族正处于水深火热之中,救亡图存成为压倒一切的任务。实现人的发展的最基本前提首先是民族独立、政治解放,让中国人民站起来!新中国的成立使这一艰苦的历史任务基本得以完成,但这并不意味着中国人民已经获得巩固的政治基础。美苏在全球范围的全面"冷战"对峙让新生的社会主义中国很难置身度外,战争的威胁依然笼罩在中国上空;国内各种不甘心失败的敌对反革命势力不时向新生的人民政权发起进攻,中国人民面临着巩固政权的燃眉之急。因此,在新中国成立前后的相当长时期内,中国共产党的主要任务是夺取政权、巩固政权,努力让中国人民站稳站直,获得巩固的政治解放。

党的十一届三中全会的召开,中国人民迎来了一个新的发展机遇期。改革开放以来,和平与发展取代战争与革命而成为新的时代主题;以经济建设为中心取代阶级斗争成为中国社会主义现代化建设压倒一切的政治;人的发展在继毛泽东时代政治解放之后进入突破温饱阶段,改善民生成为邓小平时代、江泽民时代、胡锦涛时代一以贯之的历史使命,民生建设成为新时期最亮丽的风景。在此基础上,中国人民基本素质的提高、需求的丰富性逐渐延展开来。"站在人的解放和全面发展的高度之上"看,"当代中国的改革开放,是独立自主之后的中国人民追求自由幸福和美好生活的伟大创造,是决定中国未来发展和中华民族前途命运的伟大变革,是人类文明进步和中国历史发展进程中的伟大事件,是人的解放和发展的伟大实践"[①]。

基于上述考虑,我们将战争与革命时代以争取民族独立、政治解放为首要任务的党的第一代领导集体人的全面自由发展思想列为本研究的上篇,而将和平与发展时代以关注民生、提升人的主体地位、拓展人的需求为主要内容的几代领导集体(包括以邓小平、江泽民、胡锦涛为核心)的

---

① 李中元:《人的解放和全面发展的伟大历程》,载《公民导刊》2008年第9期。

探索确立为中国特色人的全面自由发展理论定为下篇。值得欣慰的是，党的十七大将邓小平理论、"三个代表"重要思想、科学发展观确立为"中国特色社会主义理论体系"。这一结论不仅使马克思主义中国化理论获得了更为科学的概括，同时也使笔者的上、下篇分期依据获得了党的纲领性文献的支持，有力佐证了这一分期的合理性！

（二）主要内容和观点

著作由导论、上篇、下篇和终论四大板块构成。

导论的主要任务有三：一是论证马克思主义人的解放学说；二是回顾马克思身后这一思想的传播、解读情况，即本领域国内外研究现状述评，在此基础上阐明研究的主旨和意义；三是交代著作的谋篇布局及主要线索和内容。导论的关键在于阐明研究的理论依据及角度，即重点论证马克思主义的解放理论。批判并主张推翻与人的存在和发展、自由个性的塑造、自我解放相违背的社会制度，构筑有利于激发人的本质力量、提升人的主体地位、伸展人的自由个性的未来社会，是马克思主义学说的主旨、原则与灵魂。马克思以人类解放为使命，本着寻求人类从必然王国迈向自由王国的道路，深入剖析人的发展所受种种制约的根源，科学预测出人类实现自由个性的"三形态"演进图景，预设了共产主义"自由人联合体"的社会形态，指明人类获得自由全面发展的现实途径，为人类留下一个完整、科学的解放理论。而这些正是本论展开的理论根据。

第一章至第二章为上篇，着重讨论以毛泽东为核心的党的第一代领导集体对人的全面自由发展理论的艰辛探索。无论是时间的跨度，还是从这一时期所实现的人的发展程度而言，毛泽东在马克思主义人的全面自由发展理论中国化进程中都占有举足轻重的地位，涉及的篇幅也较大，因此研究将此列为单篇两章。毛泽东时代正是帝国主义和无产阶级革命时代，世界范围内人的发展面临着帝国主义的对内压迫、对外侵略的严重威胁，中国人民也处于"三座大山"的重压之下。为此毛泽东倾注一生实现中华民族的独立、中国人民的解放。他所领导的反对帝国主义亡国灭种、奴役压迫的民族解放斗争，反对封建主义、官僚主义阶级压榨与剥削的阶级斗争，实质上就是要去除禁锢在中国人民身上的层层枷锁，"建立一个新中国,一个独立的、自由的、民主的、统一的、富强的新中国"①,还广大民众以自由发展之权。因此,拯救人、解放人成为毛泽东领导中国革命的根本目的。为了调动人民的积极性来完成艰巨的革命任务,毛泽东依据马克思主义的立场观点,充分阐发了人的全面自由发展理论,作出了理论建树。新中国成立后,毛泽东将人的个性解放视为社会主义的一个基本属性,提出"被束缚的个性如不得解放,就没有民主主义,也没有社会主义"②;人民民主专政,"对于胜利了的人民,是如同布帛菽粟一样地不可以须臾离开的东西。这是一个很好的东西,是一个护身的法宝,是一个传家的法宝"③。同时毛泽东试图从造福人民的思想来规划社会主义建设。他让人民坚信:现在比过去富裕,将来会比现在更好;要使农民群众共同富裕起来,穷的要富裕,所有农民都要富裕,并且富裕的程度要大大地超过现在的富裕农民。为此他制定了"鼓足干劲,力争上游,多快好省地建设社会主义"的总路线、发动了工农业生产的"大跃进"、支持建立起了政社合一的"人民公社",以此希望全国人民在"三面红旗"的指引下走上"共同富裕"的道路,根除中国人民贫困之苦。毛泽东还注重人的精神解放,制定了繁荣学术和文艺建设的双百方针,提出了又红又专的接班人、德智体全面发展的人,尝试了教育与生产劳动相结合培养人等,这些都体现了毛泽东对马克思主义人的全面自由发展理论的继承和发展。然而毛泽东关于人的思考是在特殊的时代背景下产生和发展起来的,艰巨的革命和建设任务使得毛泽东片面地吸收了马克思主义的社会发展理论,即阶级斗争、群众运动和"无产阶级专政下继续革命"的理论,将丰富多彩的人性统统打上阶级的烙印,并在实践中犯了"左"的错误;同时片面地从基本特征上来认识社会主义,在实践中追求生产关系的"一大二公三纯",窒息了生产力的发展,偏离了社会主义的价值取向,留下了沉痛的教训。

　　第三章至第六章将新时期以邓小平、江泽民、胡锦涛为核心的党的三

---

① 《毛泽东文集》第3卷,人民出版社1996年版,第304页。
② 《毛泽东书信选集》,人民出版社1983年版,第239页。
③ 《毛泽东选集》第4卷,人民出版社1991年版,第1502—1503页。

代领导集体人的发展思想置于中国特色社会主义理论的框架下,由于这几代领导集体所处的历史方位、所面临的时代任务大致相同,所以笔者列出第三章专门分析中国特色人的全面自由发展思想演进的背景。背景首先从马克思"三形态"社会分期理论入手,指出当今中国社会正处于商品经济时代,与此相适应人的发展也进入到以物的依赖性为基础的人的独立性时期。接着,我们分析了马克思主义人的全面自由发展理论在国际上的两种命运:东方大国苏联推行新思维改革引起了人道主义灾难,直接导致了苏联亡党亡国;而由西方马克思主义衍生的人本主义却渐为主流,同时在社会发展领域内以人为中心的发展理念逐渐崛起。最后结合社会主义初级阶段的现代化建设来分析人的全面自由发展理论演进的国内背景。

在上述背景下,我们从第四章开始对三代领导集体人的全面自由发展思想进行分章论述。首先是以邓小平为核心的党的第二代领导集体对人的全面自由发展理论的开拓与创新。邓小平接替的是一个贫穷的社会主义,他在沉痛反思十年"文革"所造成的民不聊生的教训基础上,率先发起了对"什么是社会主义"的再认识。他打破了毛泽东时代机械地固守于从生产资料所有制这一基本特征上去认识社会主义的常规,而注重从本质层面去把握社会主义,从而找准了建设社会主义的出发点和立足点,即从满足人的需要出发,追求人的发展,并将此作为中国特色社会主义的价值追求,提出了社会主义本质论。在实践中他立足于造福人民、使中国人民富裕起来,致力于物质文明建设,大力发展经济、解放生产力,创造了中国人民获得发展的决定性前提——物质财富基础,解决了千百年来十亿中国人民梦寐以求的吃饭问题,是中国人民迈向解放道路上的又一次飞跃;他还通过大力加强社会主义精神文明建设,培养了一批以"四有"为特征的社会主义新人,不仅为社会主义现代化建设提供了精神动力、智力支持和思想保证,而且还极大解放了中国人民的思想,提升了国民的综合素质,从而大大促进了人的发展。

第五章是以江泽民为核心的党的第三代领导集体对人的全面自由发展理论的深化与推进。面对总体小康社会目标实现之后的中国人民对自身发展丰富性有了日益强烈的要求,江泽民首先确认了马克思所说的"共产主义社会是每个人全面而自由发展的社会"思想。接着他结合中国社会发育程度,将"努力促进人的全面发展"纳入到"建设社会主义新社会的本质要求"的范畴。这不仅丰富和发展了邓小平的社会主义本质论,而且是对马克思主义关于人的全面发展思想的重大接近。江泽民还阐发了人的发展的辩证法思想,如人的全面发展与社会发展"两个历史过程"的辩证统一、最低纲领与最高纲领的辩证统一、理论与实践的统一等,为社会主义初级阶段内推进人的全面发展提供了指南。因此江泽民的突出贡献在于:他用清晰语言阐明了马克思主义学说蕴涵的基本价值,在党的基本理论发展史上首次阐明了中国特色社会主义的价值取向在于推进人的全面发展,是对马克思主义人的全面自由发展理论的重大深化与推进。

  第六章是以胡锦涛为核心的党的新一届领导集体对人的全面自由发展理论的拓展与升华。在胡锦涛时代,社会主义现代化建设的顺利推进和全面建设小康社会的新格局,大大拓展了人的全面发展空间。为此,胡锦涛提出了以人为本的科学发展观,坚持以人为本在当代中国社会治理中的价值诉求(目标指向、发展动力和价值评判),从而引发了当代中国一场深刻的价值革命,彰显了马克思主义人的全面自由发展的基本原则;以人为本从深层次上回答了经济社会发展主体、发展动力、发展目的、发展道路等问题,将马克思人的全面自由发展理论转化为指导治国理政的方略,从而将社会主义的价值目标有效地落实到社会运行机制之中,与现实社会运动构成一个有机整体,使马克思人的全面自由发展理论实现了从抽象到具体、从理论到实践的巨大转变。

  最后的部分是终论。一百多年来,中国历代党和国家领导集体以马克思主义人的全面自由发展理论为指导,矢志不渝地推进中国人民自由、解放的进程,走出了一条中国特色的人的解放之路。这一理论中国化的历史进程呈现出"指导思想上一脉相承性、治国理念上与时俱进性、形象塑造上时代差异性、实践推进上阶段演进性"的特点。但是,马克思所设想的自由人联合体,是一个漫长的人类社会发展进程,它需要高度发达的社会生产力作保障,这是今天尚处于社会主义初级阶段的中国还远远不具备。因此,当前无论是理论上的解读还是人的全面发展实现程度,皆与马克思所设想的人的全面自由发展理想存在着相当大的距离,中国人民迈向自由的王国任重而道远。

上 篇

第一章　毛泽东的人的全面自由发展理论形成的时代背景

每一时代的理论思维,从而我们时代的理论思维,都是一种历史的产物,在不同的时代具有非常不同的形式,并因而具有非常不同的内容。人的异化和人的解放是资本主义发展带来的双重效应。消除异化、实现人的解放既是马克思所面临的时代课题,也是其后帝国主义时代无产阶级革命所要承担的历史使命。从大的背景上看,毛泽东生活在帝国主义和无产阶级革命的时代。帝国主义残酷的政治统治、经济掠夺及对外侵略扩张既造成了资本主义国家内部工人阶级的反抗斗争,同时又激起了被压迫民族风起云涌的反侵略反殖民统治的革命运动。革命与战争成为19世纪末和20世纪大半个世纪的时代主题,以武装斗争的形式争取人类尤其是无产阶级解放、民族解放成为进步阶级和各民族国家的历史重任。

一、帝国主义与无产阶级革命时代凸现人的解放课题

依人类社会从低级到高级、由简单至复杂的过程来看,资本主义的产生、发展带来了社会生产力的巨大提高,无疑是人类社会的一大进步,然而这一进步是以人的巨大牺牲为代价的。资本主义在其原始积累的初期,首先将矛头指向了封建制度下的农民,对农民土地的剥夺形成全部过程的基础。资产阶级围圈农民的土地、拆毁和焚烧农民的房屋,迫使农民

成为流浪人,继而以鞭打、监禁、烙印、屠杀等残忍手段迫使农民给资本家做工,接受资本主义的剥削。大批破产的农民成为工业资本主义社会中的无产者,工人、农民成为资本积累中苦难的马前卒。当新兴的资产阶级足够强大而强烈要求颠覆阻挡其进一步拓展的封建制度时,资产阶级便鼓动、怂恿、利用农民、工人和城市小资产阶级的革命力量,发动了资产阶级革命。然而资本主义制度建立并逐渐巩固后,工人、农民并未因其在资产阶级革命中的汗马之功而成为资本家的座上宾,相反新的主人更加可怕而贪婪。马克思在揭露资本家贪得无厌地剥削工人的本质时曾经指出:"'只要还有一块肉、一根筋、一滴血可供榨取',吸血鬼就决不罢休。"①"资本原始积累的方法……是用最残酷无情的野蛮手段,在最下流、最龌龊、最卑鄙和最可恶的贪欲的驱使下完成的"②,"从头到脚,每个毛孔都滴着血和肮脏的东西"③。资本主义制度不关心人、不尊重人、不把人当人看的根本缺陷逐渐暴露出来,工人阶级受到了严重异化,为改变自身生存状况的工人罢工运动一浪高过一浪。

非但如此,资本主义还将其侵略魔爪伸向国外。因为"资本主义如果不经常扩大其统治范围,如果不开发新的地方并把非资本主义的古老国家卷入世界经济漩涡,它就不能存在与发展"④。正当西欧各国资产阶级在国内暴力驱逐农民、残酷压榨工人之时,在国外也残酷奴役和掠夺其他国家人民,把这些国家变为他们的殖民地、半殖民地或附属国。西半球的北美洲、拉丁美洲、西印度群岛,东半球的印度、印度尼西亚、奥斯曼帝国、中国、伊朗和整个非洲大陆,都留下了欧洲殖民主义者血腥征战的足迹。特别是19世纪中后期,伴随着资本主义内涵和外延的全球性扩展,人类社会的历史由自由资本主义进入到垄断资本主义——帝国主义时代。帝国主义国家之间由于经济实力的易位引发对既有分配秩序的强烈不满,最终招致了重新分赃的第一次世界大战的爆发。战争的爆发加剧了原本就紧张的工人阶级与资产阶级的矛盾、殖民者与被殖民者之间的

---

① 马克思:《资本论》第1卷,人民出版社2004年版,第349页。
② 《马克思恩格斯全集》第44卷,人民出版社2001年版,第873页。
③ 《马克思恩格斯全集》第44卷,人民出版社2001年版,第871页。
④ 《列宁选集》第1卷,人民出版社1995年版,第232页。

矛盾。矛盾中潜伏着契机,资本主义发展和扩张所造成的人的普遍异化同时也孕育了人的解放的条件。

时代的发展向人们提出了一个重大课题,即如何深刻揭露和批判资本主义、探讨资本主义制度下无产阶级生存发展境遇及更广泛程度上推动整个人类社会走向解放。时代提出的课题,需要理论作出答复。对于该课题的回答,是从马克思、恩格斯开始的。马克思生活在自由竞争资本主义阶段,他对无产阶级的关注是与资本主义社会的特点和工人运动的兴起相适应的。人的异化和解放成为具体的时代表现和要求:工人阶级在现实社会中的异化及其后果究竟是怎样产生的?工人阶级解放的根据、目标和条件是什么?基于对无产阶级解放的执著追求,马克思深入探讨了与工人阶级实现解放相关联的两个问题,即:资本主义社会在人类历史中的地位和发展趋势如何?工人阶级解放的出路在哪里?为此马克思剖析了资本主义社会的现实存在状况、社会关系和本质特征,论证了工人阶级的经济、政治地位,从而推动无产阶级从"自在阶级"走向"自为阶级",为无产阶级革命时代的到来做好思想、理论和组织上的准备,并为无产阶级乃至人类社会的最终解放奉献出崭新的科学理论——马克思主义。

进入帝国主义阶段后,资本主义世界各种矛盾进一步加深,阶级斗争日趋尖锐,革命浪潮逐步高涨,无产阶级革命已从准备期进入直接实践期。如何使无产阶级革命从理论走向实践成为新的时代课题。列宁对此作出了回答,他揭示了帝国主义政治经济发展不平衡的规律,提出了社会主义革命可以在一个国家首先取得胜利的理论,并成功领导了俄国无产阶级革命赢得了十月革命的胜利,开辟了人类历史的新纪元。十月革命的胜利同样也是以无产阶级解放为使命的马克思主义的胜利。正是在十月革命的感召和鼓舞下,世界上不少国家以马克思主义为指导、以俄为师,开始了反对帝国主义殖民统治的民族解放事业。此时殖民地半殖民地人民的民族民主革命已不再隶属旧的资产阶级革命范畴,而是属于新的无产阶级世界革命的一部分。对此列宁指出,东方觉醒之后,现代革命进入了一个新的时期。斗争的结局归根到底取决于这一点:俄国、印度、中国等等构成世界人口的绝大多数。

正是在十月革命后殖民地半殖民地国家如何实现民族解放的革命浪潮中,毛泽东成功地领导了中国人民进行国家独立、人民翻身解放的伟大革命,为实现人的独立自由发展奠定了坚实的政治基础。

二、半殖民地半封建社会条件下救亡图存的历史使命

当西方资本主义列强侵略的足迹遍及世界各个角落时,古老的天朝帝国也未能幸免。19世纪40年代以来,资本主义的坚船利炮裹挟着鸦片撞开了满清王朝锁国的大门,开启了中国半殖民地半封建化的进程,中华民族、中国人民从此陷入水深火热、亡国灭种的险境。自中国门户洞开,帝国主义为达到奴役和灭亡中国的目的,极尽军事、政治、经济、文化等种种手段,肆意蹂躏国人;而腐朽没落的中国封建统治者,为其苟延残喘的政权,摇身投靠帝国主义,成为他们在中国的代理人和看门狗。中华民族处于水深火热之中,百业凋敝、灾荒频仍,工人阶级极端贫困化,农民大批破产。中华民族不独立、中国人民不自由难发展的状况空前绝后。

早在1850年,马克思和恩格斯在分析鸦片战争以后中国的形势时就曾指出,随着外国资本主义的侵入和殖民地化的加深,必然要引起中国人民的反抗和革命。"成千上万的英美船只开到了中国;这个国家很快就为不列颠和美国廉价工业品所充斥。以手工劳动为基础的中国工业经不住机器的竞争。牢固的中华帝国遭受了社会危机。税金不能入库,国家濒于破产,大批居民赤贫如洗,这些居民开始愤懑激怒,进行反抗","甚至面临暴力革命的威胁"①。"但是,有一点仍然是令人欣慰的,即世界上最古老最巩固的帝国8年来在英国资产者的大批印花布的影响之下已经处于社会变革的前夕,而这次变革必将给这个国家的文明带来极其重要的结果。如果我们欧洲的反动分子不久的将来会逃奔亚洲,最后到达万里长城,到达最反动最保守的堡垒的大门,那末他们说不定就会看见这样

---

① 《马克思恩格斯全集》第7卷,人民出版社1995年版,第264页。

的字样:中华共和国。"①他们甚至还科学地预测了中国革命的世界意义:"过不了多少年,我们就会看到世界上最古老的帝国作垂死的挣扎,同时我们也会看到整个亚洲新纪元的曙光。"②"资本主义之征服中国,同时也将给欧美资本主义之崩溃以一个推动。"③在这里,马克思、恩格斯所说的"中华共和国"是一个有着确切内涵和指向的社会制度,是能标志着"亚洲新纪元"又同时超越"欧美资本主义"的社会形态。显然,这个社会制度不是资产阶级共和国,而是马克思、恩格斯要致力实现的自由人联合体。在我们今天看来,这个"中华共和国"就是中国人民百年奋斗的硕果——一个能让人民当家作主、为人的全面自由发展提供制度保障的政权——中华人民共和国。

我们不得不佩服马克思先于中华人民共和国成立前近百年的天才设想。遗憾的是,受制于资本主义发展演变的总体趋势及国内社会经济政治文化发育程度,中国历史并没有按照马克思的预言直接进行无产阶级社会主义革命,建立起有利于激发人的本质力量、提升人的主体地位、伸展人的自由个性的未来社会,而是绕了一个圈子:历经太平天国运动、洋务运动、戊戌变法、义和团运动、辛亥革命和五四运动,农民阶级、地主阶级、资产阶级轮番登场,先后尝试了各种救国方案——农民阶级的均分田和扫清灭洋、地主阶级的改革自救、资产阶级改良派的维新、民族资产阶级的革命等。然而,半个多世纪的各种救亡图存努力并未能挽救中华民族于危亡。相反,19世纪末20世纪初,随着垄断资本主义的产生、帝国主义的扩张加剧,中华民族的危机更加深重。特别是《中法新约》、《马关条约》、《辛丑条约》的签订更加恶化了中国人民的生存环境,亡国灭种危在旦夕。

中国社会在屡经选择依然难撼强大帝国主义和封建主义的联袂统治后,推翻帝国主义、封建主义、挽救民族于危亡、实现中国人民生存与发展的重任历史地落到无产阶级革命的身上。毛泽东人的全面自由发展理论

---

① 《马克思恩格斯全集》第7卷,人民出版社1959年版,第264—265页。
② 《马克思恩格斯全集》第12卷,人民出版社1962年版,第234页。
③ 中共中央马克思恩格斯列宁斯大林著作编译局:《马克思恩格斯论中国》,人民出版社1957年版,第143页。

承接的正是半殖民地半封建的中国如何实现民族解放的历史课题,也是继列宁在解决了帝国主义国家无产阶级解放从理论走向实践的问题后,成功回答了殖民地半殖民地国家如何实现无产阶级解放的新的时代课题。

三、中国早期马克思主义者对人的全面自由发展理论的启蒙与传播

与马克思主义在中国的传播大致同步,中国人接受其人的全面自由发展理论也经过了一个漫长的比较、选择过程。在这一漫长的过程中,中国早期马克思主义者陈独秀、李大钊、李达、瞿秋白等对马克思主义人的全面自由发展思想进行了比较科学的解读,为这一理论的中国化进行了较好的理论启蒙,为毛泽东继续探索并最终完成救亡图存的历史使命奠定了初步的思想基础。

(一)中国早期马克思主义者接受人的全面自由发展理论的背景

近代以来,外国资本主义的侵入和中国沦为半殖民地半封建社会的过程,也是先进的中国知识分子探索向西洋文明努力学习、寻求救国救民真理的过程。中国人最初认为近代中国之所以落后,其根本原因在于"船不坚、炮不利",并由此提出了"师夷长技以制夷"的思想,发起了以购买洋枪洋炮、创办新式军事工业等为主要内容的洋务运动。然而甲午中日战争的失败,北洋水师全军覆没,标志着洋务运动"以夷制夷"政治策略的失败和"中学为体,西学为用"文化政策的破产,也宣告了以"坚船利炮"为"夷之长技"观念的错误。早期的维新派逐渐意识到,西方资本主义制度也有"本"、"末"之区别,洋务运动最大的失误在于只学习西洋之"末",而没有掌握西洋之"本"。因此,以康有为、梁启超为首的资产阶级改良派发起了一场按照西方资本主义国家的本来面貌改造中国的运动,试图从"本"上寻找中国的出路。然而由于中国资本主义薄弱的经济基础、维新派的软弱性和妥协性使之缺乏反帝反封建的勇气,非但反对,他

们还怀抱着对封建反动势力和西方列强的幻想,寄希望于无实权的皇帝身上,远离了民众,最终注定其昙花一现的败局。改良派的惨败并未彻底打消中国人以"政体"制胜"西洋"的追求,以孙中山为首的资产阶级革命派不甘心失败,再次做出了努力。20世纪初的辛亥革命,推翻了中国历史上最后一个封建王朝,结束了封建君主专制,建立了共和国,并确立了"中华民国之主权,属于国民全体"①的政权。然而由于民族资产阶级固有的阶级局限性等原因,辛亥革命打倒了一个昏聩的皇朝,却换来一个更为黑暗的民国,中国人民反帝反封的任务依然步履维艰。洋务惨败、共和未成,先进的知识分子将问题症结归咎到国民的劣根性上,而造成国民劣根性的根本原因在于中了封建思想的毒。为此中国的知识分子发起了一场以西方资本主义近代文化为蓝本、以封建思想为批判对象、以塑造近代资产阶级国民形象为旨归的新文化运动。

新文化运动旨在重塑近代国民形象,当时中国的先进知识分子寄希望借助"欧风美雨"来荡涤中国国民的劣根性,塑造新人,但希望很快化为泡影。导致国民对通过资本主义来塑造国人丧失信心的是第一次世界大战。一战的爆发及其造成的严重后果使国内进步的知识分子对国民改造的资本主义方向产生了质疑。一方面,第一次世界大战结束后,由英、法等列强控制的巴黎和会,竟不顾中国代表的一再正义要求,悍然决定将德国在山东的一切特权全部让渡给日本。这一强盗逻辑,激起了中国人对资本主义文化的强烈不满和困惑,"帝国主义的侵略打破了中国人学西方的迷梦。很奇怪,为什么先生老是侵略学生呢?中国人向西方学得很不少,但是行不通,理想总是不能实现。多次奋斗,包括辛亥革命那样全规模的运动,都失败了。国家的情况一天一天坏,环境迫使人们活不下去。怀疑产生了,增长了,发展了"②。另一方面,战争与生俱来的残酷性充分暴露了资本主义制度内在的深刻痼疾,战争、罢工、争杀、利己、欺诈等问题引起主张国民改造的近代资产阶级知识分子的信仰危机,并开始对其个人本位主义的价值取向以及其所标榜的独立、自由、平等的道德规

---

① 荣孟源:《中国近代史资料选集》,三联书店1954年版,第677页。
② 《毛泽东选集》第4卷,人民出版社1991年版,第1470页。

范产生怀疑,甚至认为"彼族三百年之进化,只做到'利己杀人寡廉鲜耻'八个字",就连"欧人自己亦对其文明之真价不得不加以反省"①。

带着对资本主义的沉重失望和极度彷徨,中国先进知识分子踏上了另辟蹊径、再塑国人的征程。以梁漱溟为代表的国学根基深厚的知识分子主要在中国的传统中追寻现实和未来中国人生存的理想模式;以胡适为代表的西化派则固守资本主义的人学传统,坚持用资产阶级国民的标准以改良主义的方式塑造中国的不亡之因。实践证明,梁漱溟的文化保守人学思想和胡适的资产阶级人学思想注定不可能成为中国人解放和发展的正确选择。毛泽东在总结这一段历史时指出:"在一个很长的时期内,即从一八四〇年的鸦片战争到一九一九年的五四运动的前夜,共计七十多年中,中国人没有什么思想武器可以抗御帝国主义。旧的顽固的封建主义的思想武器打了败仗了,抵不住,宣告破产了。不得已,中国人被迫从帝国主义的老家即西方资产阶级革命时代的武器库中学来了进化论、天赋人权论和资产阶级共和国等项思想武器和政治方案,组织过政党,举行过革命,以为可以外御列强,内建民国。但是这些东西也和封建主义的思想武器一样,软弱得很,又是抵不住,败阵下来,宣告破产了。"②西洋文明"公理"的迷梦醒了,真理的光辉才一步一步向我们靠近。

历史经过半个多世纪的试错甄别,最后才将其目光锁定在救国救民的马克思主义身上,选择了马克思主义的解放学说。五四运动之后,以李大钊为首的具有初步共产主义思想的知识分子终于摸索到从地域上来讲同属于西学但却与资本主义有着天壤之别的马克思主义,强调社会主义制度是实现中华民族独立、中国人民富强的必由之路。他们迅速转变了以资本主义为导向塑造国民的思路,期待以马克思主义来拯救中国、为中国塑造大公无私、具有革命精神的崭新无产阶级新人。陈独秀、李大钊、李达、瞿秋白等中国早期的马克思主义者正是在全方位传播、阐释马克思主义的过程中,对其人的全面自由发展思想进行了比较科学的解读,为这一理论的中国化进行了较好的理论启蒙,为毛泽东继续探索并最终完成

---

① 《李大钊全集》第3卷,河北教育出版社1999年版,第48页。
② 《毛泽东选集》第4卷,人民出版社1991年版,第1513—1514页。

救亡图存的历史使命奠定了初步的思想基础。

(二)中国早期马克思主义者关于人的全面自由发展的主要思想

1. 社会主义是个性解放与大同团结相统一的运动

中国早期的马克思主义者大都经历过新文化运动的洗礼,特别崇尚人的自由发展。所不同的是五四运动后期,他们试图运用初步掌握的马克思主义立场方法来重新审视旧中国亡国灭种的现实,寻找实现救亡图存的新出路。在这个过程中他们逐渐认识到,仰仗单纯的鼓动西方个人本位主义至上的思想文化运动并非治本之策,在外无独立内无主权的旧中国,首要是理应更加注重人的社会性和民族责任感,以现实的阶级解放和集体主义取代抽象的、空洞的、绝对的自由、民主和人权。亦即要想获得个人的自由发展,必须先以阶级的力量、集体的力量实现中华民族的独立,互助、团结、协和,阶级的社会主义意识逐步取代竞争、自利、个人本位的资本主义观念而成为新文化运动后期的主题。郭沫若谈道,"我从前是尊重个性,景仰自由的人,但在最近一两年之内与下层的悲惨社会略有所接触,觉得在大多数人完全不自主地失掉了自由,失掉了个性的时代,有少数的人要来主张个性,主张自由,总不免有几分潜妄"①。他们力倡"依互助而生存"、奉献甚至牺牲的集体主义精神。鲁迅曾一反从前竞争的观念而认为:"最初,文学革命者的要求是人性的解放……大约十年之后,阶级意识觉醒了起来,前进的作家,就都成了革命文学家。"李大钊说:"协和与友谊,就是人类社会生活的普遍法则。"②"社会主义伦理的观念,就是互助、博爱理想。"③

此时,早期马克思主义者所倡导的民族责任感、阶级解放和集体主义,绝不意味着要回归到封建时代的群体主义,而是主张在实现人的个性自我充分发展的基础上,进一步谋求集体、社会的全面、健康和谐发展,是为了最终实现每个人的全面自由发展而必需要具备的阶级意识、民族责

---

① 《郭沫若全集》第15卷,人民文学出版社1990年版,第146页。
② 《李大钊全集》第3卷,河北教育出版社1999年版,第285页。
③ 《李大钊全集》第3卷,河北教育出版社1999年版,第285页。

任感和集体主义。自由、平等、民主的近代理性精神历来是早期马克思主义者的执著追求,并没有因向着以阶级、民族、集体、团结互助等为核心的社会主义价值观念的目标模式转换而削弱,相反强调阶级、民族、集体、团结互助的价值观,是为了最终实现每个人全面而自由的发展。李大钊说:"人类共同生活的关系既是以爱为基础,那么人类相互之间,自然要各尊重各自的个性。各自的个性,不受外界的侵害、束缚、压制、剥夺,便是自由。"[1]也就是说,人不受侵害、束缚、压制、剥夺、自由而充分的发展,依然是他们的初衷。

中国早期的马克思主义者绝没有仅仅停留在个人自由,一开始他们试图依据所理解的马克思主义理论来论证个人发展与国家、社会、阶级、集体的统一性,在个人自由发展与民族独立、阶级解放之间寻求一种"嫁接",将人的自由与阶级解放、民族解放统一起来。李大钊从个人自由与社会秩序的角度出发,把个性解放与大同团结看做是同一个过程的两个方面。他认为,真正合理的个人主义,没有不顾社会秩序的;真正合理的社会主义,没有不顾个人自由的。真实的自由不是扫除一切关系,而是在种种不同的安排系列中保有宽裕的选择机会,是一个无限向上发展的过程;真实的秩序,不是压服一切自由的活动,而是包蓄种种不同的机会使其中的各个分子可以自由选择的安排。因此我们要求的自由,是秩序中的自由;我们所顾全的秩序,是自由间的秩序。个人与社会、自由与秩序原本就是须臾不可分的东西。李大钊在描述个人解放与人类解放的关系时曾言:"现在世界进化的轨道,都是沿着一条线走,这条线就是达到世界大同的通衢,就是人类共同精神联贯的脉络。……这条线的渊源,就是个性解放,个性解放,断断不是单力求一个分裂就算了事,乃是为了一切个性,脱离了旧绊锁,重新改造一个普通广大的新组织。一方面是个性解放,一方面是大同团结。这个性解放运动,同时伴着一个大同团结的运动。这两种运动,似乎是相反,实则是相成。"[2]"个人与社会并不冲突,而

---

[1] 李大钊:《双十字上的新生活》,载《新生活》1919年第8期。
[2] 《李大钊全集》第3卷,河北教育出版社1999年版,第157—159页。

个人主义与社会主义亦绝非矛盾。"①

中国早期马克思主义者坚持个性解放与大同团结统一的原则,既坚持了个人自由,又突出强调了时代背景下集体主义的绝对必要性,强调国家独立对于人的自由发展的政治保证意义和优先地位。这实际上是社会主义的集体主义价值取向,它肯定集体利益和个体利益在根本上的一致性,坚持集体利益高于个人利益。在二者发生冲突的情况下,个人利益应服从集体利益,甚至意味着在民族危亡的时候要求个人做出必要的牺牲。郭沫若曾提出"少数的先觉者毋宁牺牲自己的'个性'与'自由'","以争回大众的个性与自由"。李大钊则将"博爱、自由、平等、牺牲"视为"新生活"的基础,赞美"平凡的发展,有时不如壮烈的牺牲足以延长生命的音响和光华"②。"流血的事,非所必需,然亦非所敢辞,要知道,牺牲永是成功的代价。"③

更为可贵的是,中国早期马克思主义者将社会主义制度视为保证个人真正解放与大同团结的有效途径,自由、民主是社会主义不可分割的精神。李大钊谈道,"德谟克拉西,原是要给个性以自由发展的机会,……惟有德谟克拉西制度,才能使个性自由发展"。"德谟克拉西,无论在政治上、经济上、社会上,都要尊重人的个性,社会主义的精神,亦是如此"。④ 李大钊还将资本主义和社会主义看做是通向真正民主、自由的两个阶段。他说:"资产阶级或中产阶级的 Democracy 若已获得,紧接着社会主义就是 Democracy 中的一个进程,不要把它看作与 Democracy 是两个东西。"⑤社会主义之所以能保证个人真正解放,是因为"社会主义是使产品为有计划的增值,为极公平的分配,要整理生产的方法。这样一来,能够使我们人人都能安逸享福。过那一种很好的精神和物质的生活"。而"我们想得到真的自由、极平等的自由,更该实现那'社会主义的制

---

① 《李大钊全集》第3卷,河北教育出版社1999年版,第578页。
② 《李大钊全集》第3卷,河北教育出版社1999年版,第365页。
③ 《李大钊全集》第3卷,河北教育出版社1999年版,第65页。
④ 《李大钊全集》第3卷,河北教育出版社1999年版,第132页。
⑤ 《李大钊全集》第3卷,河北教育出版社1999年版,第676—677页。

度',而打倒现在的'资本主义的制度'"①。瞿秋白也说:"我们改造的目的和手段就是:考察旧社会的坏处。以和平的,实践的方法,从事于改造的运动,以期实现德谟克拉西的新社会"——"自由平等,没有一切阶级一切战争的和平幸福的新社会"。②

正是在承继中国早期马克思主义者认识成就的基础上,毛泽东将争取中国人民的解放与新民主主义革命、社会主义制度紧密联系起来。他首先分析了中国人民个性受到压制的根源,将中国人民遭遇的"外界的侵害、束缚、压迫、剥夺"具体认定为帝国主义的侵略和封建专制制度的压迫。他说:"中国是半殖民地半封建的国家,帝国主义与封建势力是摧残个性的,使中国人民不能发展他们的聪明才智,他们的身体也不能得到发展,精神也不能得到发展,都受到了摧残。"③"民族压迫和封建压迫残酷地束缚着中国人民的个性发展,束缚着私人资本主义的发展和破坏着广大人民的财产。"④进而毛泽东提出了求得中国人民自由发展的根本途径,即实行民族革命、建立社会主义制度。他说:"中国共产党代表全国人民要求独立! 中国如果没有独立就没有个性,民族解放就是解放个性,政治上要这样作,经济上要这样作,文化上也要这样作。广大群众没有清楚的、觉醒的、民主的、独立的意识,是不会被尊敬的。"⑤而要改变这种状况,关键就要实行革命,建立保证自由解放的社会主义制度。他说:"我们主张的新民主主义制度的任务,则正是解除这些束缚和停止这种破坏,保障广大人民能够自由发展其在共同生活中的个性。"⑥

很显然,中国共产党人的根本目的是要实现人的自由发展,但中国共产党人不是抽象地讲人的发展。在中国共产党人看来,阻碍中国人民实现自由发展的最大障碍是帝国主义和封建势力,帝国主义和封建势力对

---

① 《李大钊全集》第4卷,河北教育出版社1999年版,第272—273页。
② 瞿秋白:《发刊词》,载《新社会》1919年第1期。
③ 中共中央文献研究室:《毛泽东在七大的报告和讲话集》,中央文献出版社1995年版,第141页。
④ 《毛泽东选集》第3卷,人民出版社1991年版,1058页。
⑤ 中共中央文献研究室:《毛泽东在七大的报告和讲话集》,中央文献出版社1995年版,第141页。
⑥ 《毛泽东选集》第3卷,人民出版社1991年版,第1058页。

自由的压制表现在阻碍中国人民的聪明才智、身体和精神的发展上。要实现人的自由发展,首要的就是要推翻帝国主义和封建制度的压迫,建立新民主主义制度。因此,在中国特定的历史条件下,人的解放与民族解放、阶级解放本质上是一致的,是同一个过程的两个方面,其内容包含政治、经济、文化等多个方面;人的解放的基础是消灭生产资料私有制,其主体条件是中国人民具有清楚的、觉醒的、民主的、独立的意识。这样就把争取人的解放的斗争与反对帝国主义的民族解放斗争、反对封建专制制度的民主革命斗争紧密联系在一起,与争取社会主义的前景结合在了一起。

2. 经济关系的变革是实现人的自由发展的根本途径

马克思主义唯物史观最基本的观点是强调经济基础在一切社会发展中的决定作用,强调物质对精神的决定意义及其二者之间的辩证统一。全面自由发展的人,应该是物质与精神的双重实现、自然属性与社会属性完美结合、均衡发展的个体。然而,封建社会倡导重义轻利、忽视甚至刻意歪曲泯灭人们正常的物质欲求,造就了重义轻利、虚伪、远离生活实际的国民劣根性;资本主义却突出表现了物质的泛滥和贪求,但在一定程度上忽视人的精神需求,使人沦为物欲的奴隶,同样无法实现真正全面自由发展的人。五四运动时期,具有初步共产主义思想的无产阶级知识分子,依据对马克思主义的初步理解,逐渐纠正了过去片面注重人的精神改造、忽视经济变革和社会组织改造对实现人的解放的基础地位,强调经济发展的决定性意义并极力主张把国民的物质层面的改造与精神层面的改造链接起来。如果"不改造经济组织,单求改造人类精神,必致没有效果。不改造人类精神,单求改造经济组织,也怕不能成功"。因此"我们主张物心两面的改造,灵肉一致的改造"[①]。

中国早期的马克思主义者认为,经济关系的变革是实现人的自由发展的根本途径。陈独秀认为,一定的道德伦理观是由一定的经济基础决定的,要想造就无产阶级新人就必须改变其传统观念,而要改变其传统观念就必须变革决定其观念的经济基础。传统中国以农业经济为基础,由

---

① 《李大钊全集》第3卷,河北教育出版社1999年版,第251页。

此决定了"孔孟之道"成为主导的统治思想。李大钊分析道:"孔子的学说思想绝不是他自己个人发明的,孔子的学说思想所以发生在中国也绝非偶然之事,乃是中国的土地气候造成中国的产业状况,中国的产业状况造成中国的社会组织。中国的社会组织造成孔子以前及孔子的伦理观念。"①但"孔孟之道"并非永久不变的真,一旦中国社会的经济基础发生根本性的变化,适宜于封建统治的伦理思想必至被新的经济形态所淘汰。孔子的学说"所以能在中国行了两千余年,全是因为中国的农业经济没有大的变动,他的学说适宜于那样经济状况的缘故。现在经济上生了变动,他的学说就根本动摇,因为它不能适应中国现代的生活,现代的社会"②。人的发展同样受制于经济基础,"经济上的自由,才是真正的自由"③,并且决定了其他的自由。李达则从古代女子不自由不解放的角度佐证了经济变革对于实现人的发展的必要性。他说:"女子所以屈从男子的,因为物质上的自由先被束缚的缘故。精神上的自由所以被束缚的,因为物质上的自由先被束缚的缘故。如今要将女子解放,须先使他恢复物质上的自由。"④陈独秀也说:"妇女问题虽多,总而言之,就是经济不独立。"⑤李大钊则分析了资本主义自由的经济基础在劳资自由中的决定性:"现在资本主义制度的底下,那里有劳动者的自由,只有少数的资本家的自由,高楼、大厦、汽车、马车全为他们所占据,我们如牛马的劳苦终身,而衣食住反得不着适当的供养。所以我们想得到真的自由,极平等的自由,更该实现那'社会主义的制度',而打倒现在的'资本主义的制度'。"⑥

总之,在唯物史观的影响下,中国早期的马克思主义者逐渐触及到了人的解放的决定性因素即经济的因素。"经济的生活,是一切生活的根本条件","最后的原因,实是经济的";"一切社会上政治的、法制的、伦理

---

① 任建树等:《陈独秀著作选》第 2 卷,上海人民出版社 1993 年版,第 231 页。
② 《李大钊全集》第 3 卷,河北教育出版社 1999 年版,第 433 页。
③ 《李大钊文集》(下),人民出版社 1984 年版,第 672 页。
④ 《李达文集》第 1 卷,人民出版社 1984 年版,第 22—23 页。
⑤ 《陈独秀文章选编》(中),生活·读书·新知三联书店 1984 年版,第 113 页。
⑥ 《李大钊文集》(下),人民出版社 1984 年版,第 672 页。

的、哲学的,简单说,凡是精神上的构造,都是随着经济的构造变化而变化"。要想实现中国人民的解放与发展,必然要从经济变革入手。"经济问题的解决,是根本解决。经济问题一旦解决,什么政治问题、法律问题、家庭制度问题、女子解放问题、工人解放问题,都可以解决。"①

正是在这些基础上,毛泽东进一步分析了在半殖民地半封建的中国广大劳动人民不自由的原因,提出了劳动人民翻身解放的根本途径。他引用马克思的话讲:"马克思说:'在资产阶级社会里,资本具有独立性和个性,而活动着的个人却没有独立性和个性。'在中国的封建制度下,广大人民也没有独立性和个性,原因是他们没有财产。独立性、个性、人格是一个意义的东西,这是财产所有权的产物。中国的地主阶级、资产阶级有财产所有权,他们使大批的人破产,使农民和小资产阶级破产,财产集中在他们手里,他们自己就有独立性、个性、自由,而广大人民丧失了财产所有权,也就没有个性、独立性、自由,或者是削弱了。因此要恢复他们的个性,就要进行革命斗争。"②新中国成立后,国家不失时机地对农业、手工业和资本主义工商业实行了社会主义改造,以期建立保证人的全面自由发展的经济制度。

3.民众是变革社会和实现自身解放的主体力量

近代以来,从洋务运动到戊戌变法、从辛亥革命到新文化运动,中国的救国救民思想在理念上表现为西学,在方式上则表现为自上而下的精英改造模式,"觉世"、"度人"、"立人"、"达人"、"树人"等高频词汇无不集中体现了这种模式。面对民族危局,近代初期的知识分子寄厚望于上层统治者,知识精英、少数先知先觉者往往以启蒙者自居,高高在上地鼓噪呐喊;而作为历史创造者主体的民众却一直处于受动地位,被视为不醒悟、不自觉、需要按照精英设定的目标模式接受改造的预设对象。严复在谈到消除鸦片之患时曾说:"今即鸦片一端而论","假令天子亲察二品以上之近臣大吏,必其不染者而后用之,近臣大吏各察其近属,如是而转相

---

① 李大钊:《我的马克思主义观》,载《新青年》1919 年第 6 卷。
② 中共中央文献研究室:《毛泽东在七大的报告和讲话集》,中央文献出版社 1995 年版,第 223 页。

察,藩臬察郡守,郡守察州县,州县察佐贰,学臣之察士,将帅之察兵,亦用是术焉,务使所察者,人数至简,以期必周……夫如是,则吸者日少。俟其既少,然后著令禁之,旧染渐去,新染不增,三十年之间可使鸦片之害尽绝于天下"。① 郭嵩焘也把变革的希望寄托于朝廷,他说:"天下艰难至此,从何出主意? 只是朝廷之上,认真一段工夫,破除积习,切实做事,立竿见影,天下自然从风……人人晓得朝廷志向自然跟着这一路来,久之积成风习,便觉气象光昌。故总须是朝廷立个榜样才好。"② 戊戌变法更是由上层统治者发动、天真幻想上层统治者实行开明政治的运动。辛亥革命失败的教训之一即在于没有认识到民众的力量、没能充分地发动群众,最后无奈地抱怨道:"徒劳志士心如火,无奈同胞蠢似豕。"在转变为马克思主义者之前,陈独秀也坚持着精英改造观,认为"自社会言之:群众意识,每喜从同;恶德污流,惰力甚大;往往滔天罪恶,视为其群道德之精华。非有先觉哲人,力抗群言,独标异见,则社会莫由进化"③。要使国民觉醒,"唯在上流阶级,以身作则,而急以立宪国民之修养相劝勉"④。早期的李大钊同样如此,他将近代以来国民日趋卑微的原因归结于模范人物的失缺,认为"吾民之德敝治污,其最大原因,即在耳目头脑中无高尚之人物为之模范,社会失其中枢,万事遁之退化"⑤。因此他将希望寄托于知识分子,专作《知识阶级的胜利》,"我们很盼望知识阶级做民众的先驱,民众做知识阶级的后盾"⑥。

显然在马克思主义唯物群众史观被中国人接受之前,中国的进步人士要么把变革社会、救民于水火的希望寄托在上层统治阶级身上,要么寄托于社会知识精英。这种精英史观注定是失败的,因为封建的上层统治阶级作为保守的既得利益者,不可能成为劳苦大众的救世主,希望他们自觉实现社会与庶民百姓的同步发展无异于缘木求鱼;少数知识精英高举

---

① 《严复集》,中华书局1986年版,第27页。
② 《郭嵩焘日记》(一),湖南人民出版社1983年版,第215页。
③ 任建树等编:《陈独秀著作选》第1卷,上海人民出版社1993年版,第151页。
④ 任建树等编:《陈独秀著作选》第1卷,上海人民出版社1993年版,第217页。
⑤ 陈独秀:《驳康有为致总统总理书》,载《新青年》1916年第3卷。
⑥ 李大钊:《知识阶级的胜利》,载《新生活》1920年第23期。

民主科学的大旗,尽管具有强烈的进步意识,但因其既缺乏权力支持又远离民众,只能是满腔热忱地孤独呐喊,终归陷入无奈的困惑与彷徨之中。

随着马克思主义的进一步传播,具有初步共产主义思想的知识分子逐渐从精英史观转为群众史观,确认了人民大众在社会发展和人类解放中的地位和作用。陈独秀声称,"民众是有高度意识和意志的人类,不像牛马可以随着鞭子的声影,叫他们行就行,叫他们止就止的"①。劳苦大众与知识分子一样也是"人",是与人类其他成员一样的"人",也一样是人的儿子,是社会真正的"台柱子"。在肯定中国下层广大民众"人之为人"的基础上,早期马克思主义者进一步提出了"劳工神圣"的口号,"无论何人,应该认识民众势力的伟大;在民众本身,尤应自觉其权威而毅然以张用之"②。

确认广大民众的主人翁地位和民众势力伟大的逻辑延伸即在于寻求社会变革、实现民众解放的倚重力量。在"劳工神圣"的引导下,早期马克思主义者认识到要完成中华民族救亡图存的历史重任,不能单纯仰仗少数精英的奔走呼号而于民众却漠然置之,必须依靠群众。"民众的势力,是现代社会上一切构造的唯一的基础。""真正的解放,不是央求人家'网开三面',把我们解放出来,是要靠自己的力量,抗拒冲决,使他们不得不任我们自己解放自己;不是仰赖那权威的恩典,给我们把头上的铁锁解开,是要靠自己的努力,把它打破,从那黑暗的牢狱中,打出一道光明来。"③不但自身的解放如此,作为人的自由发展保证的社会变革也要依靠民众的行动。"社会组织的改造,必须假于其社会内的多数人而为改造运动的基础势力,有必发源于在现在的社会组织下立于不利地位的阶级。"社会组织的改造,"就是本着勤工俭学的精神,创造一种'劳工神圣'的组织,改造现代游惰本位、掠夺主义的经济制度,把那劳工的生活,从这种制度下解放出来,使人人都须做工,做工的人都能吃饭"④。

十月革命的胜利使中国的先进知识分子更加确信工农民众的威力。

---

① 任建树等编:《陈独秀著作选》第3卷,上海人民出版社1993年版,第454页。
② 《李大钊全集》第4卷,河北教育出版社1999年版,第118页。
③ 《李大钊全集》第3卷,河北教育出版社1999年版,第296页。
④ 《李大钊全集》第3卷,河北教育出版社1999年版,第319页。

李大钊直呼俄国的胜利为"庶民的胜利",他说:"须知今后的世界,变成劳工的世界",而"民主主义战胜,就是庶民的胜利"。① 中国社会要起根本之变革,亦必须唤醒民众,让广大民众行动起来。"我国在近期内,想要依靠短暂的统一来实现永久的和平那是不现实的,除了四万万民众的觉醒和真正的群众性的改革之外,别无他途可寻。"②为此,他们希望中国的知识分子能和劳工阶级打成一片,发扬俄罗斯精神,到农村去"宣传人道主义、社会主义的道理"③,"把现代的新文明,从根底输入到社会里面"④。姑且抛开民粹主义与否的评论,但就其中包含着的重视民众的思想实为难能可贵。

中国早期马克思主义者关于民众是变革社会、实现自身解放之主体力量的思想,体现了人民群众创造历史的唯物史观。这一思想为毛泽东在领导新民主主义革命和社会主义革命中充分发动、倚重广大的工人、农民阶级并最终取得革命胜利发挥了至关重要的作用。

4. 用革命战争的方式实现无产阶级人民大众的解放

通过什么方式实现无产阶级的解放是中国早期马克思主义极力寻找的。最初,基于对既往洋务、辛亥革命及其之后军阀混战的失望,新文化运动极为排斥政治方式,基本上放弃了政治运动。他们试图从教育、文化入手,以改良方式渐次达到救亡图存、人民解放的功效。胡适曾说:"大家办《新青年》的时候,本有一个理想,就是二十年不谈政治,二十年离开政治,而从教育思想文化等等非政治的因子上建设政治基础。"⑤他们希望通过价值观、伦理道德层面的努力使"多数国民之思想人格"得到升华进而实现"多数优秀国民政治"。然而随着帝国主义侵略的加深和国内军阀混战的加剧,具有初步共产主义知识的先进分子很快对这种幻想超脱政治的文化改良主义提出了质疑。李大钊认为,时不我待,民瘼之沉疴痼疾如此深重,改良到何时才算一个尽头呢? 不可否认,对人民施以教化

---

① 《李大钊全集》第3卷,河北教育出版社1999年版,第102—101页。
② 《李大钊全集》第4卷,河北教育出版社1999年版,第118页。
③ 《李大钊全集》第4卷,河北教育出版社1999年版,第179页。
④ 《李大钊全集》第4卷,河北教育出版社1999年版,第179页。
⑤ 《胡适学术文集·新文学运动》,中华书局1998年版,第188页。

以实现人的发展在任何时候都有其必要性,但在日趋严峻的民族压迫和绵延不断的军阀混战背景下,历史留给中国人以文图治的时间和空间并不宽裕。李大钊深刻地剖析:"我们认为这种社会,不是以空泛的道德目标和不适用的科学常识所能征服的……希望以社会运动,教育全体人民,待全体人民觉悟后再谋政治运动,推翻恶政府,这永远是一种不可能的幻想。""鉴于中国内军阀政治的横暴,国外资本帝国主义的压迫,将中国改良的各种希望都澌灭殆尽了。我们不能容忍了,是有诚意改革社会的人们都应该不能再忍了。"①陈独秀也表达了对短期内文化救亡的忧虑,他说:"创造文化,本是一民族重大的责任,艰难的事业,必须有不断的努力,决不是短时间可以得着效果的事。"②

对文化救亡的质疑逼迫着先进知识分子重新回到政治途径的探讨上。"我们本不愿意谈实际的政治,但是实际的政治,却没有一时一刻不来妨害我们。"③"你谈政治也罢,不谈政治也罢,除非逃在深山人迹绝对不到的地方,政治总会寻着你的。"④"政治逼迫我们到这样无路可走的时候,我们便不得不起一种彻底觉悟,认定政治如果不由人民发动,断不会有真共和实现。"⑤残酷的现实让他们逐渐达成共识,"欲改良社会,非靠政治的力量不可:因为政治的力量,可以改革一切的社会问题"⑥。早期马克思主义者在政治解决理论指引下,很快摸索到政治革命甚至是具体的阶级战争上来。

中国早期马克思主义者认为,革命在社会变革中具有决定性的推动作用,是"人类社会变动和进化的大关键"。他们称近代欧洲文明史就是一部壮观的革命史,陈独秀盛赞道:"今日庄严灿烂之欧洲,何自而来乎?曰,革命之赐也。……自文艺复兴以来,政治界有革命,宗教界亦有革命,伦理道德亦有革命,文学艺术,亦莫不有革命,莫不因革命而新兴而进

---

① 《李大钊全集》第 4 卷,河北教育出版社 1999 年版,第 95—96 页。
② 任建树等编:《陈独秀著作选》第 2 卷,上海人民出版社 1993 年版,第 120 页。
③ 胡适:《争自由的宣言》,载 1920 年 8 月 1 日《晨报》。
④ 任建树等编:《陈独秀著作选》第 2 卷,上海人民出版社 1993 年版,第 1 页。
⑤ 《李大钊全集》第 3 卷,河北教育出版社 1999 年版,第 516 页。
⑥ 《李大钊全集》第 4 卷,河北教育出版社 1999 年版,第 139 页。

化。"①他们还深刻论证了非革命无以拯救中国人民的必要性。"我们为什么要革命?是因为现在社会制度和分子不良,用和平的方法改革不了才取革命的手段。"②李大钊则指出了革命实为暴政的结果,他说:"盖革命恒为暴力之结果,暴力实为革命之造因;革命虽不必尽为暴力之反响,而暴力之反响则必为革命;革命固不能产出良政治,而恶政之结果则必召革命。"③在外忧内患的境遇下,"我们唯一解除哭厄实行的方法,是只有引导被压迫民众有目的政治斗争","共同认定一联合的战线 United Front,用革命的手段,以实现民主主义为前提"。④

十月革命的胜利,更加坚定了早期马克思主义者关于革命重要性的判断,认为所谓革命其实质就是阶级战争,并认定阶级战争是实现劳动阶级解放的根本途径。陈独秀在《谈政治》中断言:"我敢说,若不经过阶级战争……德谟克拉西永远是资产阶级底专有物……便再过一万年那被压迫的劳动阶级也没有翻身的机会。"⑤"我们在外国的劳动者固然是他们资本家底奴隶,在本土的劳动者也都是本国资本家底奴隶或是外国资本家底直接的间接的奴隶。要想把我们同胞从奴隶境遇中完全救出,非由生产劳动者全体结合起来,用革命手段打倒本国、外国一切资本阶级,跟着俄国的共产党一同试验新的生产方法不可。"⑥

随着马克思主义在中国的深入传播,具有初步共产主义思想的知识分子试图运用马克思主义的观点来认识人类历史和中国的阶级斗争。根据马克思所言,他们认识到以前的历史几乎全是阶级斗争的历史,而"最后的阶级斗争,在世界,在中国均已开始了"⑦。中国人民要获得真正的解放,就必须通过阶级斗争的手段,"打倒军阀和国际资本帝国主义"、"打倒地主资本家,建立无产阶级专政"。"非用阶级战争的手段来改造

---

① 任建树等编:《陈独秀著作选》第 1 卷,上海人民出版社 1993 年版,第 260 页。
② 任建树等编:《陈独秀著作选》第 1 卷,上海人民出版社 1993 年版,第 260 页。
③ 《李大钊全集》第 2 卷,河北教育出版社 1999 年版,第 406 页。
④ 李大钊、邓中夏等:《北京同人提案——为革命的德谟克拉西》,载《少年中国》1922 年第 3 卷第 11 期。
⑤ 陈独秀:《谈政治》,载《新青年》1920 年第 8 卷。
⑥ 《陈独秀文章选编》(中),生活·读书·新知三联书店 1984 年版,第 50 页。
⑦ 伍杰:《李大钊与书评》,载《中国图书评论》2005 年第 11 期。

社会制度不可。……除阶级战争外都是枝枝节节问题"①。

历史在绕了一圈之后,终于触及到半殖民地半封建的中国实现人的全面自由发展的基本途径,即阶级革命战争。中国早期马克思主义者开始极力倡导用革命和阶级斗争的方式打破束缚在中国人民身上的种种绳索,希望国民在急风暴雨式的革命中凤凰涅槃。陈独秀激情地号召:"你们要参加革命,你们要在参加革命运动中,极力要求在身体在精神上解放你们自己,解放你们数千年来被人轻视被人侮辱被人束缚的一切锁链!"②

正是在暴力革命的呼声中,毛泽东很快接受并认同了运用革命战争的方式实现无产阶级解放的思想,盛赞俄国革命,力主用"劳农主义"和"阶级专政的方法"对中国和世界进行"大规模改造"。因为"敌人是不会自行消灭的。无论是中国的反动派,或是美国帝国主义在中国的侵略势力,都不会自行退出历史舞台"。因此,"就是用革命的方法,坚决彻底干净全部地消灭一切反动势力,不动摇地坚持打倒帝国主义,打倒封建主义,打倒官僚资本主义,在全国范围内推翻国民党的反动统治,在全国范围内建立无产阶级领导的以工农联盟为主体的人民民主专政的共和国。这样,就可以使中华民族来一个大翻身,由半殖民地变为真正的独立国,使中国人民来一个大解放,将自己头上的封建的压迫和官僚资本(即中国的垄断资本)的压迫一起掀掉,并由此造成统一的民主的和平局面,造成由农业国变为工业国的先决条件,造成由人剥削人的社会向着社会主义社会发展的可能性"③。正是在这样一种认识的指导下,以毛泽东为代表的中国共产党人,运用马克思主义关于阶级斗争理论和暴力革命理论,结合中国农业大国的社会实际,在实践中探索出以农村包围城市,武装夺取政权的新民主主义革命道路,领导中国人民完成了推翻帝官封统治、争取民族解放、阶级解放的历史重任。

---

① 陈独秀:《答费哲民(妇女、青年、劳动三个问题)》,载《新青年》1920年第8卷。
② 《陈独秀文章选编》(中),生活·读书·新知三联书店1994年版,第114页。
③ 《毛泽东选集》第4卷,人民出版社1991年版,第1375页。

综上,中国早期马克思主义者依据所掌握的初步马克思主义知识,对实现中国人民的自由全面发展在社会制度、现实途径、主体力量、实现方式等方面进行了比较科学的启蒙与传播,为毛泽东进一步将这一思想付诸实践并最终实现中华民族的独立、中国人民的解放奠定了正确的理论基础。他们关于社会主义是个性解放与大同团结相统一的运动,提醒我们在社会主义革命和建设的整个过程中应始终注重社会主义的价值取向;他们关于经济变革与人的发展、阶级战争与人的发展的相互关系,较好地解决了实现人的全面自由发展的途径;他们关于民众是变革社会、实现自身解放的主体力量的观点,确立了人民群众的主人翁地位和社会主义革命与建设的依靠力量。

但是早期马克思主义者在个人与集体的关系中,存在着突出集体忽视个体的倾向,这种观点对于在敌强我弱的条件下实现救亡图存、凝聚人心、战胜敌人、保证革命的胜利发挥了重要作用。但在社会主义制度建立后,特别是国家具备了满足正常的个人需求的条件下仍然坚持集体利益过分优先于个人,一定程度上偏离了社会主义的价值取向。另外,在实现无产阶级解放的方式上,存在着一定的"革命决定论"倾向,其消极影响也是不可忽视的。毋庸置疑,革命的方式对于解除三座大山压迫、实现中国人民解放是绝对必要的,但革命只适用于战争时期的非常状态,它"也许能打倒专制和功利主义,但它自身决不能改变人们的思维方式"[1]。在和平建设时期,如果仍然沿用"革命造人"的思维,采取大规模的急风骤雨式的革命斗争去促进人的发展,遭遇挫折乃是必然。

---

[1] 张光芒:《启蒙论》,上海三联出版社2002年版,第44页。

第二章 毛泽东对人的全面自由发展理论的艰辛探索

毛泽东时代正是帝国主义和无产阶级革命时代,世界范围内人的发展面临着帝国主义的对内压迫、对外侵略的严重威胁,中国人民更是处于三座大山的重压之下,不自由不发展的程度世所罕见。为此毛泽东倾注一生实现中华民族的独立、中国人民的解放。他不但全面解读、阐释了马克思关于人、人性、人的本质、人的价值、人的自由与发展等思想,为民主革命胜利和社会主义革命与建设奠定了马克思主义的人学理论基础。更为重要的是,作为一个革命家、政治家、实践家,毛泽东带领中国人民进行了长达28年的革命斗争,拯救人、解放人成为毛泽东领导中国革命的根本目的。在战争年代,中国革命特殊的险恶环境和艰巨任务使毛泽东特别注重人的建设,提出了"人民群众是历史的创造者"、"兵民是胜利之本"等许多闪耀着马克思唯物史观的思想;他所从事的革命斗争直接将中国人民从多重压迫和剥削下解放出来,变革旧的社会关系,建立新的社会制度,开创了中国人民当家作主的政治前提——社会主义新中国,保障了中国人民的生命和政治自由,实现了中国人民解放道路上具有里程碑意义的第一次飞跃。新中国建立后,毛泽东本着造福人、发展人的初衷规划社会主义革命和建设。他把解放和发展人的个性看做社会主义革命和建设取得成功的重要条件并视个性解放为社会主义的一个基本属性。为使人民尽快获得全面发展,他设计了一条全国人民在"总路线"、"大跃进"、"人民公社"这"三面红旗"的指引下尽快走向"共同富裕"的道路;适应新中国发展形势的需要,他还提出了塑造社会主义"新人"的思想。

但是,由于中国社会发育程度的客观限制和对"什么是社会主义"的认识局限性,毛泽东在探索中犯了"左"的错误,偏离了社会主义人的价值取向,制约和延迟了人的全面自由发展进程。

一、毛泽东关于人的全面自由发展的哲学思考

对于人的全面自由发展的哲学思考,是毛泽东致力于中华民族独立、中国人民解放伟大事业的理论基础,也是其处理社会主义革命与建设中关于人的问题的依据。

(一)人的基本特性与人的本质

对于人性和人的本质的理解是解决人的全面自由发展问题的哲学前提。千百年来,东西方人论者围绕人的本质是善还是恶或者是理性与非理性热论不休。在马克思主义看来,人性和人的本质是两个既有联系又有区别的概念。所谓"人性"是人区别于动物的基本属性即全部类特性。人性即人的属性,它是一个多层次的系统。首先,人作为一种自然存在物具有与其它动物共同的自然属性。自然属性是人作为生命有机体得以维持其存在所必须拥有的自然基础,表现为肉体的人来源于自然、跟动物一样吃喝与繁衍后代等。马克思、恩格斯认为:"人直接地是自然存在物",是"作为有生命的自然存在物。"[①]"任何人类历史的第一个前提无疑是有生命的个人的存在。"[②]

毛泽东继承了这一思想,认为,人类者,自然物之一也。既然人是之物,那么满足人的自然欲望和物质要求就是再合理不过的事情。他在创办新民学会时就说,吃饭问题是世界上最大的问题,从这个问题出发,就会得出"人类应该如何生活"的结论,从而想出一个最容易的方法去解决经济问题,而后才能"求遂吾人理想之世界主义"。大革命时期他警告资

---

① 《马克思恩格斯全集》第42卷,人民出版社1979年版,第167页。
② 《马克思恩格斯全集》第3卷,人民出版社1960年版,第23页。

本家,要给工人以取得食物、保存生命的条件。① 革命战争期间,毛泽东反复提醒全党重视经济工作,发展红色区域的经济,着力解决群众的穿衣问题,吃饭问题,住房问题,柴米油盐问题,疾病卫生问题,婚姻问题。延安时期毛泽东更加注重解决人们的物质需求。他说,一切空话都是无用的,必须给人民以看得见的物质福利,有同志不懂得经济工作和重要性,不管不问,或者是中了董仲舒们所谓"正其谊不谋其利,明其道不计其功"这些唯心的骗人的腐话之毒。"我们不能饿着肚子去'正谊明道',我们必须弄饭吃,离开经济工作谈教育或学习,不过是多余的空话。离开经济工作谈'革命',不过是革财政厅的命,革自己的命"②。新中国成立后,毛泽东更加注重经济建设,他提出的"总路线"、"大跃进"、"人民公社"等,虽然有违社会发展规律,但其出发点却是基于满足人民物质生活资料的强烈愿望。

其次是人的社会属性。人之所以为人,必然具有与其它动物不同的根本之点,即人的本质。人的本质是人性中社会属性的那一部分,人的社会性就是人区别于动物的基本特性和根据。按照马克思的说法,"人的本质不是单个人所固有的抽象物,在其现实性上,它是一切社会关系的总和"③。人只有在作为社会存在物的时候,作为天赋存在于人身上的各种潜能和素质,才能真正成为人的潜能和素质。而且在人的自然属性和社会属性中,社会属性发挥了主导作用:人在社会中产生、生存和发展,正是人的社会属性的影响和作用才使人的自然属性不至于降低、归结为动物的本能,而是超越了动物的本能而被提升为属于人的社会属性的东西。毛泽东秉持了马克思主义的这一观点,在承认人是"从猴子变来"、确定人与动物有着"亲密关系"的同时,认为"人首先是社会的动物",当作人的特点、特性、特征,只是一个人的社会性——人是社会的动物,自然性、动物性等不是人的特性。

毛泽东还以人的社会性为依据,划分了人性论上的唯物与唯心的区

---

① 《毛泽东文集》第1卷,人民出版社1993年版,第8页。
② 《毛泽东著作选读》下册,人民出版社1986年版,第565—566页。
③ 《马克思恩格斯选集》第1卷,人民出版社1995年版,第56页。

别。他指出:凡是说人有动物性和社会性两个基本特性的,是二元论的思想,其实质都是唯心论;把人性分为自然性、社会性两个侧面,并从自然性去论述人性的善恶,就会给唯心主义开后门;动物性、自然性并非人与动物的根本区别,社会性才是人与其它动物最基本的区别。也就是说,只有社会性才是人的基本特性。"自从人脱离猴子那一天起,一切都是社会的,体质、聪明、本能一概是社会的。""人的一切遗传都是社会的,是在几十万年社会生产的结果,不指明这点就要堕入唯心论。""拿体质说,现在人的脑、手、五官,完全是在几十万年的劳动中改造过来了,带上社会性了,人的聪明与动物的聪明,人的本能与动物的本能,也完全两样了。"①

在社会性中,毛泽东特别强调了人的生产劳动性,强调要从历史发展中把握人性。人的基本特性表现为:人是制造工具的动物,人是从事社会生产的动物,人是阶级斗争的动物(一定历史时期),一句话,人是社会的动物。也就是说在从猿到人的转变过程中,在人的社会性形成的过程中,劳动发挥了极为重要的中介作用。"原始人与猴子的区别只在能否制造工具一点上。自从人能制造石枪、木棒以从事生产,人才第一次与猴子及其它动物区别开来。"②"人猿相揖别。只几个石头磨过,小儿时节。"③实践、劳动特别是以制造和使用工具为特征的生产劳动,把人和动物区别开来。

毛泽东还强调,人们的生产劳动是在一定的社会关系中进行的。人不是"离群索居",而是以社会一员的资格,同其他社会成员协力,结成一定的生产关系,从事生产活动。同时人类社会又是不断发展的,人性也是历史变化的。对于不同时代、不同社会、不同阶级的人,要从社会关系即"人的社会性和人的历史发展"中加以区分。毛泽东在《实践论》中一开始就指出:"马克思以前的唯物论,离开人的社会性,离开人的历史发展,去观察认识问题,因此不能了解认识对社会实践的依赖关系,即认识对生产和阶级斗争的依赖关系。"④奴隶和奴隶主、农民和地主、工人和资本家

---

① 《毛泽东文集》第3卷,人民出版社1996年版,第83页。
② 《毛泽东文集》第3卷,人民出版社1996年版,第81—82页。
③ 臧克家:《毛泽东诗词鉴赏》,河北人民出版社1991年版,第258页。
④ 《毛泽东选集》第1卷,人民出版社1991年版,第282页。

的不同在于他们的社会关系不同,具有不同的社会性;现代人和原始人的差异在于他们所处的人类历史发展阶段的距离,即"人的历史发展"的差异。

根据人性的历史变化性,毛泽东认为当人类进入阶级社会以后,阶级性成为人的社会性的突出表现,这是毛泽东对马克思主义人性和人的本质理论的创新。毛泽东是在阶级斗争、民族斗争异常尖锐的1942年提出人的阶级性的。彼时,日本帝国主义一方面烧杀掠夺,另一方面又宣扬"中日亲善"、"同文同种",宣扬其野蛮侵略合乎人性;地主和资产阶级宣扬并标榜本阶级的人性为唯一真实的人性;革命军队内部也出现了奢谈抽象人性论,否认人性带着阶级性,甚至认为"无产阶级的人性似乎就不合乎人性"。针对这些情况,毛泽东指出:"有没有人性这种东西?当然有的。但是只有具体的人性,没有抽象的人性。在阶级社会里就是只有带着阶级性的人性,而没有什么超阶级的人性。"①在这里毛泽东反对两种人性观,一是抽象的人性。他说:"人,这个概念已经舍掉了许多东西,舍掉了男人、女人的区别,大人、小孩子的区别,中国人、外国人的区别,革命的人和反革命的人的区别,只剩下了区别于其他动物的特点。"②二是超阶级的人性论。毛泽东认为在人群分化为阶级的社会里,人性、人的社会性突出地表现为人的阶级性,超阶级的人性是不存在的。毛泽东并没有否认阶级性以外的其他人性,而是用"带着"一词表明,在阶级社会里人性的其他方面都深深地打上了阶级性的烙印,阶级性成为阶级社会中人的社会性的决定性内容。在各种阶级人性论中,毛泽东"主张无产阶级的人性,人民大众的人性"③,这是毛泽东阶级人性论的逻辑结论。

毛泽东探究人的阶级性,并非是为理论而理论、于学理上穷究"人与动物的根本区别",更为重要的是毛泽东是一个政治家、革命家,其最终目的是要导出"人与人的根本区别在哪里",进而明确中国革命的首要问题——"谁是我们的敌人?谁是我们的朋友?"毛泽东之所以主张无产阶

---

① 《毛泽东选集》第3卷,人民出版社1991年版,第870页。
② 中央文化革命小组:《毛主席论教育革命》,人民出版社1967年版,第25页。
③ 《毛泽东选集》第3卷,人民出版社1991年版,第870页。

级的人性、人民大众的人性,因为在他看来,"人民大众"就是特指抗日战争时期的工人、农民、知识分子及其他抗日的阶级、阶层和社会集团,尽管他们的具体利益各异,但在社会现实中他们同处于日军侵华的重压之下,共同利益决定了人口中绝大多数人的共同一致的本性,即"无产阶级和人民大众的人性",这种人性与人自身存在的发展的本质相一致,跟社会发展的规律相一致;只有这种人性,才符合人类共同的类本性。中国革命要动员的正是这样一个群体,用这平等的人性来反对、消灭地主资产阶级自私没落的人性,塑造同人类本性相一致的共同人性,然后才能逐步过渡到"全世界消灭了阶级之后……整个的人类之爱"①,即合乎人类自身发展要求的共同人性。

除了社会属性,人还具有精神属性,即人有意识、有理性、能思维、有情感、有意志等,所谓的知、情、意。马克思说:"人是有意识的存在物","有意识的生命活动把人同动物的生命活动直接区别开来"。② 毛泽东发展了这一思想,认为"一切动物都有精神现象,高等动物有感情、记忆,还有推理能力,人不过有高级精神现象"③。在此,毛泽东把人与动物的精神现象区别开来,并认为人的高级精神现象构成了一个不同于外部世界的"主观世界",使人具备了相异于动物的"主观能动性"或"自觉能动性",即人在社会实践基础上发展了能动地认识世界和能动地改造世界的能力和特性。他说:"思想等等是主观的东西,做或行动是主观见之于客观的东西,都是人类特殊的能动性。这种能动性,我们名之曰'自觉的能动性',是人之所以区别于物的特点。"④毛泽东的这一思想是对马克思所说的人的类特性的发挥,即一个种的全部特性、种的类特性就在于生命活动的性质,而人的类特性恰恰就是自由的自觉的活动。

革命战争年代,毛泽东特别重视发挥这种为人所特有的自觉能动性。他说,一切事情都是要人去做的,没有人做,就不可能有成功和胜利,而做就必须充分调动人民的积极性、发挥人民的主观能动性。在新中国成立

---

① 《毛泽东选集》第3卷,人民出版社1991年版,第871页。
② 《马克思恩格斯全集》第42卷,人民出版社1979年版,第96页。
③ 《毛泽东文集》第3卷,人民出版社1996年版,第81页。
④ 《毛泽东选集》第2卷,人民出版社1991年版,第477页。

前28年的革命战争中,在"三座大山"压顶、敌强我弱的艰苦条件下,毛泽东充分估计情况,从战略战术等多种方面分析形势,特别注重调动人的自觉能动性,为最终赢得战争创造了可贵的主观条件。

为了有效地发挥人们的自觉能动性,毛泽东深入探讨了发挥自觉能动性的客观条件。他认为人的自觉能动性的发挥,必然会受到客观条件和规律的限制,只有尊重客观规律,考虑客观条件,自觉能动性才能获得正确有效的发挥。毛泽东在《中国革命战争的战略问题》中说:军事家不能超过物质条件许可的范围外企图战争的胜利,然而军事家可以而且必须在物质条件许可的范围内争取战争的胜利。军事家活动的舞台建筑在客观物质条件的上面,然而军事家凭着这个舞台,却可以导演出许多有声有色威武雄壮的活剧来。令人遗憾的是,新中国成立后毛泽东未能很好地坚持这种人的自觉能动性与受动性的辩证关系,片面夸大自觉能动性和意志的作用,提出"只怕想不到,不怕做不到"、"人有多大胆,地有多大产"等典型的唯意志论口号,违背了事物发展的客观规律,挫伤了人们的积极性。

概而言之,毛泽东的人性论表明,人性是一个多层次的系统,包括人的自然属性、社会属性和精神属性。"人是从猴子变来的"、"人是社会的动物"、"人的基本特性是人的社会性"、"自觉能动性是人区别于动物的特点"等,这些丰富多样的人性正是马克思主义将人全面而自由的发展确定为未来新社会基本原则的哲学基础。而在多样的人性中,人的社会性将人与其它动物从根本上区别开来并成为人的本质,这是理解马克思所说的"人的本质是社会关系的总和"的关键,也是我们要从社会革命和建设等方面促进人的发展的根据。

(二)人的价值

1.人的价值依据

毛泽东非常珍视人的价值,人的价值观直接决定了如何在实践中处理和对待关于人的问题。价值是一种关系范畴而非实体性存在,它表示客体之属性满足主体之需要的效用和意义。价值只有在主体需要与客体满足这种需要的相互关系中予以确定和表现,言及价值必然涉及客体的属性和主体的需要两个方面。客体的属性是价值的载体和基础,舍此便无价值;主体的需要是价值显现的前提和实现要素,没有需求便无价值。按照马克思的说法,"'价值'这个普遍的概念是从人们对待满足他们需要的外界物的关系中产生的"①。

价值按客体可分为物的价值和人的价值。物的价值是指客体物满足主体人的需要之效用和意义,表现为人是价值目的,物是价值手段或价值工具;人的价值是指客体人满足主体人的需要的效用和意义,人既是价值目的,又是价值手段或工具。人的价值可按多个角度进行划分,如按社会活动领域,可分为功利价值、道德价值、审美价值;社会层次可分为个人价值、群体价值和社会价值;按价值角色可分为目的价值和工具或手段价值等。在人与物的价值比较中,自古就有人是万物之灵之说,人的价值高于物的价值。毛泽东也一向认为,"世间一切事物中,人是第一可宝贵的"②。在大革命时期和内战时期中国共产党损失较大,但令毛泽东欣慰的是"留下了宝贝,这个宝贝就是人","不是金,不是银,比金银还贵重"。③ 因为在毛泽东看来,"失地存人,人地皆存;存地失人,人地皆失","留得青山在,不怕没柴烧"。在社会主义建设时期他仍然坚持这种观点,认为"在共产党的领导下,只要有了人,什么人间奇迹也可以造出来"④。

人的价值之所以高于物的价值在于人是价值的创造者,人是价值的源泉。人的本质在于劳动,劳动不仅创造了物的价值,也创造了人的价值,一个人的价值大小取决于他在劳动中创造价值的大小。因此劳动是人的价值源泉,人的价值就是劳动的价值,是创造价值的价值。劳动使人"身价百倍",主宰世界,在世间万物中昂起自己高贵的头颅。

因此,与物相比,人具有无上的价值,天地之间人为贵。人应当享有作为人的权利即人权。马克思很早就提出了无产阶级的人权思想,要求把争取人权和公民权纳入无产阶级的政治纲领。恩格斯主张把"政治自

---

① 《马克思恩格斯全集》第19卷,人民出版社1963年版,第406页。
② 《毛泽东选集》第4卷,人民出版社1991年版,第1512页。
③ 《毛泽东文集》第3卷,人民出版社1996年版,第256页。
④ 《毛泽东选集》第4卷,人民出版社1991年版,第1512页。

由、集会结社的权利和新闻出版自由"作为无产阶级向资产阶级斗争的武器①,并认为无产阶级要向资产阶级提出"社会的、经济的平等的要求"②。毛泽东从人的本质和价值出发,认为人的本质在于劳动,劳动使人价值无限,使人成为历史的主人,因此理应尽可能地享有人权。在毛泽东看来人权首先是人民大众的人权,因为"只有人民,才是历史的创造者"。而要确保和尊重人权,就必须奉行革命的人道主义原则。在战争时期,这个原则不仅适用于革命队伍和人民内部,而且适用于放下武器的敌人和不再捣乱的反动分子,目的是最大限度地团结一切革命力量;在社会主义制度下,则要确保实行人道主义、人民当家作主和劳动人民管理国家、军队以及各种事务权利的实现。

2. 人的价值结构

在毛泽东人的价值观体系中,个人价值与集体价值、社会价值与自我价值是他着重论证的关系范畴,因为这直接涉及在中国革命与建设中如何发挥、处理个人、集体与社会等关系的问题。

毛泽东人的价值观以集体主义为核心,人民和集体的价值高于一切。毛泽东之所以看重人民和集体的价值,首先是因为他认为群众和集体蕴藏着巨大的智慧和力量,是物质财富和精神财富的创造者。毛泽东说,群众有伟大的创造力。"一只公鸡四两力,多一份力量就多一份胜利。"③人民群众的价值首先体现在他们是社会财富的创造者,社会的财富是工人、农民和劳动知识分子自己创造的。"世界上本来百分之九十的人是工人、农民,我们住的房子,都是他们双手盖起来的,土豪劣绅连个柱子都搬不动"④。在战争年代,抗日和生活的一切,都是人民所给。虽然组织了生产自救,但"截止一九四一年,我们公营农业中的粮食生产一项,还是很微弱的,我们在粮食方面还是依靠老百姓"⑤。

不但物质财富是人民群众创造的,精神财富也是如此。知识分子

---

① 《马克思恩格斯选集》第3卷,人民出版社1995年版,第124页。
② 《马克思恩格斯选集》第3卷,人民出版社1995年版,第448页。
③ 刘光荣:《毛泽东人际艺术》,中共中央党校出版社1992年版,第127页。
④ 《毛泽东文集》第4卷,人民出版社1996年版,第325页。
⑤ 《毛泽东选集》第3卷,人民出版社1991年版,第893页。

作为人民群众中重要的一部分,受到了毛泽东的高度重视。他说,没有文化的军队是愚蠢的军队,"在革命队伍里要是没有知识分子,那也是干不成大事业的"。要形成攻无不克、无坚不摧的力量,必须把文的战线和武的战线、枪杆子和笔杆子结合起来,"枪杆子跟笔杆子结合起来,那么事情就好办了。拿破仑说,一支笔可以当得过三千支毛瑟枪"①。毛泽东称颂女作家丁玲"纤笔一支谁与似?三千毛瑟精兵";赞扬弃医从文的鲁迅为"中国的第一等圣人"②、"文化新军的最伟大和最英勇的旗手"③、"中国文化革命的主将"、"代表全民族的大多数,向着敌人冲锋陷阵的最正确、最勇敢、最坚决、最忠实、最热忱的空前的民族英雄"④等。

其次,毛泽东重视人民群众的集体价值,还在于他认为人民作为变革社会的决定力量,是世界历史的创造者。通常情况下,人民群众通过物质生产,特别是生产工具的改进,直接推动生产力的发展,变革业已成为生产力发展桎梏的社会关系。同时人民群众尤其是其中先进的思想家的精神生产活动,则为即将到来的社会变革制造舆论、提供思想武器。当革命来临时,人民群众还充当了革命的主力军,这是人民创造历史最生动的体现。毛泽东说过,"人民,只有人民,才是创造世界历史的动力"。他在谈到湖南自治运动时讲:"我又觉得湖南自治运动是应该由'民'来发起的。假如这一回湖南自治真个办成了,而成的原因不在于'民',乃在于'民'以外,我敢断言这种自治是不能长久的。"⑤所谓成也在"民"、败也在"民"。

正是看到了民众的力量,毛泽东才最终将中国革命的主力军确定为占中国人口百分之八十以上的农民。毛泽东反复强调,农民是中国最大的革命派:"所谓人民大众,主要的就是农民。""中国民主革命的主要力

---

① 《毛泽东文集》第 2 卷,人民出版社 1993 年版,第 256—257 页。
② 《毛泽东文集》第 2 卷,人民出版社 1993 年版,第 43 页。
③ 《毛泽东选集》第 2 卷,人民出版社 1991 年版,第 698 页。
④ 《毛泽东选集》第 2 卷,人民出版社 1991 年版,第 698 页。
⑤ 《毛泽东早期文稿》,湖南人民出版社 1995 年版,第 517 页。

量是农民……不要把'农民'这两个字忘记了。"①当然革命时期的人民群众除了农民这个中国革命的"主要力量"、"基本力量"外,还包括小资产阶级和其他民主人士;建设时期的人民群众则涵盖了工人、农民、知识分子和一切爱国人士在内的"占中国百分之九十以上"的人组成的联合体。正是坚信人民之中孕育着无穷的智慧和力量,毛泽东给予人民以极高的赞誉并提出了密切联系群众的群众路线。

在肯定集体价值、认同人民群众是历史的创造者的前提下,毛泽东还高度重视个人价值及其在历史上的作用。青年毛泽东十分推崇个人价值,认为"个人有无上之价值,百般之价值依个人而存","个人之价值大于宇宙之价值"。②这些观点虽有唯心主义嫌疑,但却从一定意义上反映了毛泽东个人价值观的发展脉络。转变为马克思主义者后,他对个人价值作了唯物主义的阐释和规定。首先,他肯定了个人主体性价值,认为每个个人作为人民群众的一分子在历史上都会起到一定作用,因而都具有价值。特别是历史上涌现的不少杰出人物,更能说明此点。毛泽东说:"马克思主义的历史观不是主观主义,应该找出历史事件的实质和它的客观原因。只看到客观原因够不够呢?不够的,还必须看到领导者的作用,那是有很大作用的。"③大凡杰出人士,往往都具有较高的知识、才能、品质,能够代表人民群众的利益和要求,比较深刻地认识社会发展大势,审时度势地提出适应时代发展需要的先进思想理论,并宣传群众、组织群众进行革命斗争,引领社会发展。"革命的政治家们,懂得革命的政治科学或政治艺术的政治专门家们,他们只是千千万万的群众政治家的领袖,他们的任务在于把群众政治家的意见集中起来,加以提炼,再使之回到群众中去,为群众所接受,所实践"④,"洪秀全、康有为、严复和孙中山,代表了中国共产党出世以前向西方寻找真理的一派人物"⑤,成为他们那个时代的伟大人物。马克思、恩格斯和列宁等无产阶级革命导师及中国早期

---

① 《毛泽东文集》第3卷,人民出版社1996年版,第305页。
② 《毛泽东早期文稿》,湖南人民出版社1990年版,第151—152页。
③ 《毛泽东文集》第2卷,人民出版社1993年版,第406页。
④ 《毛泽东选集》第3卷,人民出版社1991年版,第866页。
⑤ 《毛泽东著作选读》下册,人民出版社1986年版,第675页。

的马克思主义者李大钊、陈独秀更为毛泽东所推崇。马克思不但创立了无产阶级革命理论,科学预见了人类社会的发展前途,指明了无产阶级解放的途径,而且还参加革命实践活动,成为人类最高智慧的最完全的知识分子。①

在毛泽东人的价值观念中,个人价值与集体价值是辩证统一的。个人价值以集体价值为前提,个人只有在为集体、为人民做贡献中才会显示出个人的价值。毛泽东认为有了不起作用的还是人民群众,"个人的智慧必须和集体的智慧相结合才能发挥较好的作用"②。杰出人物特殊价值的发挥,离不开人民群众的实践、拥护和支持。"凡是能同群众打成一片的即是马列主义者,即能成为群众的领袖"③。毛泽东一生心目中有两个"上帝":一个是他终生为之奋斗的人民群众,一个是马克思,这两个"上帝"正反映了毛泽东集体价值和个人价值辩证统一观。

3. 人的价值标准

对于人的价值,不同的人具有不同的评价标准。历史上剥削阶级的价值以利己主义和个人主义为核心,金钱、财富和权势往往成为价值评判的标准。而毛泽东深怀强烈的国家责任和民族忧患意识,根据马克思主义唯物史观的基本观点,将人的价值的基本标准确定为个人对社会进步做出的贡献及其大小。凡对于社会经济发展、思想政治进步、道德提升有益的,都可视为对社会进步作出了贡献。

毛泽东关于人的价值标准可分为两大类,一是功利标准。功利标准之一是社会政治标准,即一个人在特定的历史条件下为社会进步和人民事业做出何种贡献。毛泽东称鲁迅为"民族解放的急先锋",因为他"给革命以很大的助力"④;他颂扬中国历代农民起义的领袖庄蹻、柳下跖、陈胜、吴广等为"风流人物",正在于他们为革命斗争"挥黄钺"⑤,"是历史发展的真正动力"。功利标准之二是经济发展标准。毛泽东将是否有利

---

① 《毛泽东选集》第 3 卷,人民出版社 1991 年版,第 817 页。
② 《毛泽东选集》第 5 卷,人民出版社 1977 年版,第 140 页。
③ 《毛泽东文集》第 3 卷,人民出版社 1996 年版,第 68 页。
④ 《毛泽东文集》第 2 卷,人民出版社 1993 年版,第 43 页。
⑤ 萧永义:《毛泽东诗词对联辑注》,湖南文艺出版社 1991 年版,第 140 页。

于"中国人民的生产力"发展、经济社会的进步作为衡量个人、团体价值大小的一个重要尺度。早年毛泽东坚持"言义不言利",反对柴米油盐之事;在转变为历史唯物主义者后,面对中国人民普遍的贫困,他开始关注饮食男女,甚至被批为"好大喜功,急功近利"。他公开宣称吃饭问题是世界上最大的问题,"我们是无产阶级的革命的功利主义者"①,"一切群众的实际生活问题,都是我们应当注意的问题"②。在民主革命时期,针对革命队伍中有些党员干部不关心工业、不关心经济,只会做一些抽象的"革命工作",毛泽东提出"这种空头革命家是毫无价值的,我们应该反对这种空头革命家"③。毛泽东还将能否促进生产力的发展作为评价政党价值的尺度。他说:"中国一切政党的政策及其实践在中国人民中所表现的作用的好坏、大小,归根到底,看它对于中国人民的生产力的发展是否有帮助及其帮助之大小,看它是束缚生产力的,还是解放生产力的。"④中国共产党就是中国先进阶级的政党,其革命目的就是为了解放中国的生产力,"没有中国共产党的努力,没有中国共产党人做中国人民的中流砥柱,中国的独立和解放是不可能的,中国的工业化和农业近代化也是不可能的"⑤。毛泽东的政党价值标准论,是对马克思主义价值标准的丰富。

二是伦理标准。伦理标准即道德标准。崇高的道德思想和行为对社会进步同样具有巨大的价值,一种无形的美德、高尚的心性品格、责任意识和牺牲精神,都是人的价值的表现。毛泽东在评价人的价值时,经常会用到一把道德性尺子,他颂扬张思德为"完全"、"彻底"、"为人民服务"的人;号召"向雷锋同志学习";评价白求恩是"毫不利己、专门利人"。他在《纪念白求恩》中说:"一个人能力有大小,但只要有这点精神,就是一个高尚的人,一个纯粹的人,一个有道德的人,一个脱离了低级趣味的人,

---

① 《毛泽东选集》第 3 卷,人民出版社 1991 年版,第 864 页。
② 《毛泽东选集》第 1 卷,人民出版社 1991 年版,第 137 页。
③ 毛泽东:《在陕甘宁边区工厂厂长和职工代表会议的代表举行招待会上的讲话》,载 1944 年 5 月 24 日《解放日报》。
④ 《毛泽东选集》第 3 卷,人民出版社 1991 年版,第 1079 页。
⑤ 《毛泽东选集》第 3 卷,人民出版社 1991 年版,第 1098 页。

一个有益于人民的人。"①

在人的价值两大标准中,毛泽东认为人的道德价值要高于功利价值。功利标准具有根本性,道德性标准是社会功利关系在伦理道德领域的反映。爱因斯坦在评价居里夫人时说,第一流人物对于时代和历史进程的意义,在其道德品质方面也许比单纯的才智成就方面还要大。毛泽东也坚持这一思想,认为人的道德贡献具有更高的价值。一个人之所以有价值,不仅在于他创造了有利于人民生活和社会进步的物质财富,更在于他自觉地意识到自己对于社会的责任和义务,视人民利益高于一切,有为人民服务的责任心、义务感,并积极主动地为社会和他人工作,即具有毫无自私自利之心的精神。所以,毛泽东要求干部"又红又专"、"德才兼备",首肯的便是"红"与"德"。

总之,无论是功利标准还是道德标准,毛泽东评价一个人的价值的基本尺度是个人是否为社会进步做出了贡献。由此他将人生的目的确立为"为人民服务"、将人生价值确立为奉献。即便是生命的终结——死亡,他也认为"为人民利益而死","死得其所"、"虽死犹荣"。他欣赏司马迁说过的:"人固有一死,或重于泰山,或轻于鸿毛。"②为人民利益而死就比泰山还重;替法西斯卖力,替剥削人民和压迫人民的人去死,就比鸿毛还轻,所以他称刘胡兰"生的伟大、死的光荣"。

4. 人的价值实现

人的价值有潜在价值和现实价值两种形态,潜在价值转化为现实价值必须通过一定的途径和形式才能实现,转化的基本条件是社会存在和社会关系,主要途径是社会实践。就社会存在而言,人类社会的发展水平、进步程度决定着人的价值的实现程度,原始人将人生的价值确立为飞上蓝天恐怕只能是幻想。同时还要有正确的价值取向,人生的价值目标应与人类社会进步的方向相一致。

在确立了正确的、符合历史发展条件和方向的价值目标后还要进行社会实践,这是人的价值实现的根本途径。毛泽东是一个具有崇高理想

---

① 《毛泽东选集》第2卷,人民出版社1991年版,第660页。
② 《毛泽东选集》第3卷,人民出版社1991年版,第1004页。

而又懂得如何将理想付诸现实的人。他认为高尚的理想很重要,"理想者,事实之母也",要"高尚其理想",并将自己的人生价值目标定位在"全心全意为人民服务"。他说:"我们一切工作干部,不论职位高低,都是人民的勤务员,我们所作的一切,都是为人民服务。"①而且,毛泽东更重视运用社会实践来成就理想,他毕生信奉"力行"哲学、奋斗哲学,坚信马克思所说的"哲学家们只是用不同的方式解释世界,问题在于改变世界"。他将自己的一生投入到新民主主义革命、社会主义革命和建设的伟大实践中,成就了人生的巨大价值。

(三)人的自由与发展

人的自由与发展思想是毛泽东在社会主义革命与建设认识和对待"人"这个问题的理论基础。

自由被称为千古之谜,马克思之前的哲学家,因远离实践而无法理解人的本质,因不理解人的本质而难以把握人的自由。马克思将人的本质确定为自由自觉的活动,即能动地改造世界的实践活动,自由就是人通过实践活动,将人从自然、社会及人自身的盲目必然性的束缚下解放出来,成为自然、社会和人自身的主人。根据马克思的观点,毛泽东提出了自由与必然的关系问题,认为人的自由不可能远离必然而存在,"盲目的必然性往往是自由的祖宗"②。人类从自然界分化出来以后,就必须进行认识必然和改造世界的活动,"只有在认识必然的基础上,人们才有自由的活动"。而在客观必然性被认识前,"我们的行动总是不自觉的,带着盲目性的"③。然而认识必然仅仅是人获得自由的前提,认识必然只能是思想自由,它并不能自动地导致自由的实现。旧哲学家之所以未能揭开自由之谜,正在于他们把自由局限在对必然的认识上,即思想自由。而马克思的超越之处是在肯定这个认识的前提下弥补了他的不足,加上了根据对必然的认识,能动地改造世界这个真理,并将二者辩证地统一起来。毛泽

---

① 毛泽东:《一九四五年的任务》,载 1944 年 12 月 16 日《解放日报》。
② 《毛泽东著作选读》下册,人民出版社 1986 年版,第 846 页。
③ 《毛泽东著作选读》下册,人民出版社 1986 年版,第 833 页。

东将马克思的这个意思精炼地概括为"自由是对必然的认识和对客观世界的改造"①并作了进一步的发挥。他说:"人们为着要在社会上得到自由,就要用社会科学来了解社会,改造社会,进行社会革命。人们为着要在自然界里得到自由,就要用自然科学来了解自然,克服自然和改造自然,从自然那里得到自由。"②只有在认识必然的基础上,遵循自然界、人类社会和人自身的发展规律能动地改造世界,人们才能真正地获得自由。

一是认识自然必然性、改造客观物质世界,使人摆脱盲目自然力的束缚,获得对自然界的自由。人类最初的自由首先是从克服恶劣的自然界的压迫开始的,"自然科学是人们争取自由的一种武装"③。人类要想从自然界中获得自由,首要的是认识自然必然性。恩格斯在《反杜林论》中说:"自由不在于幻想中摆脱自然规律而独立,而在于认识这些规律,从而能够有计划地使自然规律为一定的目的服务……自由就在于在根据对自然界的必然性的认识来支配我们自己和外部自然。"④从人猿相揖别、茹毛饮血到击燧取火、大禹治水,从石器时代、铜器时代再到现代化生产工具的发展,标志着人类征服自然的能力的提高和自由程度的大大拓展。同时,能否认识自然规律及认识的正确与否,直接决定着实践的结果。在革命战争年代,毛泽东能够比较正确地认识自然规律,领导革命军队获得了土地革命战争、抗日战争、人民解放战争等重大胜利。新中国成立后,毛泽东又带领中国人民开展了一场改天换地的社会主义建设运动,但由于对必然性的认识不足,加上主观上的急功近利,提出了一系列违背了生产力发展规律的方针政策,如"总路线"、"大跃进"、"人民公社"等,导致了严重后果。因此毛泽东得出一个结论,认为把握世界不是一件容易的事情,"这个必然不是一眼就能看穿看透的",也决不是一次就能完成的,要经过一个多次反复的过程。先是不认识或者不完全认识,经过反复的实践,在实践里面得到成绩,有了胜利,又翻了跟头,碰了钉子,有了成功和失败的比较,然后才有可能逐步地发展成为完全的认识或者比较完全

---

① 《毛泽东著作选读》下册,人民出版社 1986 年版,第 833 页。
② 《毛泽东文集》第 2 卷,人民出版社 1993 年版,第 269 页。
③ 《毛泽东文集》第 2 卷,人民出版社 1993 年版,第 269 页。
④ 《马克思恩格斯选集》第 3 卷,人民出版社 1995 年版,第 455—456 页。

的认识。并且世界是不断发展的,人们的认识也必然要跟上时代的进步。"在生产斗争和科学实验范围内,人类总是不断发展的,自然界也总是不断发展的,永远不会停止在一个水平上。因此,人类总得不断地总结经验,有所发现,有所发明,有所创造,有所前进。停止的论点、悲观的论点、无所作为和骄傲自满的论点,都是错误的。"①这正是实践——认识——再实践——再认识规律作用的结果。今天,以人为中心的可持续发展观能获得世界共识,中国政府提出并努力实践科学发展观,正是人类对自然必然性、自然规律认识的结果。

二是认识社会必然性,在社会历史领域实现从必然王国到自由王国的飞跃。变革社会、改造压迫人的社会关系,摆脱社会关系的束缚,是认识社会必然性的根本目的。关于人类社会自由发展的历程和前景,马克思曾用"必然王国"和"自由王国"来描述。"必然王国"是指人被物化的社会关系所支配的社会状态;"自由王国"是指人类克服了物化社会关系的束缚,能够自由地驾驭自己的社会关系,达到人支配物的状态。所谓人类"从必然王国向自由王国的飞跃",就是指人类社会从一种旧的、受历史必然性统治的状态向另一种新的、为人能够熟练自由支配和利用历史规律的社会发展状态迈进。

毛泽东继承和发挥了马克思、恩格斯的这一思想,具体分析了中国人民所受的三重压迫,并指明要用阶级战争的方式解除这三重压迫,实现中国社会从旧的状态向新的社会状态飞跃。同时,他还从历史观和认识论双重高度拓展了"两个王国"适用范围,即把人类对自然、社会和人自身的发展看做是从"必然王国"向"自由王国"永无止境的历史过程,并且这两大王国的对立统一还表现为新与旧、正确与错误的对立。毛泽东说:"人类的历史,就是一个不断地从必然王国向自由王国发展的历史。这个历史永远不会完结。在有阶级存在的社会内,阶级斗争不会完结。在无阶级存在的社会内,新与旧、正确与错误之间的斗争永远不会完结。"②可以看出,毛泽东将"两个王国"的理论具体运用于对阶级与阶级、新与

---

① 《毛泽东著作选读》下册,人民出版社1986年版,第845页。
② 《毛泽东著作选读》下册,人民出版社1986年版,第845页。

旧、正确与错误的辩证分析，从而使该理论获得了更为普遍性的规定；他将两大王国视为永远不会完结的矛盾运动，意味着中国社会主义制度的建立只是中国人民获得了从必然王国向自由王国飞跃的一个新起点。中国人民要实现真正的自由，还需要无数人继续奋战这一未竟的事业。"必须从实践出发，从没有经验到有经验，从有较少的经验，到有较多的经验，从建设社会主义这个未被认识的必然王国，到逐步地克服盲目性、认识客观规律、从而获得自由，在认识上出现一个飞跃，到达自由王国。"①

三是人自身在征服自然的能力不断提高、社会全面进步的基础上确认人的本质、充分展示人的潜能，使属人的各种需要、素质、能力、活动和关系得到全面的发展，最终达到人的全面而自由的发展。毛泽东在充分吸收了马克思、恩格斯人的发展的思想上，对人的发展本质、发展内容、实现条件和途径等作了大量论述和实践，具体体现为第三节集中阐述的塑造"新人"的思想。

二、中国革命的人本进程

毛泽东对人的全面自由发展理论阐发，其意决不在理论本身而在于依理论实现中国人民的解放。毛泽东一贯认为，"一个马克思主义者如果不懂得从改造世界中去认识世界，又从认识世界中去改造世界，就不是一个好的马克思主义者。一个中国的马克思主义者，如果不懂得从改造中国中去认识中国，又从认识中国中去改造中国，就不是一个好的中国的马克思主义者"②。"无产阶级认识世界的目的，只是为了改造世界，此外再无别的目的。"③

在实践方面，由于毛泽东所处的社会历史条件的特殊性，人的全面发

---

① 《毛泽东著作选读》下册，人民出版社1986年版，第826页。
② 《毛泽东著作选读》下册，人民出版社1986年版，第485—486页。
③ 《毛泽东著作选读》下册，人民出版社1986年版，第840页。

展问题最初是作为人的解放问题受到了关注。他一生实践的主题就是领导中国人民进行社会革命,实现人的解放。关于人的解放与人的自由发展是同一过程的不同表述。自由的对立面是必然,打破必然的束缚和压迫、消除人的发展不自由状态的过程即所谓人的解放。人的解放的实质就是使具有不同个性的人都能够发掘自身的全部潜力,达到全面而自由的发展。对于毛泽东时代的中国人民来说,其自由发展所面临的最大威胁、最突出的必然性束缚,就是帝国主义、封建主义和官僚资本主义的压迫。作为一代伟大的革命家,毛泽东不仅阐释了人的全面自由发展的系列理论,更为重要的是他以上述人的全面自由发展思想为支撑,在实践中发起了一场轰轰烈烈的解放人的运动。毛泽东所领导的新民主主义革命和社会主义革命的胜利,把中国人民从三座大山和私有制的压迫下解放出来,奠定了中国人民迈向全面自由发展的政治基础。

(一)"兵民"是中国革命的决定性因素

如前所述,人的价值是指客体人满足主体人的需要的效用和意义,人是价值目的与手段的统一体。中国革命是为了实现中国人民的解放而进行的,而要进行革命最首要的是正确认识和对待革命的主体即人的问题。毛泽东从马克思主义唯物史观出发,认为历史活动是人民群众自己的事业,人民群众只有依靠自己的力量起来斗争才能获得自身的解放;同时毛泽东还结合中国革命的特殊环境,创造性地提出"兵民是胜利之本"的著名论断,实现了人既是目的又是手段的统一,科学地解决了中国革命的主体问题。

早在1920年毛泽东就提出,我们的"目的——改造中国与世界——定好了,接着发生的是方法问题,我们到底用什么方法去达到'改造中国与世界'的目的呢?"[①]毛泽东明确地表示,"应用俄国式的方法"[②]!所谓"俄国式的方法",就是暴力革命的方法,也就是说要实现中国人民的解放,就要进行中国革命,用武装斗争的形式推翻旧政府,建立新政权。而

---

① 《毛泽东书信选集》,中央文献出版社2003年版,第3页。
② 《毛泽东书信选集》,中央文献出版社2003年版,第4页。

在确定了"革命"的目标后,接下来要解决的就是如何进行革命的"方法"问题。我们不但要提出任务,而且要解决完成任务的方法问题。我们的任务是过河,但是没有桥或船就不能过。不解决桥或船的问题,过河就是一句空话。不解决方法问题,任务也只是瞎说一顿。因此,在确定了中国革命是目的后,首要的是要回答革命的主体,毛泽东将"兵民"确定为中国革命的主要倚重对象。

从一般意义上来讲,战争是由人进行的,军队是战争的组织形式,没有"兵"便不可能有战争。但中国革命不但有"兵",更重要的还有"民"。即中国革命的主体除了军队外,还有广大的人民群众参与。毛泽东说:"革命战争是群众的战争,只有动员群众才能进行战争,只有依靠群众才能进行战争。"①

"兵民"之所以成为中国革命的主体,是由中国特殊的国情决定的。从必要性来看,以工农红军为主体的革命力量明显弱于包括日本帝国主义、中国反革命势力等在内的侵略力量和反革命力量,敌强我弱是当时力量对比悬殊的真实写照,这种反差突出表现为经济条件和武器装备的悬殊。基于此种状况,中国革命要取得胜利,仅与反动势力拼经济、比武器恐为下策,中国革命必须寻找自己的优势,这种优势正是毛泽东所看重的占中国人口 4/5 的"兵"与"民"。他由此提出了"兵民是胜利之本"等著名的军事论断,将中国革命的倚重对象定格在广大的兵民身上。毛泽东说:"武器是战争的重要的因素,但不是决定的因素。决定的因素是人不是物。"②针对在物质条件上敌强我弱的力量悬殊,毛泽东突出强调:"战争的胜负,固然决定于双方军事、政治、经济、地理、战争性质、国际援助诸条件,然而不仅仅决定于这些;仅有这些,还只是有了胜负的可能性,它本身没有分胜负。要分胜负,还须加上主观的努力。"③因此,毛泽东主张"唤起民众",他把动员起来的千百万真心实意拥护革命战争的人民群众看做是任何力量也打不破的"铜墙铁壁",是陷敌于灭顶之灾的"汪洋大

---

① 《毛泽东选集》第 1 卷,人民出版社 1991 年版,第 136 页。
② 《毛泽东选集》第 2 卷,人民出版社 1991 年版,第 469 页。
③ 《毛泽东选集》第 2 卷,人民出版社 1991 年版,第 478 页。

海"。这正是毛泽东一再推崇的"世间万物人是第一可宝贵"的思想在中国革命中的运用和发挥。

重视人在中国革命中的决定性意义,并不意味着毛泽东否定物质条件的作用。1957年,毛泽东曾与赫鲁晓夫就世界大势与敌我军事力量的对比展开激烈的争论。赫鲁晓夫强调,在原子弹面前,双方军队的数目和真正力量的对比与战争结果的关系已经没有任何意义,谁的军队越多,他的炮灰也越多。在原子弹的阴影下没有军队,只有一堆肉、一堆灰。对此毛泽东却说,纸老虎!无非是乱扔原子弹,就算是死一半人,剩下的一半人还可以在废墟上重建我们的家园!在这里,毛泽东作为一个伟大的军事家自然明白原子弹的威力,深谙武器之重要性。他说,哪个讲它是纸糊的玩艺儿,一捏就碎。这样还叫马克思主义吗?毛泽东遵循唯物主义的基本立场,认为军队作战须有武器、兵源、财源以及各方面的保障,他甚至还提出来了"枪杆子里面出政权"的名言。但毛泽东反对单纯的武器决定论,认为在人与物的比较中,决定战争胜负的因素在人而不在物。他说:"战争的伟力之最深厚的根源,存在于民众之中。"①这是毛泽东在敌我力量悬殊的艰难环境里进行革命活动无比宝贵的经验概括。

中国革命以"兵民"为主要倚重对象,不但有其必要性,而且还存在着可能性。在革命战争年代,历史留给近代中国的是为数众多、备受剥削的两个阶级,有着强烈的革命冲动,为中国革命倚重"兵民"提供了极大的可能性。早在1925年毛泽东在《中国社会各阶级的分析》中就从经济基础的角度理智分析和热情讴歌了蕴藏在工人、农民身上的巨大力量。1939年正值抗日战争烽火连天的时候,为了团结一切可能团结的力量、争取抗战的胜利,毛泽东在《中国革命和中国共产党》中从阶级分析入手,再次理论化、系统化论证了中国革命的领导力量和依靠力量。他说:中国的无产阶级"除了一般无产阶级的基本优点,即与最先进的经济形式相联系,富于组织性纪律性,没有私人占有的生产资料"外,还"身受三种压迫(帝国主义的压迫、资产阶级的压迫、封建势力的压迫),而这些压迫的严重性和残酷性,是世界各民族中少见的;因此,他们在革命斗争中,

---

① 《毛泽东选集》第2卷,人民出版社1991年版,第511页。

比任何别的阶级来得坚决和彻底。在殖民地半殖民地的中国,没有欧洲那样的社会改良主义的经济基础,除极少数的工贼之外,整个阶级都是最革命的"①。而"中国的广大人民,尤其是农民,日益贫困化以至大批地破产,他们过着饥寒交迫的和毫无政治权利的生活。中国人民的贫困和不自由的程度,是世界所少见的"②。"苦大仇深"的农民作为"工人阶级的坚固的同盟军"③,"从中国中部、南部和北部各省起来,其势如暴风骤雨,迅猛异常,无论什么大的力量都将压抑不住。他们将冲决一切束缚他们的罗网,朝着解放的路上迅跑。一切帝国主义、军阀、贪官污吏、土豪劣绅,都将被他们葬入坟墓"④。因此毛泽东坚定地认为,推翻帝国主义和国民党反动派,主要是这两个阶级的力量。由新民主主义到社会主义,主要依靠这两个阶级的联盟。

毛泽东关于"兵民"是赢得中国革命决定性因素的论述,正确地解决中国革命的主体问题,为在解放人民的革命事业中积极、主动、充分地调动人民群众的积极性发挥了极为关键的作用。

(二) 中国革命的人本宗旨

毫无疑问,中国革命以实现中华民族独立、中国人民解放为最终目的,民族独立是中国人民实现全面自由发展的首要前提。毛泽东所理解的人的解放是全面的,包括人从自然力束缚下获得解放,从社会关系中获得解放以及从人自身的思想、观念等解放出来,达到马克思、恩格斯所说的"成为自然界的主人、社会的主人、自身的主人"。为此,毛泽东设计并践行了一条中国人民的解放之路,即"夺取政权——变革生产关系——发展生产力"⑤,而第一步就是要进行中国革命,"为自由而战,为独立而战"⑥。

---

① 《毛泽东选集》第 2 卷,人民出版社 1991 年版,第 644 页。
② 《毛泽东选集》第 2 卷,人民出版社 1991 年版,第 631 页。
③ 《毛泽东选集》第 2 卷,人民出版社 1991 年版,第 645 页。
④ 《毛泽东选集》第 1 卷,人民出版社 1991 年版,第 13 页。
⑤ 熊芳、雍涛:《毛泽东眼中的人》,人民出版社 2003 年版,第 328 页。
⑥ 李敏:《以人为本——中国共产党执政规律的集中体现》,载《内江师范学院学报》2006 年第 5 期。

1. 进行新民主主义革命,将中国人民从帝官封压迫下解放出来

毛泽东深刻理解马克思关于无产阶级只有从受压迫、受剥削的境遇中解放出来才有可能实现全面自由发展的理论命题。他说:"现在,我们中华民族是不自由不平等的,受到帝国主义的束缚和压迫;中国人民是不自由不平等的,受到封建势力的束缚和压迫"①,民族压迫和封建压迫残酷地束缚着中国人民的个性发展,束缚着私人资本主义的发展和破坏着广大人民的财产。因此,中国共产党人的任务就是"要与争取自由、争取平等的人们站在一起,为中国人民的自由解放而斗争,让自由的阳光洒遍中国大地"②。

反对帝国主义在中国的统治,把中国人民从民族压迫下解放出来。任何形式的自由都必须以人的独立性为前提,缺乏独立性的人不可能有真正的自由。毛泽东早年就说过:"有独立心,是谓豪杰。"在新民主主义革命中,毛泽东首先强调、追求和争取的是民族独立,唯有独立才能解放个性。因此,"中国共产党代表全国人民要求独立!中国如果没有独立就没有个性,民族解放就是解放个性,政治上要这样做,经济上要这样做,文化上也要这样做"③。他认为中国最缺少的东西一个是独立,一个是民主。毛泽东在论述两个中国之命运时称"独立、自由、民主、统一、富强"的中国为"光明的中国",将"独立"置于"自由、民主、统一、富强"之首。针对当时日本侵略对中国人民带来的灾难,毛泽东提出"要打倒日本帝国主义,把全中国人民解放出来"。八年的抗日战争,终于将中国人民从日本帝国主义的铁蹄下解救了出来,实现了国家独立。

反对封建专制,把中国人民特别是农民从封建统治下解放出来。绵延几千年的封建制度对于中国人民的禁锢是全方位的。地主阶级占有大量土地以剥削农民剩余劳动,土地私有制是封建生产关系的基础。在封建社会不仅存在森严的等级制度维护地主阶级利益,而且还建立了庞大的国家机器和严刑酷法用以维护封建统治秩序和地主豪门贵族的特权。

---

① 《毛泽东文集》第2卷,人民出版社1993年版,第166页。
② 《毛泽东文集》第4卷,人民出版社1996年版,第211页。
③ 《毛泽东文集》第3卷,人民出版社1996年版,第336页。

除此之外,封建统治者还给劳动人民套上无形的精神枷锁,用封建道德、封建迷信、封建宗法思想加强对劳动人民的奴役。早在1926年举办广州农民运动讲习所时,毛泽东就曾对封建宗法思想和制度进行过猛烈的抨击。他说,封建教育的核心是"忠孝主义",这是地主阶级实行封建统治的精神支柱,也是麻痹农民、捆绑农民的精神绳索。"孝"维持了家长、族长的统治,"忠"维持了官吏、帝王的统治,"忠"是"孝"的放大,"忠"、"孝"的实质是一致的。封建统治者为了防止人民造反,设法施以忠孝教育,麻痹人民的斗志。君赐臣死,臣不敢不死;一臣不事二君;烈女不嫁二夫,忠孝、家庭观念极大地钳制着人民自由数千年之久。又有尊卑思想,天尊地卑,父尊子卑,君尊臣卑等。"政权、族权、神权、夫权"这四大权力,"代表了全部封建宗法的思想和制度,是束缚中国人民特别是农民的四条极大的绳索"①。因此,毛泽东强烈地主张去除"吾国之三纲五常",打倒"同为天下之恶魔"的"教会、资本家、君主、国家四者"②,充分"发达个性"③。

反对官僚资本主义,把中国人民从官僚资本主义的统治下解放出来。作为半殖民地半封建社会中买办的、封建的国家垄断资本主义,它运用国家政权的力量和超经济掠夺方式残酷压榨劳动人民,成为社会发展的巨大障碍。在新民主主义革命时期,以蒋介石为总代表的官僚资本主义"对于全国各地反对内战、反对饥饿、反对美帝国主义侵略的正义的人民运动,对于工人、农民、学生、市民和公教人员的争生存的斗争,蒋介石的方针就是镇压、逮捕和屠杀。对于国内各少数民族,蒋介石的方针就是实施大汉族主义,摧残镇压,无所不至。在一切蒋介石统治区域,贪污遍地,特务横行,捐税繁重,物价高涨,经济破产,百业萧条,征兵征粮,怨声载道,这样就使全国绝大多数人民,处于水深火热之中"④。

总之,帝国主义、封建主义和官僚资本主义这"三座大山"给中国人民造成的沉重压迫已是不争的事实。那么如何把广大的中国人民从"三

---

① 《毛泽东选集》第1卷,人民出版社1991年版,第31页。
② 《毛泽东早期文稿》,湖南出版社1990年版,第151、127页。
③ 《毛泽东早期文稿》,湖南出版社1990年版,第127页。
④ 《毛泽东选集》第4卷,人民出版社1991年版,第1236—1237页。

座大山"的压迫下彻底解放出来？马克思主义者历来主张以革命的暴力对付反革命的暴力,走武装夺取政权的道路。毛泽东坚决主张用"用革命的方法,坚决彻底干净全部地消灭一切反动势力,不动摇地坚持打倒帝国主义,打倒封建主义,打倒官僚资本主义,在全国范围内推翻国民党的反动统治,在全国范围内建立无产阶级领导的以工农联盟为主体的人民民主专政的共和国……这样,就可以使中国人民来一个大解放,将自己头上的封建的压迫和官僚资本(即中国的垄断资本)的压迫一起掀掉,并由此造成统一的民主的和平局面,造成由农业国变为工业国的先决条件,造成由人剥削人的社会向着社会主义社会发展的可能性"①。

正是在这样的认识下,以毛泽东为代表的中国共产党人,运用马克思主义关于阶级斗争理论和暴力革命理论,结合中国是农业人口大国的社会现实,在实践中逐渐探索出了一条农村包围城市、武装夺取政权的新民主主义革命道路。1949 年中华人民共和国的成立,标志着中国共产党人经过 28 年艰苦卓绝的斗争,终于领导中国人民完成了推翻"三座大山"的历史重任,实现了民族解放、阶级解放。"中国人民站起来了!"这是中国人民在人的解放、人的全面自由发展道路上实现的第一次飞跃。

2. 进行社会主义革命,试图将中国人民从私有制所造成的片面性中解放出来

如果说进行新民主主义革命、让中国人民站起来更多的是侧重于从政治上解放人,那么进行社会主义革命、变革生产关系则是毛泽东试图造就人的全面而自由发展的经济制度基础,这实际上是中国革命两步走战略在人的发展上的体现。

按照马克思的分析,人的全面自由发展必须以丰富的社会关系为前提,而社会关系是基于一定经济基础之上的人与人之间的关系。在原始社会,虽然人们彼此间平等,但每个人被血缘关系牢牢地束缚在氏族或部落的极其狭小的范围内,难以拥有宽阔的天地;在奴隶社会和封建社会,封闭的自然经济使人们互相隔离,人们取得生活资料大多是靠自然交换;加之森严的等级制度、强烈的人身依附使得人们缺乏丰富的社会关系;资

---

① 《毛泽东选集》第 4 卷,人民出版社 1991 年版,第 1375 页。

本主义的诞生,大大拓展了人的发展必要的生产力前提和物质基础,但建立在私有制基础之上的资本主义生产关系又使人的发展面临着物化力量的统治,并最终屈从于资本主义对抗的社会关系而成为单面人、畸形人。因此,在现代生产力较为充分发展之后,消灭私有制、冲破资本主义生产关系的桎梏、建立生产资料社会占有的"联合体",成为实现人的全面自由发展的重要方面。

新中国成立后,以毛泽东为核心的党的第一代领导集体依据马克思的国家理论,建立起了人民民主专政的国家政权,并认为人民民主专政,对于胜利了的人民,是如同布帛菽粟一样地不可须臾离开的东西,是一个护身的法宝。同时,在人民民主专政政权的保护下,毛泽东展开了旨在变革生产关系、奠定公有制经济基础的社会主义革命。事实上早在新民主主义革命时期中国社会就已经开始注重培育社会主义的经济因素。新民主主义经济纲领规定:实行"节制资本",没收大银行、大工业、大商业归新民主主义的国家所有,使其成为社会主义性质的国营经济;实行"平均地权"、"耕者有其田",没收地主的土地,分配给无地或少地的农民,并在此基础上发展具有社会主义性质的合作社经济;保护民族工商业,允许私人资本主义在不能操纵国计民生的范围内发展。新民主主义的经济纲领容许了私人资本主义的适当发展,显然是为了适应当时反对帝国主义的斗争、最大限度团结可以团结的力量的需要。"在现阶段上,中国的经济,必须是由国家经营、私人经营和合作社经营三者组成的。"① 新民主主义经济以国家经营为主导力量和领导力量,虽然在性质上是非社会主义的,但又是走向社会主义的。

新中国成立后,党领导人民在实现解放的道路上继续前进。我国用三年时间基本完成了对农业、手工业、资本主义工商业的社会主义改造,逐步把生产资料私有制改变成生产资料公有制。私有制的铲除、剥削制度的消灭使得占中国人口90%以上的广大工人、农民和其他劳动者第一次成为生产资料的主人。马克思在谈到私有制的消灭对于实现人的发展意义时曾说:"生产资料的社会占有,不仅会消除生产的现存的人为障

---

① 《毛泽东选集》第3卷,人民出版社1991年版,第1058页。

碍,而且还会消除生产力和产品的有形的浪费和破坏,……通过社会生产,不仅可能保证一切社会成员有富足的和一天比一天充裕的物质生活,而且还可能保证他们的体力和智力获得充分的自由的发展和运用,这种可能性现在第一次出现了,但是它确实是出现了。"①

从主观愿望上讲,毛泽东希望通过消灭私有制、实现生产关系"一大二公三纯"的变革,造就人的全面自由发展的经济制度条件。然而,社会发展是一个渐进的过程,生产关系的变革只有适应生产力发展水平的步伐才能体现其制度的优越性。中国社会主义建设始自旧中国的一穷二白,突出表现在低下的生产力水平。因此,超前的生产关系和滞后的生产力发展水平形成了鲜明的反差和不协调,致使生产力遭到极大破坏。这样,毛泽东试图通过消灭私有制、变革生产关系、实现人的发展的愿望不但未能如愿,反而直接威胁到人的发展的物质基础。人祸大于天灾,"左"倾错误一度导致了触目惊心的恶果。关于这一点我们将在本章第四节予以具体分析。

三、社会主义建设中塑造"新人"的思想

"新人"是相对于私有制条件下的旧人而言的,马克思最初在《1844年经济学哲学手稿》提出新人理论。他认为,资本主义社会中的劳动者从事劳动并非自觉自愿而是被迫强制的,这种异化劳动带来了劳动者的畸形和片面发展。随着生产力和分工的发展、社会交往的普遍化,尤其是无产阶级革命的胜利铲除了异化的私有制根源,个人的依存关系随之转化为对那些异己力量的扬弃和自觉驾驭,从而培育出共产主义社会中全面发展的新人因子。但新人的真正形成不会自动出现,它要通过教育与生产劳动相结合等诸多途径才能实现,即新人的塑造。

新中国成立后,由于中国共产党所处历史方位和面临的历史任务发生了根本性变化,使得长期在革命战争和私有制条件下走出来的"旧人"

---

① 《马克思恩格斯选集》第3卷,人民出版社1995年版,第757页。

已远远不能满足社会发展对人各方面的要求,迫切需要培养造就一大批适应社会主义建设事业需要的无产阶级革命事业接班人。为此,毛泽东具体践行了马克思的新人理论,不但把自己早在举办"新民学会"时就已经确立的新民理想付诸实践,而且创造性地提出"又红又专"、"德智体全面发展"、"社会多面手"等"新人"塑造思想。

(一)社会主义"新人"的目标定位

1. 又红又专

作为干部队伍建设的理论,"又红又专"是毛泽东在长期的革命和建设过程中依据马克思主义建党学说并结合中国实际而形成的。抗战时期,毛泽东就曾对建设德才兼备干部队伍的重要性进行过系统论述。他说:"指导伟大的革命,要有伟大的党,要有许多最好的干部。"这些干部和领袖懂得马克思列宁主义,有政治远见,有工作能力,富于牺牲精神,能独立解决问题,在困难中不动摇,忠心耿耿地为民族、为阶级、为党而工作。后来他又从党所肩负的使命强调这样培养的重要性,认为中国共产党是一个在几万万人的大民族中领导伟大革命斗争的党,没有多数才德兼备的领导干部,是不能完成其历史任务的。

新中国建立后,为了解决广大知识分子服务于社会主义建设的问题,毛泽东提出了知识分子的"又红又专"问题。中共七届三中全会宣告要有步骤地、谨慎耐心地进行旧有文化教育事业的改革,争取一切爱国的知识分子为人民服务。从1951年秋季起,人民政府有计划有组织地在全国知识分子中开展学习和思想改造运动,促使他们解决立场态度等问题,大多数知识分子开始向工人阶级转变。在1956年1月召开的中共中央知识分子会议上,周恩来宣布从旧社会过来的知识分子"绝大部分已经成为国家工作人员,已经为社会主义服务,已经是工人阶级的一部分"[①],并发出"向科学进军"的口号。1956年在八大预备会议第二次会议中,毛泽东强调要在三个五年计划之内造就一百万到一百五十万高级知识分子,并建议在政治中央委员会之外,再成立一个科学中央委员会。1957年毛

---

① 《周恩来选集》下卷,人民出版社1984年版,第16页。

泽东提出了造就工人阶级知识分子宏大部队的任务,他说:为了建成社会主义,工人阶级必须有自己的技术干部的队伍,必须有自己的教授、教员、科学家、新闻记者、文学家、艺术家和马克思主义理论家的队伍。这是一个宏大的队伍,人少了是不成的。这个任务,应当在今后十年至十五年内基本上解决。……共产党员、青年团员和全体人民,人人都要懂得这个任务,人人都要努力学习。有条件的,要努力学技术,学业务,学理论,造成工人阶级知识分子的新部队(这个新部队,包含从旧社会过来的真正经过改造站稳了工人阶级立场的一切知识分子)。这是历史向我们提出的伟大任务。在这个工人阶级知识分子宏大新部队没有造成以前,工人阶级的革命事业是不会充分巩固的。

正是在重视科学技术和知识分子的大背景下,毛泽东于1957年的八届三中全会上对全党干部提出了"又红又专"的要求。他说:政治和业务是对立统一的,政治是主要的,是第一位的,一定要反对不问政治的倾向;但是专搞政治,不懂技术,不懂业务,也不行。我们的同志,无论是搞工业的、搞农业的、搞商业的,搞文教的,都要学一点技术和业务。我们各行各业的干部都要努力精通技术和业务,使自己成为内行,又红又专。所谓"红"就是有坚定正确的政治方向,所谓"专"指有过硬的专业技能,二者辩证统一,就是又红又专;做到了红与专的辩证统一就是党的好干部、革命事业红色接班人和全面发展的人。在革命战争年代,"红"就是要有推翻旧制度、解放全中国的远大志向,"专"就是要有会领兵、能打仗的本事;在社会主义建设时期,"红"就是坚持社会主义总路线,"专"就是能胜任社会主义各种建设。1958年毛泽东在《工作方法十六条(草案)》中重提:从今年起,全党要在继续完成政治上和思想上的社会主义革命的同时,把党的工作重心转移到技术革命上去,注意把政治和技术结合起来,努力做到又红又专。"一方面要反对空头政治家,另一方面要反对迷失方向的实际家。"①"政治和经济的统一,政治和技术的统一,这是毫无疑义的,年年如此,永远如此。这就是又红又专。"②针对当时弥漫在右派中

---

① 《毛泽东著作选读》下册,人民出版社1986年版,第803页。
② 《毛泽东著作选读》下册,人民出版社1986年版,第803页。

的"外行不能领导内行"的谬论,毛泽东特别突出了领导干部"专"的意义。他谈道:我们驳右派说,我们能领导。我们能者是政治上能。至于技术,我们有许多还不懂。所以单有红还不行,还要懂得业务,懂得技术。

对于领导干部,毛泽东重点强调了"专"的问题;而对于知识分子,毛泽东则突出"红"的重要性。他认为,对于知识分子而言"专"应该是没问题的,关键是要站稳无产阶级的政治立场。尤其是一部分受资产阶级教育和世界观影响的旧知识分子向党发起了进攻,表现出只专不红的倾向。因此,如何培养"又红又专"的知识分子,毛泽东认为要在政治上下工夫,解决知识分子世界观的问题。他说:知识分子要同时是红的,又是专的。要红,就是要下一个决心,彻底改造自己的资产阶级世界观。这并不是要读很多书,而是要真正弄懂什么叫无产阶级,什么叫无产阶级专政,为什么只有无产阶级有前途,其他阶级都是过渡的阶级,为什么我们这个国家要走社会主义道路,不能走资本主义道路,为什么要共产党领导等问题。

无疑,毛泽东又红又专的思想是对唯物辩证法的运用,具有一定的科学性。尤其是在20世纪50年代,强调领导干部掌握专业技能和科学技术知识对社会主义建设的重要作用意义非常。用毛泽东的话说就是"政治与技术结婚就产生共产主义"。然而,随着"又红又专"理论日趋热烈乃至火爆,这一实践逐渐走向了极端。在1966年全面发动的"无产阶级文化大革命"中,"'红'的因素即'政治'被过多的强调、而'专'却更多地与'白'字连在了一起"[①]。结果严重制约了知识分子队伍的成长和壮大,也因其违反团结知识分子更好进行社会主义建设的初衷而给党和国家建设事业造成了严重损失。

2. 德智体全面发展

德智体全面发展是毛泽东对全面发展的人的总体要求,在适用对象上主要指青年学生。青年毛泽东认为:"筋骨者,吾人之身;知识、感情、

---

① 刘克选、方明东:《北大与清华》,国家行政学院出版社1998年版,第584页。

意志者,吾人之心。身心皆适,是谓俱泰。"①并由此提出多元教育相结合的思想,认为"今之教育学者以为可配德、智、体之三言"②,"三育并重"达于"身心并完"③。新中国成立后,毛泽东对青年学生寄予了深切厚望,视之为国家的未来、民族的希望、无产阶级革命事业的接班人,因而非常重视对广大青年的培养和教育,并将德育、智育、体育作为培养社会主义新人的三个基本方面。1956 年,毛泽东根据我国社会主义革命和建设的需要,明确提出了新时期教育方针:"应该使受教育者在德育、智育、体育几方面都得到发展,成为有社会主义觉悟的有文化的劳动者。"④

在"三育"中,德育居首。德育的首要任务是培养共产主义情操和观念。马克思、恩格斯认为,"共产主义革命就是同传统的所有制关系实行最彻底的决裂;毫不奇怪,它在自己的发展进程中要同传统的观念实行最彻底的决裂"⑤。列宁认为,共产主义新人的教育和培养在某种程度上说是共产主义道德的教育和培养,德育在新人的培养中居于核心地位。共产主义道德教育的实质、任务和使命就是批判私有制社会的利己主义腐朽道德,树立共产主义的理想和道德,培养、造就共产主义新人。毛泽东将德育看做是塑造人的灵魂,认为"思想主人之心,道德范人之行,二者不洁,遍地皆污"⑥。然而,在这个灵魂与统帅的问题上,却呈现出"吾国人积弊甚深,思想太旧……五千年流传至今,种根甚深,结蒂甚固"⑦。这种状况不仅是旧中国落后的重要原因之一,而且难以适应新中国社会主义建设的需要。因此,着眼于中国社会主义的千秋大业,毛泽东要求事关祖国未来的青年学生们"在思想上要有所进步,在政治上也要有所进步,这就需要学习马克思主义,学习时事政治。没有正确的政治观点,就等于没有灵魂"⑧。

---

① 《毛泽东早期文稿》,湖南出版社 1990 年版,第 70 页。
② 《毛泽东早期文稿》,湖南出版社 1990 年版,第 59 页。
③ 《毛泽东早期文稿》,湖南出版社 1990 年版,第 70 页。
④ 刘英杰:《中国教育大事典(1949—1990)》(上),浙江教育出版社 1993 年版,第 6 页。
⑤ 《马克思恩格斯选集》第 1 卷,人民出版社 1995 年版,第 293 页。
⑥ 中国革命博物馆、湖南省博物馆编:《新民学会资料》,人民出版社 1980 年版,第 6 页。
⑦ 中国革命博物馆、湖南省博物馆编:《新民学会资料》,人民出版社 1980 年版,第 6 页。
⑧ 毛泽东:《关于正确处理人民内部矛盾的问题》,《人民日报》,1957 年 6 月 19 日。

智育是塑造社会主义新人的主渠道。"教育与生产劳动相结合"是马克思提出的实现人的全面自由发展的重要途径,所谓的教育,主要是智育。通过智力培育,使受教育者系统掌握比较完全的科学文化知识,培养分析解决问题、从事实际工作和劳动的能力。毛泽东非常注重青少年学生的文化知识的学习。他虽然要求干部和知识分子"又红又专",但对青年学生他却主张应把主要精力放在学习上,"在校要把学习搞好"①、"以学习为主"②,要求青年学习专业,少谈些政治。1941 年,他在致毛岸英、毛岸青的信中说:"趁着年纪尚轻,多向自然科学学习","只有科学是真学问,将来用处无穷"。③ 对于智育的内容,毛泽东反对割断历史,坚持批判继承历史上的一切优秀遗产,同时还要努力学习自然科学和社会科学,批评轻视技术工作和前人文化遗产的倾向。

体育是实现人的全面自由发展的基础。毛泽东反对旧教育"偏于知,轻视体育的观点"④,强调把身体健康放在首位。他认为"体育于吾人实占第一之位置"⑤。"体育一道,配德能与智育,而德智皆寄于体,无体是无德智也。……体育,为知识之载而为道德之寓也,其载知识也如车,其寓道德也如舍。体育,载知识之车而寓道德之舍也。"⑥也就是说在毛泽东看来,"三育"中的道德好、学问高固然重要,但德育和智育都要以体育为载体。"体育之效,至于强筋骨,因而增知识,因而调感情,因而强意志。"⑦如果身体出了问题,则必然会危及到理想的实现和文化知识的学习。过去旧中国积贫积弱,被视为"东亚病夫"。"国力荼弱,武风不振,民族之体质日趋轻细,此甚可忧之现象也。"⑧因此,毛泽东告诫同学们力避成为"偻身俯首,纤纤素手,登山则气迫,涉水则足痉"的孱弱书生。新

---

① 中央教育科学研究所编:《中华人民共和国教育大事记》(1949—1982),教育科学出版社 1984 年版,第 80 页。
② 中央教育科学研究所编:《中华人民共和国教育大事记》(1949—1982),教育科学出版社 1984 年版,第 399 页。
③ 《毛泽东书信选集》,人民出版社 1983 年版,第 166 页。
④ 毛泽东:《体育之研究》,载 1917 年 4 月 1 日《新青年》第 3 卷第 2 号。
⑤ 毛泽东:《体育之研究》,载 1917 年 4 月 1 日《新青年》第 3 卷第 2 号。
⑥ 毛泽东:《体育之研究》,载 1917 年 4 月 1 日《新青年》第 3 卷第 2 号。
⑦ 《毛泽东早期文稿》,湖南出版社 1995 年版,第 70 页。
⑧ 毛泽东:《体育之研究》,载 1917 年 4 月 1 日《新青年》第 3 卷第 2 号。

中国成立后,毛泽东有条件将自己的体育理想付诸实施,多次提出"健康第一,学习第二"、要"身体好,学习好,工作好",建议教育者"应该把青少年的体育运动看得比什么都重要"①。特别是他身体力行、古稀之年依然畅游长江的壮举被传为千古美谈。

3. 社会多面手

"社会多面手"是毛泽东对马克思主义人的全面发展思想误读误行的产物。早在"抗大"生产运动期间,毛泽东就有了多面手思想的萌发。他说:"你们将工农商学兵联合起来了,你们读书是学,开荒是农,打窑洞做鞋子是工,办合作社是商,你们又是军,因为你们在抗日军政大学。你们是工农商学兵结合在一个人身上,文武配合,知识与劳动结合起来,可算是天下第一。"②经过20多年,毛泽东进一步将这一思想系统化、理论化。1966年,毛泽东在"五七指示"中具体阐发了人的全面发展模式。他说,军队要把"军学、军农、军工、军民这几项都兼起来";"工人以工为主,也要兼学军事、政治、文化,也要从事农业生产";"农民以农为主(包括农林牧副渔),也要兼学军事、政治、文化";学生"以学为主,兼学别样,即不但要学文,也要学工、学农、学军";"商业、服务行业,党政机关工作人员,凡有条件的,也要这样做"。③ 总之,每个人都是"拿起锤子能做工,拿起锄头犁耙能种田,拿起枪杆子能打敌人,拿起笔杆子能写文章的万能的共产主义新人"④,成为"亦工亦农,亦文亦武"⑤的通才社会多面手,这样的人即全面发展的人。

毛泽东"社会多面手"培养的思想虽然旨在克服旧式分工所造成的人的片面性,但无论是理论上还是方法上都是对马克思本意的误读。20世纪60年代毛泽东依此为依据,发起了知识青年上山下乡运动,在实践上造成人本偏差。对此我们将在本章第四节中进行马克思主义的分析。

---

① 钟志贤、范才生:《中国基础教育的使命》,福建教育出版社1998年版,第105—106页。
② 张伟:《抗大教育长罗瑞卿》,《人民政协报》,2008年8月28日。
③ 毛泽东:《"五·七"指示》,载1966年8月1日《人民日报》。
④ 毛泽东:《"五·七"指示》,载1966年8月1日《人民日报》。
⑤ 《人民日报》社论:《全国都应该成为毛泽东思想的大学校》,载1966年8月1日《人民日报》。

(二)社会主义"新人"的塑造途径

毛泽东不但根据社会主义发展的需要,设计出各类不同的人成为全面发展的人的具体形象,还继承、发展和实践了马克思、恩格斯和列宁关于通过教育与生产劳动相结合来塑造社会主义新人的思想。

教育与生产劳动相结合以培养全面发展的人的思想最初萌发于空想社会主义者,后被马克思所接受并提升到新高度。马克思首先强调了教育与生产劳动相结合在实现人的全面发展中的意义,认为"生产劳动同智育和体育相结合,它不仅是提高社会生产的一种方法,而且是造就全面发展的人的唯一方法"[①]。恩格斯对此进行了具体阐释:"教育将使年轻人能够很快熟悉整个生产系统,将使他们能够根据社会需要或者他们自己的爱好,轮流从一个生产部门转到另一个生产部门。因此,教育将使他们摆脱现在这种分工给每个人造成的片面性。这样一来,根据共产主义原则组织起来的社会,将使自己的成员能够全面发挥他们的得到全面发展的才能。"[②]在强调教育对于实现人的全面发展重要性的同时,马克思还提出了实践锻炼即生产劳动的重要性。他说:"生产劳动给每一个人提供全面发展和表现自己全部的即体力和脑力的能力的机会,这样,生产劳动就不再是奴役人的手段,而成了解放人的手段。"[③]因为在生产劳动中,"生产者也改变着,炼出新的品质,通过生产而发展和改造着自身,造成新的力量和新的观念,造成新的交往方式,新的需要和新的语言"[④]。为此,马克思提出了解决方案,譬如每个儿童从 9 岁起在接受教育的同时,要像有劳动能力的成人一样成为生产工作者;而一般的劳动者也应拥有不被直接生产劳动所吸收的 6 小时自由支配时间以从事娱乐和休息。

列宁进一步阐释和宣传了马克思、恩格斯的这一理论,并将其概括为"教育和生产劳动结合"。在列宁看来,人的全面发展首先是教育、训练和培养出来的;其次是和生产劳动能力、工作联系在一起的。列宁特别重

---

① 马克思:《资本论》,人民出版社 2004 年版,第 557 页。
② 《马克思恩格斯选集》第 1 卷,人民出版社 1995 年版,第 243 页。
③ 《马克思恩格斯全集》第 20 卷,人民出版社 1971 年版,第 318 页。
④ 《马克思恩格斯全集》第 46 卷,人民出版社 1979 年版,第 494 页。

视教育和生产劳动对于年轻人的意义。他说:"没有年轻一代的教育和生产劳动的结合,未来社会的理想是不能想象的:无论是脱离生产劳动的教学和教育,或是没有同时进行教学和教育的生产劳动,都不能达到现代技术水平和科学知识现状所要求的高度。"①

在中国革命和建设过程中,毛泽东吸收了马克思列宁主义的上述思想。他认为教育与生产劳动相结合之所以必要是因为理论来源于实践,只有那种源于客观实际而又在其中得到证明的东西才能称为理论。我们学习文化知识都要经过感性知识和理性知识两个阶段,前一阶段的知识只能停留在表面上,因为那些虽然是经别人证明了的,但对于学习者来说则还没有被证明。因而最重要的是要善于把知识与生活实际结合起来——而劳动就是结合的最好办法。

因此毛泽东力主教育应与生产劳动相结合。他在湖南省第一师范学校时曾批评过旧教育:"现时学校大弊,在与社会打成两橛,犹鸿沟之分东西。一入学校,俯视社会犹如登天;社会之于学校,亦视为一种神圣不可捉摸之物。相隔相疑,乃成三弊:一为学生不能得职业于社会,……一则社会不遣子弟入学校,……一则烧校阻款之事由此起也。除去三弊,疏通隔阂,社会与学校团结一气,社会之人视学生如耳目,依其指导而得繁荣发展之益;学生视社会之人如手足,凭其辅佐而得实施所志之益。久之,社会之人皆学校毕业之人,学校之局部为一时之小学校,社会之全实为永久之大学校。"②因此毛泽东在创办"湖南自修大学"时就特别注意教育与劳动的结合。他在《组织大纲》中规定,"本大学学友为破除文弱之习惯,图脑力与体力之平均发展,并求知识与劳力两个阶级之接近,应注意劳动"③。1934年,毛泽东依据马克思"生产劳动同智育和体育相结合"的基本原理,提出了苏维埃国家政权教育的总方针"在于以共产主义精神来教育广大的劳苦民众,在于使文化教育为革命战争与阶级斗争服务,在于使教育与劳动联系起来,在于使广大中国民众都成为享受文明幸

---

① 华东师范大学教育系编:《列宁论教育》,人民教育出版社1990年版,第26—27页。
② 《毛泽东早期文稿》,湖南出版社1990年版,第97页。
③ 陈元晖:《中国现代教育史》,人民教育出版社1979年版,第61页。

福的人"。这四个"在于"不仅从德育、智育两方面规定了教育内容,而且从教育与劳动的结合上规定了教育的途径和从人的全面发展方面明确了教育目的。1958年,毛泽东根据我们党和国家的工作重点转移到技术革命和社会主义建设上来的形势,明确主张"教育必须为无产阶级政治服务,必须同生产劳动相结合",并且指出无论是以共产主义情操、风格和集体英雄主义为主要内容的德育或者智育,都同从事劳动有关,"教育与劳动结合的原则是不可移易的"[①]。无疑,通过教育与生产劳动相结合塑造一代全面发展的社会主义新人是一条合理的途径,但在什么程度上实现二者的结合,至今仍未能找到一种合理的形式。

四、毛泽东的人的全面自由发展思想的历史地位

毛泽东在领导中国革命和建设的过程中对人的全面自由发展理论进行了不懈探索:一方面他以深厚的理论修养和哲学功底从人学的角度系统解读了人、人的本质、人的发展等马克思主义人学基本理论,同时还带领中国人民进行了伟大的革命实践,最终将中国人民从三座大山的重压下解放出来,使中国人民获得了自由全面发展的政治前提——国家独立,实现了中国人民解放道路上具有里程碑意义的第一次飞跃。然而,受当时中国特定的时代任务、社会发育程度所限,加之主观上的失误,毛泽东的探索过程充满了艰辛。

(一) 系统解读了马克思主义人的全面自由发展理论

实现每个人全面而自由的发展是马克思主义学说的逻辑归宿。马克思首先科学地阐明了人性、人的本质等人学原理,勾勒出人的发展的总体图景,指明了实现人的全面而自由发展的现实途径。毛泽东不仅把马克思无产阶级革命的理论成功应用于中国,而且还用中国化了的语言全面

[①] 中共中央文献研究室:《毛泽东邓小平江泽民论青少年和青少年工作》,中央文献出版社1997年版,第71页。

系统地阐发了马克思的人学思想。《关于人的基本特性及其他》是毛泽东专门的人学论著,集中阐述了人的根本特性——人的社会性;《湖南农民运动考察报告》深刻分析了中国人民特别是中国农民所受的四大绳索的束缚,指出中国革命的主要目标就是要斩断这四大绳索;《实践论》将人的本质明确界定为"人的社会性和人的历史发展",系统分析了实践在人的认识发生、发展过程中的决定性作用和认识对于实践的能动性作用;《矛盾论》表明:人对事物本质的把握,总是从个别到一般,又从一般到个别的矛盾运动,而其最根本的乃是把握矛盾的特殊性、个性,以达到对具体事物的具体分析;《论持久战》、《抗日游击战争的战略问题》等深刻分析了人的自觉能动性是战争中克敌制胜的关键所在;《在延安文艺座谈会上的讲话》运用马克思主义的观点深入分析了人性问题,阐明了人的社会性和阶级性,批判了资产阶级的抽象人性论。

新中国成立后,毛泽东在社会主义建设实践中进一步深化了对人的问题的探索:《论十大关系》深刻论述了充分调动人的一切积极因素,并尽可能地化消极因素为积极因素的重要性;《关于正确处理人民内部矛盾的问题》则对于社会主义条件下如何正确处理好人与人、人与社会、人与自然之间的相互关系作了全新、系统的马克思主义分析;《自由是对必然的认识》与《人的正确思想从哪里来的》则以人的实践为基础,探讨了如何通过实践使物质变精神、精神变物质,进而认识必然、获得自由。

在马克思主义人的全面自由发展理论中国化历史进程中,毛泽东对这一理论的阐发最为全面系统,这既与毛泽东自身的主观因素密不可分,同时更是时代的产物。毛泽东生活在中西文化大冲突、大激战的年代,又经历了革命与战争的洗礼。在多种文化的碰撞交织中,毛泽东先后接受了中国传统文化、近现代西方人文思想及马克思主义人学理论,从而使他具备了继承、丰富和发展马克思主义人学思想深广的理论素养。

首先,中国优秀传统文化中人学思想的熏陶。古代中国的传统人学思想博大精深,其中儒、释、道三家的人学理论对毛泽东影响至深。特别是作为中国传统文化主流的儒学是关于人性、人的本质、人的价值、人格、人的修养、人际关系、人的未来发展等独具中国特色的庞大人学思想体系,它以"内圣外王"为特征,本质上是一种关注社会现实和人生的政治文化。"内圣外王之道"的价值导向及其可贵之处在于儒家推己及人、成己成物的高度社会责任感,充盈着刚健有为、舍我其谁的进取态度。由"内圣外王之道"衍化出来的"天人合一"、民本思想、重视人际和谐、注重发挥人的主动性和尊重人的独立性等观念在等级森严的封建社会中放射出灿烂的人文主义光芒。毛泽东自幼读四书五经达六年之久,《三字经》、《幼学琼林》、《论语》、《孟子》、《中庸》、《大学》等儒学经典都深烙在毛泽东的心灵。此后在师从湖南一师杨昌济老师期间,毛泽东又深入钻研了"修、齐、治、平"等儒学经典。从毛泽东的课堂笔记《讲堂录》、泡尔生《伦理学原理》批注、著作《体育之研究》等都能看出儒家人学思想的影响。美国作家哈里森·索尔兹伯里在分析毛泽东的思想渊源时曾说:"中国的古典思想深深地扎根在他的心里,体现在他后来发展的复杂的个人哲学体系之中。"①即使在毛泽东著名的《矛盾论》、《实践论》中也都闪耀着中国传统优秀文化的光辉。"尽管从儒家人学思想中不可能直接产生出毛泽东人学思想,但作为中国优秀传统文化的儒家人学思想,仍然是生长出毛泽东人学思想这一参天大树的肥田沃土;没有儒家人学思想的文化基因,毛泽东人学思想的形成和发展是不可能的。"②

其次,近现代西方人文思潮的影响。青年毛泽东时期,正是西学东渐、中西文化激烈碰撞的年代。当时在中国有一定影响的"新学"有三类:一是各种社会主义,包括无政府主义、工团主义、科学社会主义等;二是现代西方资产阶级的改良主义和唯心主义流派,如尼采的唯意志论、泡尔生的心物二元论等;三是18世纪西方启蒙思想,如民主、自由、平等、博爱、天赋人权等。"新学"的一个共同特点就是人文主义色彩浓厚,注重个性和民主。1910年,毛泽东进了一所"不那么注重经书,西方的'新学'却教得比较多。教学方法也是相当'激进'"③的东山学校,并开始通过改良主义者康有为、梁启超接触西学。康有为的《大同书》设想了一种"人人独立、人人平等、人人自主、人人不相侵犯、人人交相亲爱"的大同世

---

① 武原:《外国人眼中的毛泽东》,华岳文艺出版社1989年版,第24页。
② 张忠良:《毛泽东人学思想》,湖南人民出版社2006年版,第39页。
③ 毛泽东:《毛泽东自述》,人民出版社1993年版,第14页。

界;梁启超的"欲维新我国,当先维新我民"即"变化民质"的主张等,都对毛泽东产生了巨大影响。此后,毛泽东广泛涉猎西学,如亚当·斯密的《原富》、达尔文的《物种起源》、穆勒的《名学》、斯宾塞的《群学肄言》、孟德斯鸠的《法意》、卢梭的《民约论》、赫胥黎的《天演论》等。这些巨著展示出来的西方民主自由思想强烈地冲击着毛泽东脑海中留存的四书五经观念,并认为"中国要救亡图存,只有早日变计,走西方的自由民主之道"①。随着新文化运动的深入开展,毛泽东逐步成为以"倡导民主、提倡科学、解放个性、改造国民性"为宗旨的《新青年》的热心读者,他开始视新文化运动的主将陈独秀为继康有为、梁启超之后的新偶像,并认为他是"思想界的明星"。后来在恩师杨昌济的影响下,毛泽东又涉足哲学研究,寄希望一次性寻找到中国人获得自由、解放的"大本大源"。可以说,没有西方人文主义的思想铺垫,毛泽东不可能一下子跳跃到马克思主义这里。"正是近现代人西方人文思潮引导毛泽东走出传统,面对西方,走向革命,奠定了他后来接受同样来自西方的、包括丰富人学思想在内的马克思主义的基础。"②

再次,马克思主义人学思想的科学理论。近现代西方人文思潮在中国的传播架起了毛泽东摸索到马克思主义的桥梁。在阅读《新青年》时,毛泽东已初步具备了马克思主义的意识。后来他又两次来到马克思主义在华的传播阵地——北京,并结识了当时中国早期著名的马克思主义者李大钊、陈独秀,当面聆听他们用马克思主义观点分析中国社会问题的独到见解。毛泽东回忆说:我"曾与陈独秀探讨了我所读过的马克思主义著作,亲聆他谈自己的信仰,这在我一生也许是最关键的时期深深地影响了我"③。这种影响"也许比其他任何人的影响都大"④。另一个对毛泽东有巨大影响的人是李大钊,他是十月革命后第一个认识到马克思主义真理性以及改造社会巨大威力的革命先驱。同时,李大钊所具有的品质与毛泽东非常相似,也是满怀热情地献身于中国人民的革命解放事业,主

---

① 熊芳、雍涛:《毛泽东眼中的人》,人民出版社2003年版,第33页。
② 熊芳、雍涛:《毛泽东眼中的人》,人民出版社2003年版,第37页。
③ [美]斯诺著,李方准、梁民译:《红星照耀中国》,河北人民出版社1992年版,第117页。
④ 毛泽东:《毛泽东自述》,人民出版社1993年版,第37页。

张用来自西方的马克思主义唤醒被压迫的中国人民的奋斗意识。毛泽东曾参加李大钊创立的"马克思主义研究会",潜心阅读李大钊《庶民的胜利》、《布尔什维克主义的胜利》等,在这个过程中逐渐接触到了马克思主义的历史唯物论。更为重要的是毛泽东还通过直接阅读马克思主义经典著作,从而实现在人的发展思想方面向马克思主义的飞跃。毛泽东说过:我"读了许多关于俄国所发生的事情的文章。我热切地搜寻当时所能找到的极少数共产主义文献的中文本。有三本书特别深刻地铭记在我的心中,使我树立起对马克思主义的信仰。我接受马克思主义,认为它是对历史的正确解释以后,就一直没有动摇过。这三本书是:陈望道译的《共产党宣言》,这是用中文出版的第一本马克思主义的书,考茨基著的《阶级斗争》,以及柯普卡著的《社会主义史》。到了 1920 年夏天,我已经在理论上和在某种程度的行动上,成为一个马克思主义者,而且从此我也自认为是一个马克思主义者了"①。然而毛泽东对马克思主义理论的学习并没有止步于此,他进一步研读了马克思的《关于费尔巴哈的提纲》、《德意志意识形态》等,这个过程奠定了毛泽东坚实的马克思主义人学基础,使他在投身中国革命和建设时,已能够熟练地运用马克思主义的立场、观点和方法分析中国的社会问题,引领国人掀起一场轰轰烈烈的为了人、依靠人、解放人的运动。

概而言之,正是毛泽东这些长期深广、厚实的理论积淀才使他能够在马克思主义人的全面自由发展思想中国化的历史进程中作出理论建树。

(二)创造了中国人民走向解放的政治前提

"古者为学,重在行事"②。毛泽东探讨和阐发马克思主义的人学理论,其意决不在于为学而学。将理论付诸实践,实现"改造中国与世界"的伟大梦想才是毛泽东人学的理论归宿。从旧中国"遍地哀鸿遍地血"的残酷现实中,毛泽东坚定了"无非一念救苍生"的伟大抱负,立志以民族独立和人民解放为己任,"一定要使广大痛苦的人变成幸福的人",把

---

① 毛泽东:《毛泽东自述》,人民出版社 1993 年版,第 39 页。
② 《毛泽东早期文稿》,湖南人民出版社 1995 年版,第 586 页。

拯救人、解放人、造福人、实现人的全面自由发展作为毕生不懈的追求。毛泽东几十年的职业革命生涯就是为实现中国人民政治解放、经济解放、个性解放而奋斗的历程,体现出他全力谋求中国人民的民主、自由、平等的努力轨迹。新中国的建立使长期以来积弱积贫的中国人民站起来了,这是中国人民在人的解放、人的全面自由发展道路上实现的第一次飞跃,也使毛泽东在马克思主义人的全面自由发展理论中国化历史进程中树立起自己的丰碑。

新中国成立后在人民政权的保护下,毛泽东发起了以造福人、富裕人为宗旨的社会主义建设运动。他让人民坚信:现在比过去富裕,将来会比现在要更富裕;要"使农民群众共同富裕起来,穷的要富裕,所有农民都要富裕,并且富裕的程度要大大地超过现在的富裕农民。为此,他制定了"鼓足干劲,力争上游,多快好省地建设社会主义"的总路线,发动了工农业生产的"大跃进",建立起政社合一的"人民公社",以此希望全国人民在"三面红旗"的指引下走上"共同富裕"的道路,解除中国人饥寒交迫的贫苦状态。他还提出了要把国内外一切积极因素调动起来,为社会主义建设事业服务,要"团结全国各族人民进行一场新的战争"①。为使从旧中国走出来的人民能胜任社会主义建设的重任,毛泽东发起了塑造"新人"的运动,试图按照马克思的构想来培养一代全面发展的"社会主义新人"。姑且抛开对经验亦或教训的评述,毛泽东的探索给我们留下了珍贵财富。为了人、依靠人、发展人是毛泽东在中国革命和建设实践中体现出来的人本特色和鲜明主题。

(三) 探索中的失误

实现每个人全面而自由的发展是马克思主义理论的终极目标,涵盖着人、人的本质、人的需要等马克思主义人学基本理论,达到人的全面自由发展需要跨越人的依赖性、以物的依赖性为基础的人的独立性,而后才能走向自由个性。至关重要的是在这个漫长的过程中积累了成就人的自由个性的必备条件,如高度发达的生产力、充分涌流的物质财富、丰富的

---

① 《毛泽东著作选读》(下册),人民出版社1986年版,第770页。

社会关系等,所有这一切都不是在短期内能够实现的。然而,毛泽东忽略了这些客观条件,热切地期望能在有生之年实现共产主义、实现人的全面自由发展。迫切的主观愿望与现实客观条件严重脱节,探索中出现了一定的失误。

1. 集体主义偏向对个人合理需求的淹没

个人和社会、集体的关系既对立又统一。处理这一对关系的困难在于二者发生矛盾冲突时究竟是以牺牲个人成就集体、社会,还是集体、社会尽可能地满足个人。对此马克思主义认为,满足个人的需求、实现个人的发展是社会进步的根本价值追求。在条件许可之时,社会、集体应该而且必须尽可能地满足个人的合理要求,给个人的发展创造便利的环境;在条件不允许的时候,个人必须暂时让位于集体,甚至作出牺牲,优先保证集体的利益。因为在马克思看来,集体、社会是个人发展的保证,"只有在集体中,个人才能获得全面发展其才能的手段,也就是说,只有在集体中才可能有个人自由"①。因此,为了集体、社会的利益,个人的付出是必要的,"个性的比较高度的发展,只有以牺牲个人的历史进程为代价……种族的利益总是要靠牺牲个体的利益来为自己开辟道路"②。但是个体的这种牺牲是有条件的,是为了未来更好地在集体中求得发展而暂时付出。对此,马克思也指明:"'人'类的才能的这种发展,虽然在开始的时要靠牺牲多数的个人,甚至靠牺牲整个阶级,但最终会克服这种对抗,而与每个个人的发展相一致……种族的利益同特殊个体的利益相一致。"③

在中国人民救亡图存、寻求解放的年代,中国革命的首要任务是要推翻重压在中国人民头上的三座大山,这实际上就是马克思所言"条件不允许的时候"。在此情况下只有加强集体的力量才能战胜强大的敌人,获取中国革命的胜利,必然要求个人利益服从集体利益,甚至抛头颅洒热血乃至献出生命。毛泽东适时地强调集体利益,在革命战争年代成功地

---

① 《马克思恩格斯全集》第3卷,人民出版社1960年版,第84页。
② 《马克思恩格斯全集》第26卷第二册,人民出版社1973年版,第125页。
③ 《马克思恩格斯全集》第26卷第二册,人民出版社1973年版,第124—125页。

贯彻了集体主义原则。他说:"要奋斗就会有牺牲,死人的事是经常发生的。但是我们想到人民的利益,想到大多数人民的痛苦,我们为人民而死,就是死得其所。"为此,他称赞刘胡兰"生的伟大,死的光荣",讴歌"四八"烈士"为人民而死虽死犹荣"①。新中国成立后,国家开始在一个相对和平的状态下谋求发展,"条件允许"在进行经济建设的同时尽可能地照顾到个人的需求和利益。然而新中国成立后很长一段时间里,毛泽东并未能很好地顺应社会环境的巨大变化,依然沿用战争年代集体主义偏向的标准来处理个人、社会和集体的关系,甚至把二者完全对立起来。只强调个人对社会、集体的奉献,忽视社会、集体对个人正当利益的关怀,反对正当的个人物质利益原则。他说:"他们所强调的个人物质利益,实际上是最近视的个人主义。这种倾向,是资本主义时期无产阶级队伍中的经济主义、工团主义在社会主义时期的表现。"②毛泽东还否定"人人为我,我为人人"的口号,认为这个口号的实质是"离不开自我"。他主张个体"自我"丧失得愈彻底,群体的利益才能实现得愈充分。

为什么会出现集体主义淹没个人合理需求的偏差呢?这可以从马克思关于"集体"的论述中察知到端倪。马克思所主张的每个人全面而自由的发展是"自由人"的"联合体",是在共产主义社会这个集体中实现的。但他强调的是"真实的集体",反对"虚构的集体"。"从前各个个人所结成的那种虚构的集体,总是作为某种独立的东西而使自己与各个个人对立起来;由于这种集体是一个阶级反对另一个阶级的联合,因此对于被支配的阶级说来,它不仅是完全虚幻的集体,而且是新的桎梏。在真实的集体的条件下,各个个人在自己的联合中并通过这种联合获得自由。"③正是这种"真实的集体"的发展才成为保证每个人全面自由发展的条件和强大支撑。在社会主义建设时期,毛泽东试图去建构一种能够用

---

① 1946年4月8日,出席国共谈判与政治协商会议的中共代表王若飞、秦邦宪等由重庆飞返延安,因飞机失事,不幸在山西省兴县黑茶山遇难,包括4名美军机组人员在内的17人全部罹难,史称"四八"烈士。
② 《毛泽东文集》第8卷,人民出版社1999年版,第134页。
③ 《马克思恩格斯全集》第3卷,人民出版社1960年版,第84页。

以保证每个人生存发展的"真实的集体"——社会主义。但由于中国社会发育程度的低下,使得"这个集体"在主观愿望上是真实的,但在事实上并不具备足够的能力去确保人的全面自由发展的实现,致使最终呈现出一种走形变样的虚构、虚幻集体,表现出以社会、集体利益淹没个人利益的倾向,并最终损害了个人的发展。

2. 超前的生产关系对人的发展基础的削弱

多数人对生产力和生产关系的原理耳熟能详。生产力决定生产关系,生产关系反作用于生产力;当生产关系适应生产力的发展时,就对生产力表现为一种促进作用;反之,当生产关系超前或滞后于生产力水平时,将会成为生产力发展的桎梏。毛泽东很早就对生产力发展问题高度关注。他指出,国内外反动势力"压得我们四万万五千万人民不能抬头,破坏了我们的生产力。中国人民的生产力是应该发展的,中国应该发展成为近代化的国家、丰衣足食的国家、富强的国家。这就要解放生产力,破坏帝国主义和封建主义。"①即打破旧有的束缚生产力发展的生产关系。因为"一切革命的历史都证明,并不是先有充分发展的新生产力,然后才改造落后的生产关系,而是要首先造成舆论,进行革命,夺取政权,才有可能消灭旧的生产关系。消灭了旧的生产关系,确立了新的生产关系,这样就为新的生产力的发展开辟了道路"②。中国共产党人正是据此在20世纪20年代至40年代领导了轰轰烈烈的民主革命,其间得到广大人民群众的热情参与和广泛支持,最终推翻了已成为生产力发展障碍的封建统治势力。

新中国的成立拓展了生产力发展的广阔空间,毛泽东提出了许多颇有见地的发展生产力的思想,如制定了对工业、农业、资本主义工商业进行社会主义改造的总路线,作出了生产力和生产关系的矛盾是社会主义社会基本矛盾的判断,规划了实现社会主义现代化的蓝图,提出科学技术是生产力、社会主义的主要任务在于保护生产力等。他还一度将生产力作为评判现代社会政党的价值标准,认为"中国一切政党的政策及其实

---

① 《毛泽东文集》第3卷,人民出版社1996年版,第432页。
② 《毛泽东文集》第8卷,人民出版社1999年版,第132页。

践在中国人民中所表现的作用的好坏、大小,归根到底,看它对于中国人民的生产力的发展是否有帮助及其帮助之大小,看它是束缚生产力的,还是解放生产力的"①。

因此,毛泽东的失误并非轻视生产力的发展,而在于他未能始终如一地把生产关系必须适应生产力发展的思想贯彻到底,在谈到这个问题时邓小平说:毛泽东同志是伟大的领袖,中国革命是在他的领导下取得成功的。然而他有一个重大的缺点,就是忽视发展社会生产力。不是说他不想发展生产力,但方法不都是对头的,例如搞"大跃进"、人民公社,就没有按照社会经济发展的规律办事。人民公社化是毛泽东片面拔高生产关系的突出表现,核心内容就是合并农业生产合作社,提高公有化程度,扩大公有化规模,强调"一大二公"、"一平二调"。由于人民公社化片面拔高了生产关系,使生产关系超前变革,脱离了当时的社会生产力水平和群众觉悟,致使农村社会生产力遭到破坏,人民生活水平严重下降,人的发展基础受到严重削弱。

3. "阶级斗争为纲"笼罩下的人本悲剧

在人群分化为阶级的社会里,抽象、超阶级的人性是不存在的,"每一个人都在一定的阶级地位中生活,各种思想无不打上阶级的烙印"②。阶级性成为人的社会性的突出表现。新中国成立后,随着革命战争年代急风骤雨式的阶级斗争宣告结束和农业、手工业和资本主义工商业的社会主义改造基本完成,经毛泽东审定的1956年《中国共产党第八次全国代表大会关于政治报告的决议》指出:"我国的无产阶级同资产阶级之间的矛盾已经基本上结束了,社会主义制度已经在我国基本上建立起来了。"③"国内的主要矛盾,已经是人民对于建立先进的工业国要求同落后的农业国的现实之间的矛盾,已经是人民对于经济文化迅速发展的需要同当前经济文化不能满足人民需要状况之间的矛盾。这一矛盾的实质,在我国社会主义制度已经建立的情况下,也就是先进的社会主义制度同

---

① 《毛泽东选集》第3卷,人民出版社1991年版,第1079页。
② 《毛泽东选集》第1卷,人民出版社1991年版,第283页。
③ 中共中央文献研究室编:《建国以来重要文献选编》(第9册),中央文献出版社1994年版,第341页。

落后的社会生产力之间的矛盾。党和全国人民的当前主要任务,就是要集中力量来解决这个矛盾,把我国尽快地从落后的农业国变为先进的工业国。"①毛泽东甚至还得出"阶级斗争已经完结"的推论,对斯大林所犯的阶级斗争扩大化"左"倾错误提出严厉批评。他说:"苏联在阶级消灭以后,当国家机构的职能丧失了十分之九时,当阶级斗争已经没有或已经很少的时候,仍找对象,大批捉人杀人,继续行使它们的职能。""客观形势已经发展了,社会已从这一个阶段过渡到另一个阶段,这时阶级斗争已经完结,人民已经用和平的方法来保护生产力,而不是通过阶级斗争来解放生产力的时候,但是在思想上却没有认识这一点,还要继续进行阶级斗争,这就是错误的根源。"②客观地说,此时的毛泽东对阶级斗争的认识还是很符合当时的中国国情。

然而由于前述国内外形势的逆转,毛泽东逐渐恢复到"阶级斗争"说,人性的阶级性也逐渐上升到了主导地位、甚至唯一。1957年,他在《关于正确处理人民内部矛盾的问题》指出:"在我国,虽然社会主义改造已经基本完成,大规模的群众性的阶级斗争已经基本结束,但是资产阶级还存在,小资产阶级刚刚在改造。无产阶级思想和资产阶级思想之间的斗争,还是尖锐的,长期的,有时甚至是很激烈的。"③1962年,毛泽东对"阶级斗争"作了更为严重的估计,经毛泽东修改审定的《八届十中全会公报》讲道:"在无产阶级革命和无产阶级专政的整个历史时期,在由资本主义过渡到共产主义的整个历史时期(这个时期需要几十年,甚至更多的时间)存在着无产阶级和资产阶级之间的阶级斗争,存在着社会主义和资本主义这两条道路的斗争。被推翻的反动统治阶级不甘心于灭亡,他们总是企图复辟。同时,社会上还存在着资产阶级的影响和旧社会的习惯势力,存在着一部分小生产者的自发的资本主义倾向,因此,在人民中,还有一些没有受到社会主义改造的人,他们人数不多,只占人口的百分之几,但一有机会,就企图离开社会主义道路,走资本主义道路。在

---

① 中共中央文献研究室编:《建国以来重要文献选编》(第9册),中央文献出版社1994年版,第342页。
② 毛泽东:《中国共产党第八次全国代表大会开幕词》,载1956年9月16日《人民日报》。
③ 逄先知、金冲及:《毛泽东传》(上册),中央文献出版社2003年版,第699页。

这些情况下,阶级斗争是不可避免的。这是马克思列宁主义早就阐明了的一条历史规律,我们千万不要忘记。这种阶级斗争是错综复杂的、曲折的、时起时伏的,有时甚至是很激烈的。这种阶级斗争,不可避免地要反映到党内来。"①他强调:"混进党里、政府里、军队里和各种文化界的资产阶级代表人物,是一批反革命修正主义分子,一旦时机成熟,他们就会夺取政权,由无产阶级专政变成资产阶级专政。"②

在毛泽东的一再强化下,阶级斗争风声鹤唳,"阶级斗争,一抓就灵"③、"以阶级斗争为纲"、"阶级斗争是纲,其余都是目"④等口号接连不断地提出来。极左化的"阶级斗争理论"逐渐演化为"无产阶级专政下继续革命的理论","文化大革命"是其登峰造极。毛泽东认为:"无产阶级文化大革命,实质上是在社会主义条件下,无产阶级反对资产阶级和一切剥削阶级的政治大革命,是中国共产党及其领导下广大革命人民群众和国民党反动派长期斗争的继续,是无产阶级和资产阶级阶级斗争的继续。"⑤"现在的文化大革命,仅仅是第一次,以后必然要进行多次。革命的谁胜谁负,要在一个很长的历史时期才能解决。如果弄得不好,资本主义复辟将是随时可能的。"⑥

在阶级斗争为纲的笼罩下,历史按照毛泽东的设计走了整整十年,人的发展出现了悲剧性的失误。"文革"期间只讲人性的阶级性,否认共同人性,人成了阶级的人。人性、人权、人道主义统统贴上资产阶级的标签,人的基本权利被剥夺,不少人被抄家、批斗、游街、监禁,惨遭非人道的肉体折磨和精神摧残。即使是一家人也人人自危、泾渭分明,严格按照政治立场划线。人们成了政治人、运动人,青年学生不去努力学习,而是热衷

---

① 中共中央文献研究室编:《建国以来重要文献选编》(第15册),中央文献出版社1997年版,第653—654页。
② 毛泽东:《中国共产党中央委员会通知》(1966年5月16日),载1967年5月17日《人民日报》。
③ 毛泽东:《在中共中央工作会议上的讲话》,载1966年10月1日《人民日报》。
④ 中共中央文献研究室编:《建国以来毛泽东文稿》(第13册),中央文献出版社1998年版,第486页。
⑤ 毛泽东:《语录》,载1968年4月10日《人民日报》。
⑥ 毛泽东:《语录》,载1967年5月18日《人民日报》。

于大搞批判、串联、派系斗争等。对此,邓小平痛心地指出,"文化大革命十年,青年一代中毒相当深"①。"'文化大革命'带坏了一代人。"②"'文化大革命'的一个大错误就是耽误了十年人才的培养。"③

1987年,邓小平在总结新中国成立38年的历史经验教训时全面回顾、批判了极左化的"以阶级斗争为纲"演变过程及其危害。他指出:"一九五七年开始有一点问题了,问题出在一个'左'字上。反对资产阶级右派是必要的,但是搞过分了。'左'的思想发展导致了一九五八年的'大跃进'和人民公社化运动,这是比较大的错误,使我们受到惩罚。一九五九年到一九六一年三年困难时期,工农业减产,市场上的商品很少,人民群众吃不饱饭,积极性受到严重挫伤。那时,我们党和毛泽东主席由于长期斗争历史形成的威望很高,我们把困难的情况如实告诉了人民,'大跃进'的口号不再喊了,并且采取了比较切合实际的政策、步骤和方法,一九六二年就开始从困难的境况中恢复,一九六三年、一九六四年情况比较好。但是'左'的指导思想并没有根除。一九六六年又提出党内有走资本主义道路的当权派。以后就搞了'文化大革命',走到了'左'的极端,极左思潮泛滥。'文化大革命'实际上从一九六五年就开始了,一九六六年正式宣布。从一九六六年到一九七六年搞了整整十年,党内的骨干差不多都被打倒了。"④事实上,在"文化大革命"期间正常的人性被资产阶级化了的倾向中,不但是党的干部受到了普遍冲击,甚至不少普通百姓也未能幸免,造成了中国历史上沉痛的人本悲剧。

4. 社会多面手培养中的文本误读

全面发展的人是马克思针对资本主义发展所带来的人的异化而提出来的。在毛泽东的社会多面手培养中,他寄希望通过消灭分工和社会角色功能互换来达到人的社会身份的平等以实现人的全面发展。这种设想表面上同马克思所言人的全面发展类似,实则无论就其内涵还是实现方式而论都是背道而驰,从而陷入乌托邦的困境。

---

① 《邓小平文选》第3卷,人民出版社1993年版,第153页。
② 《邓小平文选》第3卷,人民出版社1993年版,第205页。
③ 《邓小平文选》第3卷,人民出版社1993年版,第9页。
④ 《邓小平文选》第3卷,人民出版社1993年版,第136—137页。

在马克思看来,私有制条件下人成为片面人、畸形人的重要原因之一是由于旧式社会分工。"搬运夫和哲学家之间的原始差别要比家犬和猎犬之间的差别小得多,他们之间的鸿沟是分工掘成的。"①在旧式分工的条件下,人们受到自己创造出来的生产力和社会关系的桎梏,导致畸形、片面发展。列宁在批判资本主义工场分工对劳动者健康的摧残时也说:资本主义工场手工业的分工,使工人(包括局部"手工业者")变成畸形和残废。在分工中出现了能工巧匠和残废者。前者人数极少,他们使调查者惊叹不已;后者大批出现,他们是肺部不健康、双手过分发达、"驼背"等的"手工业者"。

在如何克服人的片面性上,马克思、恩格斯认为,一是要消灭私有制的束缚,解除导致人片面发展的经济根源;二是通过提高社会化大生产、高度发达社会生产力,使人类最终摆脱旧式分工造成的人的能力发展的局限性,使得每个人都有可能多方面发展自己的能力。按马克思的设想,这样一种状态要等到共产主义社会才能出现。"在共产主义的社会组织中,完全由分工造成的艺术家屈从于地方局限性和民族局限性的现象无论如何会消失掉,个人局限于某一艺术领域,仅仅当一个画家、雕刻家等等,因而只用他的活动的一种称呼就足以表明他的职业发展的局限性和他对分工的依赖这一现象,也会消失掉。在共产主义社会里,没有单纯的画家,只有把绘画作为自己多种活动中的一项活动的人们。"②换言之,马克思认为,如果一个人还被称为什么"家"时,就意味着他还在受着职业或者说是分工对他的严重制约,那么他就是个片面的、不自由的人。而要消除这种片面性,打破旧式分工的束缚,人们就必须充分发展自己的能力,以胜任各种可以发挥自己才能的工作。"个人力量(关系)由于分工转化为物的力量这一现象,不能靠从头脑里抛开关于这一现象的一般观念的办法来消灭,而只能靠个人重新驾驭这些物的力量并消灭分工的办法来消灭。"③工人们在自己的共产主义的宣传中说,任何人的职责、使

---

① 《马克思恩格斯全集》第4卷,人民出版社1958年版,第160页。
② 《马克思恩格斯全集》第3卷,人民出版社1960年版,第460页。
③ 《马克思恩格斯全集》第3卷,人民出版社1960年版,第84页。

命、任务就是全面地发展自己的一切能力。当然,这并不意味着未来社会的自觉的人会不顾个人能力的限制而提出过高的、苛刻的、难以企及的要求,而使让有某方面天赋的人无拘无束地、不需受制于分工、生计等方面外在因素而纯粹按照自己的才能和兴趣去展现自己的潜能。按照马克思的说法,"劳动组织者根本没有像桑乔所想像的那样认为每个人应当完成拉斐尔的作品,他们只是认为,每一个有拉斐尔的才能的人都应当有不受阻碍地发展的可能"①。

在此马克思的意思十分明晰,他所认为的人的全面自由发展本质上是指人们意志自由地拓展自己的一切才能,避免受分工的拖累而陷入片面。而毛泽东实际上却把"全面"理解为"工农商学兵"各方面都通一点的社会多面手,这显然与马克思的原意有很大的出入。因此在实现的途径上,马克思致力于人的能力的拓展,而毛泽东则是"主兼结合"、"亦工亦农"、"亦文亦武"、"六亿神州尽舜尧"等。所以毛泽东"社会多面手"思想无论是在理论上还是方法上都是对马克思人的全面发展思想的误读。

细究起来,毛泽东的这种误读在一定程度上是受了列宁的影响。在列宁看来,人的全面发展首先是教育、训练和培养出来的,其次是和生产劳动能力、工作联系在一起。他指出:"资本主义必然遗留给社会主义的,一方面是工人中间旧有的、长期形成的工种和行当的差异;另一方面是各工种的工会,它们只有十分缓慢地、经过许多年才能发展成为而且一定会发展成为规模较广而行会气味较少的产业工会(包括整个生产部门,而不仅是包括同行、同工种、同行当),然后经过这种产业工会,进而消灭人与人之间的分工,教育、训练和培养出全面发展的和受到全面训练的人,即会做一切工作的人。"②为了塑造"会做一切工作"的多面手,列宁实施了"综合技术教育"的方案。1920年,他在《关于综合技术教育》中明确提出:"大家都应当成为细木工、钳工等,但是同时必须具有最基本

---

① 《马克思恩格斯全集》第3卷,人民出版社1960年版,第458—459页。
② 《列宁全集》第39卷,人民出版社1986年版,第29页。

的普通知识和综合技术知识。"①譬如"(aa)关于电的基本概念(明确规定哪些概念);(bb)关于机械工业用电的基本概念;(cc)关于化学工业用电的基本概念;(dd)关于俄罗斯联邦电气化计划的基本概念;(ee)参观电站、工厂、国营农场不得少于1—3次;(ff)知道农艺学等学科的某些原理。详细规定最基本的知识"②。对于儿童,"综合技术原则"要求学习过程中应该避免过早专业化,增加普通课程教育,但不强求一切东西都学,而是要求教授一般现代工业的基础;对于高等学校,要将电气化计划,它的经济原理,俄国经济地理,实行计划的意义和条件纳入课程范围。无疑,列宁实施的"综合技术教育原则"有一定的合理性,但他所设想的"会做一切工作的人"似乎有些不太现实。在此我们也可以看出毛泽东的社会多面手思想夹带着列宁的影子。这既与20世纪初我们主要是通过对俄国的理解来接受马克思主义密切相连,也与长期以来我们在社会主义革命与建设的实践中"以俄为师"的传统有关,但追根溯源还是与当时对马克思主义理论的解读不够成熟所致。

根据前述对毛泽东人的发展思想的全面梳理和分析,可以得出这样一个基本结论:在马克思主义人的全面自由发展理论中国化的历史进程中,毛泽东立足中国社会的时代特点和任务,用中国化的语言详尽阐发了马克思主义人学基本原理,做出了卓越的理论建树;在实践中,他基于人民群众是历史创造者的唯物史观,遵循为了人、依靠人的逻辑,本着解放人、发展人、富裕人的初衷,领导了轰轰烈烈的中国革命与建设运动,在中国人民的解放、自由和发展事业中建立了丰功伟绩。

当然毛泽东的探索也出现了不少失误,违背了社会主义的人本初衷。导致这种失误的原因,举其大者有二:一是与当时主要从基本特征方面来认识"什么是社会主义"有关。社会主义是一个在基本特征、本质要求和基本原则等方面有着多种规定性的社会形态。而毛泽东时代,多是从生产资料所有制、分配形式、计划经济等方面来解读社会主义和安排政治、经济制度等,这些仅是社会主义的"硬件"构成;而反映社会主义根本价

---

① 《列宁全集》第40卷,人民出版社1986年版,第227页。
② 《列宁全集》第40卷,人民出版社1986年版,第227页。

值追求的本质要求和基本原则的东西,即满足人的需求、促进人的发展的核心思想却被忽略了,因而在一定程度上背离了马克思主义的人本宗旨。二是中国社会发育程度使然。毛泽东时代,社会主义制度虽然已经建立,但几千年的封建遗毒根深蒂固,小农思想、专制主义、个人崇拜的社会基础广泛而深厚。同时,中国的发展跨越了"卡夫丁峡谷",以自由、平等、博爱精神和市场经济法则而著称的资本主义发展阶段的缺失致使封建余孽积重难返,广大人民的民主、自由、人权等现代意识远未得到普遍确立,这些都深刻影响到毛泽东对人的发展思想的理解。更为重要的是,中国的社会主义建立在贫穷落后的半殖民地半封建社会基础之上,没有经过一个商品经济形态,市场经济极不发达,人达到全面而自由的发展所必需的经济条件、人文素质未能具备,难以实现建立在"生产力高度发达、物质财富充分涌流"之上的"自由人联合体",仅在形式上机械地、急于求成地模仿马克思所设想的"上午打鱼、下午狩猎、晚饭后从事批判"的人的发展状态,乌托邦的结果便势在难免。

下 篇

第三章　中国特色社会主义理论体系的人的全面自由发展理论的演进方位

马克思在《〈政治经济学批判〉导言》中指出：研究任何历史科学、社会科学时，应当时刻把握住：无论在现实中或在头脑中，主体——这里是现代资产阶级社会——都是既与的。时刻把握住研究的既与主体既是马克思对其一生把现代资本主义社会作为关注对象的科学说明和总结，又是对研究任何历史科学、社会科学的一般方法论指导。研究马克思人的发展学说同样要把握这样一个角度，即关注"现实的人"。在恩格斯晚年所著的《费尔巴哈与德国古典哲学的终结》中，曾经明确地把马克思创立的新世界观称为"关于现实的人及其历史发展的科学"。从"抽象的人"到"现实的人"是马克思哲学变革的重要转折点，也正是抓住了"现实的人"这个既与主体，才使自己与历史上形形色色的抽象的人本主义、人道主义区别开来，并以此为起点建构了人的发展学说。因此，研究中国特色社会主义人的全面自由发展理论，必须首先弄清楚当今中国社会"人"这个既与主体所面对的历史方位。

要认识和确定中国特色社会主义人的全面自由发展理论演变的历史方位，首先应该有一个科学的理论分析依据，这就是马克思社会历史进程的"三形态说"。该理论既以长镜头定格了当今中国在人类社会发展长河中所处的历史方位并因此成为我们分析"既与主体"最基本的依据，同时也因其所划分的人类社会演进序列与中国社会发展步入商品经济的转折点一致而进一步佐证了本论上、下篇结构划分的合理性。同时还必须以短镜头来具体分析中国特色社会主义人的全面自由发展的国内外时空背景,因为"离开本国实际和时代发展来谈马克思主义,没有意义。静止地孤立地研究马克思主义,把马克思主义同它在现实生活中的生动发展割裂开来、对立起来,没有出路"①。国内外时空背景是我们研究既与主体存在和发展状态、思想脉络的现实方位。

一、人类社会发展历史长河的审视

——从马克思社会历史进程"三形态说"看中国特色社会主义人的全面自由发展理论的演进方位

在马克思的视野中,人的全面自由发展是一个现实的社会历史过程,要跨越漫长的人类社会发展历史长河并最终从"狭隘的地域性的个人转变为世界历史性的普遍的个人"②、从"人的依赖性到人的独立性再到人的自由个性"③、"不仅在物种关系方面,而且在社会关系方面从其余的动物中提升出来"④,成为自然界和社会的双重主人,实现由必然王国向自由王国的飞跃并达于自由的人。这一漫长渐进的演变过程要求我们必须将人的发展理论置于浩瀚的人类历史中来考察,舍此不足以确定当前中国特色社会主义人的全面自由发展所处的历史方位。

(一)中国特色的人的全面自由发展理论演进方位的分析依据

分析人类从必然王国迈向自由王国的历史进程,离不开马克思社会历史进程理论。社会历史进程理论从宏观上、大跨度地勾勒出了人类社会发展的历史脉络。因此,要确立中国特色人的全面自由发展理论演进方位,有必要首先回顾和确认马克思对人类社会历史形态所作的划分及其正伪性,以期从中寻找到我们用以分析问题的合理依据。

---

① 《江泽民文选》第 2 卷,人民出版社 2006 年版,第 12 页。
② 陈志尚:《人的全面自由发展论》,中国人民大学出版社 2004 年版,第 105 页。
③ 陈志尚:《人的全面自由发展论》,中国人民大学出版社 2004 年版,第 105 页。
④ 陈志尚:《人的全面自由发展论》,中国人民大学出版社 2004 年版,第 111 页。

关于马克思所划分的社会形态种类,除了我们耳熟能详、被称为主流的所谓"五形态说"之外,学术界还挖掘出了"二形态说"、"三形态说"、"四形态说"甚至"六形态说"。那么我们以何种形态说作为分析依据呢?首先有必要对上述几种学说作一简要的陈述。

其一是"二形态说"。1848 年,马克思和恩格斯在《共产党宣言》中说:"至今一切社会的历史都是阶级斗争的历史。"[①]这里的"至今一切社会",自然包括人类最初的社会(原始社会)和当时最高形态的社会(资本主义社会)。他们进一步指出:"代替那存在着阶级和阶级对立的资产阶级旧社会的,将是这样一个联合体,在那里,每个人的自由发展是一切人的自由发展的条件。"[②]这个联合体就是没有阶级和阶级对抗的共产主义社会,后人据此将整个人类社会划分为"存在阶级和阶级对立"与"没有阶级和阶级对立"(这里仅指共产主义社会)的两种社会形态。这就是通常所说的"二形态说"的渊源,此说后因马克思、恩格斯研读了摩尔根《古代社会》从而意识到古代原始公有制社会的存在而为自己推翻[③],并因此被后人共识为是"非科学的"[④]。

除上述人类社会二分法外,马克思和恩格斯还有另一种"二形态"的

---

① 《马克思恩格斯选集》第 1 卷,人民出版社 1995 年版,第 272 页。
② 《马克思恩格斯选集》第 1 卷,人民出版社 1995 年版,第 294 页。
③ 1880 年,恩格斯在《社会主义从空想到科学的发展》一书中,第一次修改了《反杜林论》中的"以往的全部历史,都是阶级斗争的历史"的观点,而改为"以往的全部历史,除原始状态外,都是阶级斗争的历史"。在《共产党宣言》的 1883 年德文版序言中,恩格斯又对《宣言》的这个观点也作了修正,在都被看做阶级斗争历史的"全部历史"的前面,加上了"(从原始土地公有制解体以来)"的限定词。在 1888 年出版的《共产党宣言》英文版上,恩格斯对"一切社会的历史"加注了"这是指有文字记载的全部历史。在 1847 年,社会的史前史,成文史以前的社会组织,几乎还没有人知道。后来,哈克斯特豪森发现了俄国的土地公有制,毛勒证明了这种公有制是一切条顿族的历史起源的社会基础,而且人们逐渐发现,村社是或者曾经是从印度到爱尔兰的各地社会的原始形态。最后,摩尔根发现了氏族的真正本质及其对部落的关系,这一卓绝发现把这种原始共产主义社会的内部组织的典型形式揭示出来了。随着这种原始公社的解体,社会开始分裂为各个独特的、终于彼此对立的阶级。"这段文字详细记述了马克思和恩格斯对社会形态的科学认识过程,表明了《宣言》中的观点是对原始社会缺乏科学认识的反映。
④ 孙显元:《马克思社会形态划分理论的演变》(上),载《淮北职业技术学院学报》2002 年第 12 期。

划分。1880年,恩格斯在《社会主义从空想到科学的发展》中提出,一旦社会占有了生产资料,商品生产就将消除,而产品对生产者的统治也将随之消除。社会生产内部的无政府状态将为有计划的自觉的组织所代替。个体生存斗争停止了。于是,人在一定意义上才最终地脱离了动物界,从动物的生产条件进入真正人的生存条件。只是从这时起,人们才完全自觉地创造自己的历史;只是从这时起,由人们使之起作用的社会原因才大部分并且越来越多地达到他们所预期的结果。这是人类从必然王国进入自由王国的飞跃。这种把人类社会发展划分为"必然王国"和"自由王国"两种社会形态的划分,其依据的是人类社会发展进步开化状态的程度。即便此时马克思、恩格斯并没有认识到原始社会的存在,但因其划分的根据跳出了"阶级"的范畴从而没有影响到它的科学性,所以是一种"科学的划分"①。

关于"三形态说"也有两个版本。版本之一是在矫正马克思非科学的、以阶级为划分依据的"二形态说"的基础上演绎出来的。即在"二形态"之前,补充一个没有阶级和无阶级对抗的原始社会,从而把"二形态"的划分转变为"三形态"的划分——无阶级的原始社会、有阶级的阶级社会和未来的无阶级的共产主义社会。关于这一分法也没有充分的根据。马克思、恩格斯在纠正阶级"二形态"划分时,只是加上了"除原始社会"字样,并没明确将人类社会划分为上述三种类型。单凭逻辑推理和演绎,其科学性恐难令人信服。

被引为共识、由马克思明确说明的是1857—1858年《经济学手稿》对人类社会发展的历史所作的第二种"三形态"划分。马克思说:"人的依赖关系(起初完全是自然发生的),是最初的社会形态,在这种形态下,人的生产能力只是在狭窄的范围内和孤立的地点上发展着。以物的依赖性为基础的人的独立性,是第二大形态。在这种形态下,才形成普遍的社会物质交换,全面的关系,多方面的需求以及全面的能力的体系。建立在个人全面发展和他们共同的社会生产能力成为他们的社会财富这一基础

---

① 孙显元:《马克思社会形态划分理论的演变》(上),载《淮北职业技术学院学报》2002年第12期。

上的自由个性,是第三个阶段。第二个阶段为第三个阶段创造条件。"①大体说来,根据马克思的划分和人类社会发展的历史与现实,这三种社会形态中的第一个社会形态是人的依赖关系形态,在经济上表现为自然经济社会;第二个社会形态是在物的依赖关系基础上的人的独立性形态,在经济上表现为商品经济社会;第三个社会形态是人的自由个性形态,在经济上表现为产品经济社会。三个社会形态划分的根据,是基于社会经济形态不同而决定的人的发展所表现出的不同状态。由于这一划分与第二种版本的"二形态说"一样,不再受阶级划分所限,而是根据具有决定性的经济形态与相应的人的发展状态对人类历史进行的分期,因而抓住了划分社会形态的根本,既最完善地说明现代社会主义与资本主义共存与发展的现实,又证明共产主义作为人类理想社会一定到来的历史必然性。因而成为马克思恩格斯社会形态理论中"最成熟、最科学的一种理论形态"②。

"五形态说"源起于马克思的"四种生产方式"理论,但马克思本人并没有明确而完整地提出关于人类社会发展依次更替的五种社会形态。他在《〈政治经济学批判〉序言》中讲道,大体说来,亚细亚的、古代的、封建的和现代资产阶级的生产方式可以看作是社会经济形态演进的几个时代。所谓的"四形态说"也从此而来,在这四种社会形态前后加上原始社会和共产主义社会便是有人所称的"六形态说"。这里的问题是,"亚细亚的生产方式"究竟是指哪种社会形态,是原始社会?奴隶社会?还是有人说的介于原始社会与奴隶社会之间的过渡性的社会形态?莫衷一是,难以定论。很明显由于马克思的悬疑进而导致后人划分的模糊性、不确定性而使其未能达到科学的水平,所以这种形态说也很难足以为凭。

因此,我们说马克思"没有明确而完整"③提出"五形态"概念。但这并不否定在马克思的社会发展理论中的确蕴涵着"五形态"的思想。最

---

① 《马克思恩格斯全集》第46卷,人民出版社1979年版,第104页。
② 孙显元:《马克思社会形态划分理论的演变》(下),载《淮北职业技术学院学报》2003年第1期。
③ 孙显元:《马克思社会形态划分理论的演变》(下),载《淮北职业技术学院学报》2003年第1期。

早而且明确提出"五形态说"的是斯大林。1938年,他在《辩证唯物主义和历史唯物主义》中,以生产关系五种不同类型为划分社会形态的根据,明确提出"历史上生产关系有五大类型:原始公社制的、奴隶占有制的、封建制的、资本主义的、社会主义的"①。1986年,我国学者王正平根据韩树英教授主编的《马克思主义哲学纲要》的理论观点,对马克思关于社会经济形态的理论作了进一步的论述。他指出:"马克思把历史上各个不同的每一个单个社会,按一定的标准划分为五大类型,即原始社会,奴隶社会,封建社会,资本主义社会,社会主义社会(共产主义社会)。这每一种社会类型,就是一种社会经济形态。"②1989年,中共中央宣传部理论局组织编写的《马克思主义哲学学习纲要》同样肯定了这种观点。《纲要》讲道,"各个国家和民族在没有外来干涉的情况下,按其自然历史过程,一般都经历大致相同的发展阶段,即依次经历原始社会,奴隶社会,封建社会,资本主义社会,共产主义社会(社会主义是它的第一阶段)五个社会形态"③。基于上述理由,"五形态"说在一定时期和一定程度上代表了我国学术界的主流观点,被写进我国几乎所有的历史唯物主义和社会发展史的教科书,不仅被看做是马克思关于社会形态划分的正统理论,而且被认为是唯一的理论而强化成人们的一种思维定式。

但主流观点并不意味着就此达成了共识,有不少学者对此颇有看法。"马克思虽然在自己的论著中论列过五种所有制形式,或是五种生产方式,但其含义并不像后来人们所理解的那样为一种严格意义上的历史分期理论。因之,我们不能够把'五形态说'强加到马克思的名下。"④更为重要的是马克思本人也曾明确表示反对把他"关于西欧资本主义起源的历史概述"彻底变成"一般发展道路的历史哲学理论",并用这把"万能钥匙"去理解历史现象。⑤

---

① 《斯大林选集》(下卷),人民出版社1979年,第446页。
② 王正平:《略论马克思关于社会经济形态的理论》,《历史唯物主义研究〈马克思主义哲学学习纲要〉论集之二》,求是出版社1987年版,第19—20页。
③ 中共中央宣传部理论局组织编写:《马克思主义哲学学习纲要》,中共中央党校出版社1998年版,第79页。
④ 刘启良:《马克思东方社会理论》,学林出版社1994年版,第106—107页。
⑤ 《马克思恩格斯全集》第19卷,人民出版社1963年版,第130页。

通过上述分析我们基本上把握了各种形态说的源起与症结。"阶级二形态说"因其显而易见的弊端和马克思、恩格斯本人的否定而被本论排除在依据之外;"阶级三形态说"也因其逻辑前提"阶级二形态说"的证伪性以及没有马克思、恩格斯的明确授权不足为凭;"五形态说"虽然蕴涵着一定的合理性而被视为主流观点,但这一形态说因其来路的演绎性和目前在学术界的争议性同样暂不作为本论的依据;所谓的"四形态说"和"六形态说"由于与尚存争论的"五形态说"渊源至深,其科学性仍需学术界进一步论证。

对于上述几种分法科学性的甄别后可以看出,能够作为本论分析依据的只有"必然王国"和"自由王国"两种社会形态的划分法及1857—1858年《经济学手稿》中以人的发展程度为依据所作的"三形态"划分。这两种分法,一是有马克思的明确认可,二是更因为其符合人类社会历史发展的事实而被学界视为"科学的"、"最成熟、最科学的"理论形态。进一步追问,这两种分法有着共同之处,即划分依据的一致性,二者皆以人、人类社会发展进步开化状态的程度为根据。所不同的是,两大"王国"划分法乃是立足于人类社会的崇高理想,从整个人类社会出发所做的一种宏观分期;而"三形态说"是以共产主义社会"自由人联合体"为最终目标,从个人、个体的角度对人的生存发展状态所作的微观划分,这与马克思眼中的人是一致的。在马克思的视野里,人的全面自由发展中的"人"有其确切的含义,它不仅是指现实的人,而且指的个体是"每个人","人们的社会历史始终只是他们的个体发展的历史"[①],"每个人的自由发展是一切人的自由发展的条件"[②]。更为重要的是"三形态说"将对人的发展程度具有决定意义的经济形态引入进来,如第一个社会形态下人的依赖性受制于自然经济,商品经济塑造的是在物的依赖关系基础上的人的独立性,而产品经济表现的则是人的自由个性。相对于两大"王国"二形态说,它将人的发展与所具备的经济基础一一对应起来,这一对应与马克思一贯坚持的物质决定意识、经济基础决定上层建筑的唯物主义历史观

---

① 《马克思恩格斯选集》第4卷,人民出版社1995年版,第532页。
② 《马克思恩格斯选集》第1卷,人民出版社1995年版,第294页。

一脉相承,并最终以其历史与逻辑的高度统一而成就了"三形态说"的科学性。

基于此,经过上述比较和筛选,本论以人的发展"三形态说"为主要依据来确定中国特色社会主义人的全面自由发展理论演进的历史方位。同时,两大"王国"二形态说由于它划分的依据也是人类社会发展进步的开化状态,与"三形态说"及笔者所讨论的对象具有逻辑相关性。因此,我们在依"三形态说"为主要依据的同时辅之以两大"王国"二形态说。

(二)中国特色的人的全面自由发展理论演进的历史方位

依"三形态说"中国特色社会主义人的全面自由发展理论在人类历史长河中究竟处于哪一个历史时期呢?每一种历史现象都能从经济上找到其终极原因,同样人的发展状态及其理论的推进,与经济发展的阶段密不可分。因此,要确定中国特色社会主义人的全面自由发展理论演进的历史方位,必须回到"三形态说"中最具有决定意义的经济形态分析上来。马克思是从分析"三形态"中的第二个社会形态入手、从他当时所面对的商品关系开始。马克思认为,作为商品的所有者,在商品经济社会中人是独立的。但商品形式和它借以得到表现的劳动产品的价值关系,是同劳动产品的物理性质以及由此产生的物的关系完全无关的。这只是人们自己的一定的社会关系,但它在人们面前采取了物与物的关系的虚幻形式。这里所言物与物之间的关系首先是商品与商品之间的关系。"正是商品世界……用物的形式掩盖了私人劳动的社会性质以及私人劳动者的社会关系。"①从而使人与人之间的关系建立在物与物的关系之上并被物与物之间的关系所掩盖,人的发展也因此表现为以物的依赖性为基础,同时体现出作为商品所有者的独立性,这种状况的本质由商品经济的特性所决定。

在分析了第二个社会形态的社会关系特点之后,马克思重新转到对第一个社会形态的探讨。这个社会形态囊括了整个前资本主义的社会形

---

① 《马克思恩格斯全集》第44卷,人民出版社2001年版,第93页。

态(原始社会、奴隶社会和封建社会),"自然经济占主导地位"①。马克思认为,在这个阶段里人不再是一个独立的人了,人都是互相依赖的:农奴和领主,陪臣和诸侯,俗人和牧师。物质生产的社会关系以及建立在这种生产基础上的生活领域,都是以人身依附为特征的。人的依赖性成为这个时期的主导形态,这一特征是由当时的人类劳动生产力处于低级发展阶段所决定的。由于人的生产能力只是在狭窄的范围内和孤立的地点上发展着且水平相当低下,由此决定了"无论个人还是社会,都不能想象会有自由而充分的发展"②。

第三个社会形态是人的自由个性时期,在"经济上表现为产品经济社会"③,"与这个阶段的产品经济相对应的流通形式"④是"在共同占有和共同控制生产资料的基础上联合起来的个人所进行的自由交换"⑤。由于社会生产力空前提高,社会产品极大丰富,由单个人自觉组成的自由人联合体对生产资料进行共同占有和共同控制。单个人的生产直接就是社会性的,不需要借助商品交换和货币来获取自己的社会权力,个人不再屈从于强制性的社会分工去片面发展自己的能力,而是可以在社会活动诸领域之间自由转换、全面发挥自己的潜能。"随我自己的心愿今天干这事,明天干那事,上午打猎,下午捕鱼,傍晚从事畜牧,晚饭后从事批判,但并不因此就使我成为一个猎人、渔夫、牧人或批判者"⑥,人的自由个性将得到最充分的展现。

对马克思"三形态"社会理论下由经济形态决定的人的发展阶段的概括,旨在揭示决定人的发展状态的经济根源并以此作为确定历史方位的依据。从三大社会形态这一基本序列或尺度来看,人类社会从自然经济只能走向商品市场经济而后是产品经济,商品市场经济是人类社会不可逾越的发展阶段。这是因为从人的发展的视角来看,只有商品市场经

---

① 陈志尚:《人的全面自由发展论》,中国人民大学出版社2004年版,第107页。
② 《马克思恩格斯全集》第46卷,人民出版社1979年版,第485页。
③ 孙显元:《马克思社会形态划分理论的演变》(下),载《淮北职业技术学院学报》2003年第1期。
④ 陈志尚:《人的全面自由发展论》,中国人民大学出版社2004年版,第108页。
⑤ 《马克思恩格斯全集》第46卷,人民出版社1979年版,第105页。
⑥ 《马克思恩格斯全集》第3卷,人民出版社1960年版,第37页。

济才能打破人的依赖关系,使只具有狭隘生产能力的个人走向和参与普遍的社会物质交换,形成全面的关系、多方面的需求和健全的能力体系。只有当这些条件在商品市场经济的熔炉中充分成熟以后,人的个体发展才能进入建立在个人全面发展基础上的自由个性阶段。

现实的资本主义当前仍处于这一阶段,而中国特色社会主义同样如此。现实社会主义虽然越过了资本主义制度的"卡夫丁峡谷",但一般都没有经过商品市场经济的充分发展。资本主义生产关系在社会主义国家中的淘汰,并不等于在商品经济下人的个体发展的历史任务已经完成,因此应该要补商品经济的课。本着对什么是社会主义的追问,1978年的十一届三中全会拉开了解放思想、改革开放的序幕。解放思想、改革开放最关键之举,是在确认我国处于社会主义初级阶段的基础上重新思考事关国家前途命运的经济建设怎么搞。正是在这样的思考中,商品经济在艰难而痛苦的摸索中逐渐冲破禁区,成为启动中国改革开放的发动机。1978年,国务院召开务虚会,研究加快中国四个现代化的问题,提出了社会主义经济是"计划经济和市场经济相结合";1982年《经济体制改革的总体规划》修改为"生产资料公有制存在商品生产和商品交换的计划经济";1984年中共十二届三中全会,进一步明确社会主义经济是"公有制基础上的有计划的商品经济",作出了"商品经济的充分发展,是社会经济发展的不可逾越的阶段,是实现中国经济现代化的必要条件"的重要结论。

上述认识表明我国已经认识到,社会主义在生产关系上可以超越资本主义制度的"卡夫丁峡谷",但在经济形态上必然遵循经济发展规律,走自然经济、商品经济、产品经济依次更替的道路,只不过是要用一种有别于资本主义的新的方式和途径来完成或实现。即在发展商品市场经济、推动个人全面而自由发展方面,用社会主义公有制和按劳分配为主体的基本生产关系、政治上层建筑和马克思主义意识形态来消解、限制和扬弃商品市场经济的负面效应,在较小痛苦和代价的条件下为实现人的发展创造生产力和社会关系方面的条件。

"商品经济的充分发展,是社会经济发展的不可逾越的阶段"的提出及在此理论认识下市场经济的快速启动正是中国特色社会主义理论诞生的经济根源。党的十七大报告之所以将邓小平理论、"三个代表"重要思想以及科学发展观等归入"中国特色社会主义理论体系"之下,除了学术界所分析的"理论之间存在内在一致性"、"理论具体内容的相继承续性"①外,更深层次上在于上述几大指导思想均处于一个相同的经济形态——商品经济。从三大社会经济形态的演进和人的发展状态这一基本序列来看,现实社会主义不是也不可能是比资本主义社会更高发展序列的社会形态,而是与资本主义同处于人类社会发展的第二大形态——商品经济发展阶段上(并且是处在商品经济发展的初始阶段,在这个意义上说尚不比资本主义走得远),恰处人类社会由自然经济向商品经济的转折点,中国特色社会主义在人的发展目标的设定、内容的确立、任务的提出,都应与商品经济发展的初始阶段相一致。

二、人的全面自由发展理论演进的国际背景

——从世界文明的累进看中国特色社会主义人的全面自由发展理论的演进方位

一种学说的历史命运能否从普通的话题变为热门语言、从影响的平静期走向巅峰,取决于两个条件。首先是此种学说的真理性,这决定了受其影响的人们对它的不同态度、不同理解、不同解释和不同运用。其次,也是更重要的是时代的发展能否为之提供适宜的土壤。"人们之所以对某种学说采取这样或那样的态度,作这样或那样的理解和阐释,固然有思想观念上的原因,但深层次、根本性的问题则是社会历史的发展变迁和这种发展变迁集中反映的时代主题和时代特征的变化,以及因这种发展变迁中人们所处的具体历史环境、地位的不同在人们思想上的反映。"②马克思主义人的全面自由发展理论之所以能被当代中国所重新认识、恢复

---

① 张静、陈红娟:《轨迹·逻辑·后续——中国特色社会主义理论体系解读》,载《理论探讨》2008年第1期。
② 王友洛:《人的全面发展与社会主义——四重视域的研究(论纲)》,载《学习论坛》2003年第11期。

其本来面貌,不仅在于这一学说的科学性和真理性,更在于时代的进步孕育了人的全面自由发展生存空间,同时对人的发展提出了强烈而迫切的要求。这种时代进步不仅指中国社会本身的发育程度,在全球化背景下还表现为一种世界历史的进程,因为每一个单独的个人的解放的程度是与历史完全转变为世界的程度一致的。因此考察中国特色社会主义人的全面自由发展理论的演进必须首先要有一种世界眼光。

当然,对于世界历史进程的把握不能作褊狭的理解,它既包括世界的经济政治文化科技的实践发展,还涵盖理论演变的轨迹与当代回应;既关注东方社会主义国家人的发展线索,也聚焦西方马克思主义对人的争论。只有通过上述几方面的掌控我们才能准确定位中国特色社会主义人的全面自由发展理论在世界历史进程中的位置和演变背景。

(一)东方社会主义国家人的全面自由发展理论的命运

人的全面自由发展理论在东方社会主义国家的命运直接为我们的人本实践提供经验教训。在国际背景的语境下,将要探讨的对象是指除中国以外的苏联、东欧等"东方"①社会主义国家人的全面自由发展的理论与实践。基于苏联在国际共运史上影响之大,我们以苏联社会主义实践中人的发展变迁为例予以说明。

大体上讲,马克思人的全面自由发展理论在苏联就其被重视和实践的情况来看,前后走过了一条中、左、右三条路线。列宁给予马克思人的全面自由发展理论以较多的关注。他对马克思主义人的全面自由发展理论的开拓主要体现在两方面:一是挖掘和尝试了前文所述促进人的发展从第一阶段的自然经济迈向第二阶段的商品经济,大力提高劳动生产率,发展社会生产力,改善人民的物质生活状况,从而在社会生产力的发展和社会关系的全面性上创造了人的全面自由发展的经济基础;二是坚持和维护了马克思所设想的人的全面自由发展的共产主义目标。1902 年在起草俄国社会民主工党第一个党纲、制定共产主义的目标时,普列汉诺夫

---

① 这里的"东方",显然不是一个纯粹的地域概念,而是指在经济文化落后条件下建立社会主义制度的那些国家。

提出共产主义的目的在于"满足社会需要"和"保证社会全体成员的福利",列宁认为"这还不够"、"说得不清楚"。接着他将共产主义的目标明确表述为"不仅满足社会成员的需要,而且保证社会全体成员的充分福利和自由的全面发展"。因此"工人阶级要获得真正的解放,必须进行资本主义全部发展所准备起来的社会革命……以保证社会全体成员的充分福利和自由的全面发展"①。十月革命后列宁亲自主持制定了俄共八大第二个党纲时,一如继往地将"社会全体成员的福利和全面发展"写进党纲。

更为可贵的是,列宁还指出了实现人的全面自由发展需要一个漫长的过程。他曾在《共产主义运动中的"左派"幼稚病》中谈道:共产主义正在向人的全面发展"这个目标前进,必须向这个目标前进,而且一定能达到这个目标,不过需要经过许多岁月。如果目前就企图提前实现将来共产主义……完全展开和成熟的时候才能实现的东西,这无异于叫四岁的小孩去学高等数学"②。这表明列宁不但准确把握了马克思主义学说的价值指向,同时又比较充分地预测到这一目标实现的长期性和艰巨性,警告不要轻易犯急性病。

然而继列宁之后斯大林并没有很好地关注人的发展。作为伟大的革命家和社会主义的积极实践者,斯大林在领导苏联的社会主义革命和建设中以钢铁般的意志、卓越的军事才能带领苏联人民赢得了反法西斯战争的胜利,确保了苏联人民的生命安全。他建立起了高度集权的社会主义模式,曾一度使苏联富国强兵、蓬勃发展。但这一模式也存在着显而易见的弊端,它营造了一种不受制约的绝对权力和整个社会对政治权力金字塔式的依附,几乎窒息了社会主义的生机和活力,严重限制了苏联人民的民主和自由。20世纪30年代斯大林在党内进行的肃反运动更给后人留下了深刻印象。在这场被称为"大清洗"的运动中,很多苏共领导人被指控为叛国罪,大量干部遭处死刑,数以百万计的人被劳改。毛泽东在评价斯大林时说:"斯大林不是在所有问题上,而是在一些问题上犯了错

---

① 《列宁全集》第6卷,人民出版社1986年版,第188、193、218页。
② 《列宁全集》第39卷,人民出版社1986年版,第29—30页。

误","斯大林是三分错误,七分成绩,总起来还是一个伟大的马克思主义者"。所谓的"一些"和"三分"其中一个重要方面就是包含着斯大林对人的伤害。赫鲁晓夫在1956年苏共二十大的"秘密报告"中甚至极端地提出斯大林应为被残害的一些苏联党员和国务活动家负责,是社会主义建设中所犯错误的唯一责任人。

对于苏联社会主义在一个历史时期内忽略乃至漠视马克思关于人的全面自由发展理论的原因,固然可以从主观认识上追根溯源,例如,未能全面地理解和把握马克思主义学说的价值原则,领袖人物的个人品性、理论修养和政治视野的局限性等等。但是运用马克思的唯物史观和社会发展阶段理论去研究,将会看到认识和主观方面的原因只是表层,更深层的根源在于社会经济发育和人的发展程度的差异。按照三大社会形态理论,自然经济社会是社会发育程度较低的社会形态。在自然经济为基础的群体社会中,群体性和人的依赖关系是这一形态下人的发展的基本特征,"独立的自我"和"自我实现"尚未形成,因而还不能鲜明地提出近现代意义上的人的问题。商品经济是社会发育较充分的社会形态,人的独立性和人对物的依赖是这一形态下的基本特征。只有商品经济的发展才能凸现出人的自我意识和人的发展主题。就当时苏联的情况来看,在第一次世界大战前,俄国是帝国主义链条上最薄弱的环节,商品经济并非十分发达。此后,列宁短暂实施了以商品经济为主要内容的新经济政策,但这一政策很快被斯大林所终止。因此,在斯大林及其后的相当长时期内,苏联没有发展和形成真正的商品经济。在人的发展上,群体本位和人的依赖关系在社会心理的深层结构中占据着统治地位。以集权专制为特征的斯大林模式又使个性与个人的独立性往往被扼杀。发展主体的这种内在觉悟和要求的缺失,一方面使苏联很难在理论上挖掘马克思主义人的全面自由发展思想,另一方面也造成了实践中对人的漠视。

我们关注苏联的这一段历史及其成因,是由于它与我们改革开放前的中国极为相似——同中国特色社会主义人的全面自由发展理论演进的历史起点类同。从纯粹的时间概念上讲,斯大林生活的年代与中国改革开放时期远距数十年,似乎不应成为我们探讨的焦点。然而时间错位只是表象,理论研究不应如此肤浅和机械,关键要看理论产生时的社会背景是否一致。众所周知,十月革命的成功雄辩地检验了马克思主义的真理性,又由于"中国有许多事情和十月革命以前的俄国相同,或者近似"①,因此中国人在欢呼"庶民的胜利"、"布尔什维主义的胜利"的时候,情不自禁地喊出"走俄国人的路——这就是结论"②。在此思想指导下,改革开放前的中国先是通过苏联去学习和接受马克思主义,接着是直接抄搬苏联的社会主义建设模式。改革开放前的中国社会主义发展进程及其出现的曲折与苏联大同小异或者说是"前赴后继",绝非偶然现象。但同时在发展的对应阶段上,苏联走过的路程与中国之间总是存在着一个时间差。譬如,十月革命在1917年取得胜利,而中华人民共和国在1949年成立;斯大林模式早在20世纪30年代就已确立③,而中国从50年代末才开始逐渐形成高度集中的政治、经济体制;同为阶级斗争扩大化产物的苏联肃反运动存续于1934年至40年代初(主要是在1936—1939年),而我国"文化大革命"却发生在1966—1976年。产生这样一个时间差的原因在于苏联提出的社会主义建设理论本身需要一个实践阶段,而包括中国在内的其他社会主义国家在"以俄为师"中认识、接受和效仿苏联的做法又必然有一个转化过程。因此后起的社会主义国家无论是革命的胜利还是社会主义发展中遇到的挫折大多比苏联晚一个节拍,经验教训总结理应联系对应阶段之下苏联的发展情景。因此探求中国特色社会主义人的全面自由发展理论演进的历史起点不能机械地从时间上去认识,而应深入到理论产生时的社会背景。

基于上述观点,笔者认为十年"文革"时期的中国实际上与苏联肃反运动时的状况极为类同,二者造成的共同后果就是对人的全面自由发展

---

① 《毛泽东选集》第4卷,人民出版社1991年版,第1469页。
② 《毛泽东选集》第4卷,人民出版社1991年版,第1471页。
③ 学术界比较一致的看法是斯大林模式的一些现象早在列宁时期甚至"战时共产主义"期间已经出现。但对斯大林模式形成和确立的时间则有不同的认识:大多数学者认为这一模式形成于第一至第二个五年计划(1928—937年)时期即20年代末和30年代中期,并在40年代和50年代初期进一步固定化。少数学者认为形成于列宁时期,指出苏联的政治体制早在20年代初列宁在世时(1923年以前)就基本形成,到斯大林执政时则得到进一步巩固和完善。关于1936年宪法与斯大林模式的关系,学术界有两种看法:多数学者认为1936年宪法是斯大林模式"确立"或"定型"的标志;个别学者则认为它是苏联体制"基本形成"的标志。

的遏制甚至全面封杀。中国特色社会主义人的全面自由发展理论——邓小平的人学思想、江泽民人的全面发展理论、胡锦涛以人为本的科学发展观——的形成、发展和深化，既是某种意义上对中国十年"文革"的反思，也吸取了苏联"大清洗"的教训。

然而中国的改革开放使中苏两国的发展指导思想从此分道扬镳，其结果也大相径庭。面对十年"文革"后国民经济濒临崩溃边缘、百业凋敝、人心思变的危局，中国开始了改革开放的伟大进程，并从此开启一条中国特色的人的发展之路。与中国社会主义的成功相反，20世纪80年代的苏联却推行了一条从根本上放弃共产党的领导、背离科学社会主义的路线，不仅直接导致了苏联解体，而且在人的发展上也误入歧途。在戈尔巴乔夫之前，苏联有过三次旨在变革束缚人、压制人的发展的斯大林模式的努力，但都没有成功。而真正对斯大林模式伤筋动骨、进行颠覆性改革，将人、人性、人的发展从禁锢多年的牢笼中释放出来的是戈尔巴乔夫。戈尔巴乔夫推行了一条人道的、民主的社会主义改革路线，抽象宣扬民主、自由和人权并由此导致了苏联社会主义发展史上的人道灾难（具体将在第五章第一节详述）。

综观二战后苏联在人的发展问题上的曲折历程，可以清晰地看到先是斯大林等人从"左"的方面背离科学社会主义，形成并维护过度集权的体制和官僚特权集团，漠视人的发展；而后矫枉过正的戈尔巴乔夫推行的人道的民主社会主义在人的发展上又走向了另一个极端，在叶利钦的推波助澜下从右的方面彻底背叛了科学社会主义，不但未能给苏联人民以真实的自由和民主，反而连最基本的民生问题也失去保障。苏联的解体是20世纪末震撼世界的最重大事件，是十月革命胜利以来国际共产主义运动遭受的最严重挫折，而切切实实承受这一悲剧和灾变的仍是苏联人民。

东方社会主义国家在人的发展上的悲剧强烈地警示我们，在社会发展中，中国特色社会主义建设一定要紧抓经济建设，牢牢坚持共产党的领导，坚定地走社会主义道路，渐进地推进政治体制改革，力促物质文明、精神文明、政治文明、社会文明的全面进步；在人的发展上，坚持历史唯物主义，在大力发展经济确保民生的基础上努力满足人的需求，走中国特色社会主义人的全面自由发展之路。

(二)现代西方社会思潮与马克思人的全面自由发展理论的碰撞

马克思主义是一门以全人类的解放为己任的科学,它不仅关注东方社会主义国家的前途命运,更是对西方资本主义的发展现实批判的直接产物。马克思主义理论因此受到了西方资本主义国家的关注,人的全面自由发展理论亦如此。与东方现实社会主义国家在一个时期内忽视乃至漠视马克思人的全面自由发展理论相反,这一理论却受到了以"西方马克思主义"为代表的社会思潮的普遍关注。西方社会思潮产生于20世纪初特别是第二次世界大战以后,包括西方马克思主义、后现代主义、新社会运动中的马克思主义、民主社会主义、欧洲共产主义、市场社会主义、20世纪90年代的"第三条道路"、西方非理性主义、分析马克思主义等。该思潮所关注的大多是与当今人类社会生存和发展息息相关的大问题。考虑到西方社会思潮派系庞杂、观点迥异,笔者仅以20世纪最具国际性影响的西方社会思潮之一的"西方马克思主义"为例加以说明。

西方马克思主义是共产党党内外一批知识分子根植于时代变化并在西方哲学视野下重新解读马克思主义和分析社会现实的产物,它缘起于对第二国际"正统马克思主义"经济决定论的反驳和十月革命后中西欧先进资本主义国家兴起的无产阶级革命普遍失败原因的探索与反思。在"西方马克思主义"的创始人卢卡奇等人看来,欧洲先进资本主义国家的无产阶级革命之所以失败,是因为工人阶级缺乏与它所担负的历史使命相适应的阶级意识,而阶级意识的缺乏则是由于以"正统的马克思主义"自居的第二国际理论家所解释和宣传的马克思主义理论中缺乏包括阶级意识在内的总体性理论,抛弃了马克思关于主体和客体的辩证法,把马克思主义解释成"自然科学"般的东西,把社会主义革命看做是在社会进化过程中"自然"到来的事情,从而把马克思主义达尔文主义化了。卢卡奇等人猛烈抨击经济决定论,认为经济决定论忽视了革命过程的主观方面,在政治上不能激发促使革命到来所需要的阶级意识并最终导致了革命失败。为此,他们提出要"重建马克思主义哲学",强调"重新发现""马克思的人道主义"①及以人为主体、以研究主客体关系为对象的马克思历史辩证法;要重视暴露马克思学说的"黑格尔根源"。卢卡奇也因此被称为"第一个恢复马克思的人本主义的人"②。早期的"西方马克思主义"是国际共产主义运动内部的一种左翼思潮,其对马克思主义的解释虽然已经有了人本主义的倾向,但并没有从根本上舍弃马克思关于社会基本矛盾、无产阶级历史使命的学说,他们探求的出发点仍然是旨在寻找无产阶级革命复兴的道路。

20世纪30—60年代末西方马克思主义发展到鼎盛时期,推动这一高潮来临的直接诱因是《1844年经济学哲学手稿》(简称《手稿》)在1932年的公开发表。《手稿》是马克思第一次试图对资本主义经济制度和资产阶级政治经济学进行批判性考察,并初步阐述自己的经济学、哲学和共产主义思想的一部早期文稿。据卢卡奇自己所述,他在1931年就参加了辨认《手稿》的工作,这段历史永久地改变了他对马克思主义的解释。马尔库塞撰文认为:《手稿》把"'科学社会主义'的整个理论提到了新的地位",要把《手稿》作为理解马克思全部著作的"钥匙"。列斐伏尔则于1934年写出了根据《手稿》对马克思主义进行"重建"的第一部著作——《辩证唯物主义》。第二次世界大战后,对《手稿》的研究更是热潮频现并在50年代达到高峰,极大地扩展了"西方马克思主义"的阵容和影响。一时间"西方马克思主义"名噪天下,几乎席卷了整个西方文化界。

仅仅一部《手稿》何以能对"西方马克思主义"乃至西方思想界产生如此大的影响?最深刻的原因在于《手稿》所阐明的理论适应了时代的需要。马克思在《1844年经济学哲学手稿》中,通过对人的实践本质的论证,形成了一种关注人、尊重人、维护人的人道主义。《手稿》发表之际适逢法西斯主义的兴起并由此导致的第二次世界大战任意践踏人的生命,人的尊严、价值和权利在战争的炮火下视同草芥,在狂热的意识形态下人不过是一种工具。为人的世界何以沦落到这样一种地步?人的主体地位

---

① [匈]乔治·卢卡奇著,张西平译:《历史和阶级意识》,重庆出版社1989年版,第216页。
② 复旦大学哲学系现代西方哲学研究室编译:《西方学者论〈1844年经济学哲学手稿〉》,复旦大学出版社1983年版,第79页。

究竟怎样才能受到尊重？这引发了包括西方马克思主义者在内的诸多思想家、理论家的反思。他们从政治、经济、社会、文化、心理等诸方面分析法西斯主义崛起的原因，试图运用《手稿》所阐述的马克思人道主义哲学来对抗崇尚强权的法西斯主义哲学。同时，社会主义苏联在第二次世界大战中抗击法西斯主义的决定性作用及在其协助下一大批国家走上社会主义道路，再次彰显出马克思主义的威力，激发了西方学者潜心马克思主义研究的浓厚兴趣，马克思主义的价值原则也在这种研究热中得以弘扬。

然而时隔不久，新任的赫鲁晓夫很快将斯大林时期苏联的一些骇人听闻的做法公之于众，现实共产主义运动中非人道的方面一下子在全世界面前抖开。此举在西方马克思主义者内心世界引起了强烈震动，他们开始用怀疑的目光重新审视苏联这片曾被认为是理想的国土。此次"大地震"后，西方国家一大批知识分子退出了共产党，马尔库塞的《苏联的马克思主义》、萨特的《辩证理性批判》、弗洛姆的《马克思关于人的概念》等对斯大林主义的反人道现象作了独到的分析，认为"马克思主义如果不把人本身作为它的基础而重新纳入自身之中，那么它将变质为一种非人的人学"[①]，提出要用存在主义的人学来补充马克思主义。

20世纪70年代以后，西方马克思主义进入了转向时期，重点探讨科学技术的社会效应、生态危机等。90年代后其研究主题从哲学、文化转向政治、经济等现实问题，研究重心则从对资本主义的批判转向研究市场社会主义。这些转向仍然是根源于资本主义发展的新问题新变化。我们知道，西方马克思主义是资本主义世界工人革命运动低潮的产物，由于科学技术革命和西方社会自觉的或被迫的自我调适与变革，西方各国大体上处于相对稳定的发展阶段，社会现代化成为一种主要追求。身处这种社会的理想主义者和社会变革家再去发展一种经济危机及其爆发的理论、制定无产阶级夺取政权的策略，既无紧迫性也无实际意义。但是，现代化社会并不意味着完美无缺、毫无问题，从马克思的原始出发点——即人的解放、消除异化、个人的全面自由发展来看，现代发达社会中的人一方面得到了物质享受，另一方面却在人性上付出了极大代价，迷失甚至丧

[①] [法]萨特:《辩证理性批判》,商务印书馆1963年版,第132页。

失了自我。故此,西方马克思主义者不论是从主观上想坚持初衷不变还是客观形势使然,走上了社会批判和文化批判的道路,并以他们的深刻和执著对资本主义进行社会病理诊断并提出解决的办法,这与马克思的基本精神是契合的。

西方马克思主义诞生已有80余年,但它在中国的传播只有20多年。在20世纪70年代末之前,人们带着敌情观念看待西方马克思主义,对其所言一概"针锋相对地回答",进行"无情揭露"、"坚决打击"。始于70年代末的思想解放让中国理论界开始正式接触西方马克思主义,并在80年代表达出强烈的探索愿望。90年代后解放思想、改革开放推动着人们观念的变化,了解、交流和碰撞替代了既往戴着有色眼镜的批判,这一转变的深层原因是中国社会的发展为西方马克思主义的传播提供了用武之地。改革开放以来中国社会的最大变化就是社会主义市场经济的逐步建立和完善,汹涌澎湃的商品潮引发了社会结构、人际关系、文化心理各方面的重新调整,大众文化、商品文化的平庸性、精神和价值的失落对人们的心理造成了巨大冲击,引起了不少文化人的忧虑,社会和文化批判运动应运而生。而西方马克思主义提供了抗拒和批判的张力与武器,作为一种以批判现代资本主义社会日益加剧的异化为主要取向的社会批判理论,西方马克思主义对马克思历史辩证法的主体向度的重新"发现"和开掘,具有一定的合理性,其主题之一就是针砭资本主义病态现实、尤其是对工具理性和技术理性统治和支配人的现象的批判,这无疑具有深刻的一面,也为我们在发展市场经济中防止西方社会人文精神失落的重演提供了借鉴。

但是,西方马克思主义者在重新解释和"创新"马克思主义的过程中存在着显而易见的弊端:舍弃了马克思历史观中基始的、"唯物"的方面——物质生产方式是人类社会发展的基础性因素,生产力是人类社会发展的决定性力量,因而使他们在研究中误入歧途;第一,把马克思的学说完全解释成一种人本主义或"人学的主体辩证法",并用当代西方种种政治社会思潮去"补充"和"改造"马克思主义。正如英国学者安德森所指出:"作为西方马克思主义共同传统的最为突出的一个特征,或许是:

其中始终存在着种种类型的欧洲唯心主义及其影响。"①第二,不能从宏观的历史上把握资本和工业文明的二重性,难以从史学角度分析资本主义条件下科学技术发展带来的人的异化。因而表现出一种非历史地否定科学技术和工业文明的浪漫主义倾向,且由此感染上一种深深的悲观主义。这些都是我们在研究马克思关于人的全面自由发展理论时应当注意规避的理论误区。

(三)以人为中心的社会发展理念的崛起

发展是人类社会与生俱来的永恒主题,近代以来人类先后尝试了经济增长观、社会发展观和以人为中心、可持续的发展观,这一历程也是人由社会发展的边缘逐渐走向中心的历程,为中国特色社会主义建设确立人本取向提供了借鉴。

作为人类主体自觉意识到了的发展,始自西欧封建社会解体以来现代社会的不断进步。基于生存的压力和对贫困的恐惧,人类最初的发展目标是为了获取更多的物质资料,为生存而斗争在很长时期内主导了社会发展的方向。"从十九世纪下半期到二次世界大战为止,世界经济发展问题,首先是经济增长问题。"特别是两次世界大战使人类的生存基础遭到了毁灭性的打击,战后各国普遍追求经济发展的愿望极为强烈,促使一度消失的经济增长理论被重新提起并广受重视。正如西方一位著名的经济增长理论专家指出的,对增长的关心并不是偶然的,它一方面由于过迟地认识到,我们的经济要是没有增长就不可能达到充分的就业,另一方面由于当前的国际冲突,使增长变成生存的条件了。五六十年代,这种观念被许多人接受并加以强化。发展就是增长,亦或反过来增长就是发展,经济增长成为衡量社会发展的唯一或主导尺度。发展经济学的代表人物、诺贝尔经济学奖获得者刘易斯指出,增长、发展、进步三者是同义词,发展就是经济增长。联合国第一个发展十年(1960—1970)目标就将增长率作为划分发达与不发达国家的依据,规定不发达国家的国民生产总

---

① [英]佩里·安德森著,高舌译:《西方马克思主义探讨》,人民出版社1981年版,第73页。

值年增长率最低为 6%。这一观念被理论化后广受认同,特别在一些急于摆脱贫困的发展中国家纷纷以当时的工业化国家的发展为模本,以物质资料的积累为目的,以国内生产总值为基本指标,启动了雄心勃勃的发展计划。

经济增长观之所以影响巨大有其历史的合理性。从唯物史观的角度看,人的需要的起点必定是衣食住行,这些唯有通过物质生活资料的生产和再生产才能得以满足。特别是从广大发展中国家的初始需求考虑,生活资料的迫切性使得经济增长和物质财富的积聚成了发展天平上压倒一切的筹码。

然而,令人始料难及的是经济增长理论的视角囿于狭窄,它只关注社会发展中的经济因素,且把经济增长主要看成是 GNP 的增长,其非理性、片面性很快显现出来:国家经济总量在较大幅度增加和人们温饱基本满足的同时又面临着愈演愈烈的分配不公、社会腐败、环境恶化等问题,人的发展中理应备受关注的教育、文化、民主等社会目标也未能自动实现,人民的生活质量并未根本改善。被学术界和国际社会称为"有增长无发展"或"恶的增长"的后果不折不扣地摆在了人们面前。罗马俱乐部跳出了单纯的经济视角,于 1972 年发表了第一个研究报告《增长的极限》,率先向这种不计代价的发展敲响了警钟,提出了"增长极限论",预言经济增长不可能无限持续下去,从而在全世界挑起了一场持续至今的大辩论。这一辩论使人们逐渐达成了共识:社会的全面发展决不应是经济的孤军奋进,而应是集科技、经济、社会、政治和文化即社会生活一切方面的因素于一体的完整现象。

20 世纪 70 年代后,作为对经济增长观深刻反思和批判的产物,以经济和社会综合指标作为社会发展尺度的社会发展观应运而生。但真正促成经济发展观彻底转向的是以新的科技革命为先导的战后 20 年资本主义经济的稳定、持续、高速发展,它一方面带来了西方社会空前繁荣,另一方面也滋生了严重的"西方社会病":社会关系的物化和人的异化不断加深,"物的世界的增值"与"人的世界的贬值"反差强烈。因此,以经济增长为主要取向的西方工业文明观受到了强烈批判,不同意识形态背景的学者开始对传统工业化造成的弊病进行反思。他们认为衡量一个国家的发展,除了经济尺度以外还应包括各项社会指标,追求社会的、尤其是人的全面发展与进步;工业化并不是人类最理想的发展模式,而是一个必然会被超越的过渡阶段。发展经济学家帕特里克·纪芬蒙认为,发展就是人的基本需要逐步得到满足的演进过程,是人的才能的增长和臻于完满。

在对经济增长观的深刻反思中,以人为中心的综合发展观和可持续发展观逐渐成为共识。综合发展理念的确立肇始于联合国对"发展权"的重视和推动。1983年联合国教科文组织在基多召开了"综合发展观专家会议"。会后法国学者弗朗索瓦·佩鲁受托在总结基多会议成果的基础上撰写了《新发展观》,他不但强调新发展观是整体的、综合的,而且提出应以人为中心确立研究视野,从人的活动及其发展的角度考察发展的动力和规律。1995年3月联合国在哥本哈根召开了有史以来各国首脑出席最多的世界发展首脑会议。会上通过的《宣言》和《行动纲领》肯定并进一步阐发了以人为中心的新发展思想,主要有:(1)"社会发展是全世界各国人民的中心需要和愿望,也是各国政府和民间社会各部门的中心责任。"(2)社会发展应"列为当前和跨入第21世纪的最优先事项"。(3)"人民是从事可持续发展的中心课题",社会发展应"以人为中心","最终目标是改善和提高全体人民的生活质量"。(4)"社会发展与其发生的文化、生态、经济、政治和精神环境不可分割。"①

以人为中心的发展观视人的发展为核心,把人的发展看做社会发展的主导性尺度,将社会发展的重心由客体转向主体,以人的价值、人的需要、人的潜力的发挥为中心,对社会发展进行综合与提升。与旧的发展观不同,新发展观引入了人这一重要的价值参照系,凸显了原来隐藏在物质文明背后的人文精神在发展中的重要性,击中了工业文明所造成的人的异化和人的困境的要害。因此,以人为中心的综合发展观提出后很快成为当代发展的引领思潮,是马克思社会发展理论包括人的发展理论的当代回应。

可持续发展观在本质上也是以人为中心的。其核心要义是——既满足当代人的需要,又不对后代人满足其需要的能力构成威胁和危害,某一

---

① 丁伟志:《经济发展与社会发展》,载《新华文摘》1995年第11期。

部分的发展不应以牺牲另一部分为代价或妨碍系统的协调运行为前提。根据这一思想,联合国摒弃了 GNP 的指标,确立了以寿命、知识和生活水平为基本尺度的发展标准——人类发展指数 HDI。如果说综合发展观是从横向上关注当代人的发展,那么可持续发展观则是从纵向上着眼于未来人的发展,即上一代的发展能为下一代的发展提供机会,而不是"空前绝后"、断子绝孙。所以,同一时代背景下产生的以人为中心的综合发展观和可持续发展观在时间上是同步的,在实质上是一致的。

从经济增长观到社会发展观再到以人为中心、可持续发展观的演变,由片面追求 GDP 增长到重视经济、社会、资源、环境的协调发展,由单纯追求物质财富的增加到注重人的全面发展,体现了当代发展观的不断演进和突破,这一过程生动记载了人由发展的边缘不断走向发展中心的过程。

改革开放后,中国社会在发展理念上大体走过了与西方基本相似的路。早在 20 世纪 80 年代初期,邓小平提出了一个被称为"发展才是硬道理"的响亮命题,确立了以经济建设为中心的基本路线。但针对"一手硬一手软"的弊端,邓小平很快矫正了航线,指出"现代化建设的任务是多方面的,各个方面需要综合平衡,不能搞单打一"。因此要"两个文明一起抓"、"两手都要硬"。

90 年代以来,基于对西方发达国家片面强调经济增长和我国改革开放进程中共生出来的消极因素的深刻认识,江泽民在坚持以经济建设为中心、把发展定为党执政兴国第一要务的同时,提出"物质文明、精神文明和政治文明"三个文明一起抓,体现了社会综合、全面进步的发展理念。胡锦涛上任后,进一步深化了对社会发展理念的认识,提出了包括生态文明在内的四个文明建设和政治、经济、文化与社会"四位一体"的社会建设理论。同时,他还借鉴人类社会文明成果,吸取世界以人为中心的时代发展精神,与时俱进地提出了"以人为本的科学发展观",简洁、全面萃取了工业文明以来人类社会发展积淀下来的精华理念。

以人为本的科学发展观集中体现了马克思主义的价值原则:第一,将发展确定为第一要义,涵盖了历代发展观所体现的共同主题,突出强调了发展在社会全面进步中的决定性意义,贯彻了马克思历史唯物主义决定论;第二,以人为本是核心,这是中外各国在经历了漫长的艰辛探索之后最终达成的共识,回归了马克思社会发展的人本立场;第三,统筹兼顾、全面协调可持续,充分吸取了综合发展观和可持续发展观的要义。总之,从"一手软、一手硬"到"两个文明一起抓",从"三个文明"到"四个文明"再到以人为本的科学发展观的提出,再现了人由社会发展的边缘走向中心的历程,并且以20多年的时间完成了西方国家100多年(自19世纪下半期算起)才完成的社会发展观转换任务,与时俱进地走在了时代发展的前列。

综上,中外发展理念的演变及以人为中心的发展观的最终确立,突出表现了人越来越成为社会发展的目的,这一过程促使新时期各代领导人在思考"什么是社会主义、怎样建设社会主义"的命题时,不约而同地将发展的目的、发展的价值取向落实到人民身上、体现在党的执政理念中。中国特色社会主义人的全面自由发展理论之所以能够提出并日益深入,与中外社会发展中以人为中心理念的崛起密不可分。

三、人的全面自由发展理论演进的国内背景

把握研究的既与主体、把人置于现实基础之上是我们探讨中国特色社会主义人的全面自由发展理论演进的方法论。对于生活在社会主义初级阶段的理论工作者来说,"用马克思主义的宽广眼界观察世界",把研究的对象放置到人类社会历史和当前世界文明成果特别是社会发展趋势上来认识是一种求真务实的精神;但毫无疑问我们更应立足"本国实际",把注意力落实到对中国现实社会的关怀上,这是理论工作者义不容辞的责任和使命。正如党的十五大报告所述:一定要以我国改革开放和现代化建设的实际问题、以我们正在做的事情为中心,着眼于马克思主义理论的运用,着眼于新的实践和新的发展。所谓"以我们正在做的事情为中心"、"着眼于对实际问题的理论思考",在当代中国语境下就是要立足于社会主义初级阶段人的发展的现实基础,从中国人民正在进行的现代化建设实践出发,以人的全面自由发展为视角来回答"什么是社会主

义、怎样建设社会主义"的时代课题。

(一) 当代中国社会发展阶段的定位

对于当代中国社会发展阶段的定位是我们分析中国特色社会主义人的全面自由发展理论的客观依据。在本章第一节我们以马克思社会分期理论"三形态说"为分析依据,指出人类社会只能走自然经济、商品经济、产品经济依次更替的道路,相应地人的发展也必然要经历人的依赖性、以物的依赖性为基础的人的独立性和人的自由个性三种历史形态,从而得出当今中国社会处于商品经济或由自然经济向商品经济转折的时代,人的发展"逐渐走出人的依赖而走向物的依赖阶段"①。

当我们进行这种分析和探讨时,似乎会意识到上述基本框架与社会主义初级阶段理论有着某种关系。事实上二者之间具有内在的一致性,"三形态说"是从人类社会历史长河更为广阔的视角所作的分析,是试图拓展和深化对社会主义初级阶段理论认识的一种努力;后者是从共产主义发展本身来看,从现实社会主义所居的实际位置近距离短镜头透视中国特色社会主义人的全面自由发展理论演变的既与环境。

1. 马克思关于共产主义社会发展阶段理论和过渡期理论

从初级阶段来看中国特色社会主义人的全面自由发展理论演进的背景,需要回到马克思关于共产主义社会发展阶段理论和过渡时期理论,这是我们分析问题的理论依据。

马克思是从过渡时期开始描述关于共产主义社会发展阶段的科学设想。在马克思、恩格斯看来,任何一个新社会的诞生都要经历一个阵痛过程,都会有一个过渡时期。与既往社会形态以一种私有制取代另一种私有制不同,无产阶级夺取政权尚不能完成社会形态的更替。上升为统治阶级仅仅是第一步,更为繁重的任务是要进行经济社会革命,为过渡到新社会创造条件。过渡时期之所以必要,这是由其所要完成的历史任务决定的。一是改造私有制。用社会主义公有制取代资本主义私有制需要经

---

① 韩庆祥、亢安毅:《马克思开辟的道路——人的全面发展研究》,人民出版社2005年版,第248页。

历一个更为"艰难而漫长的过程"。因为废除私有制,"正像不能一下子就把现有的生产力扩大到为实行财产公有制所必要的程度一样……只能逐步改造现社会,只有创造了所必需的大量生产资料之后,才能废除私有制"①。在《共产党宣言》中,马克思、恩格斯不仅提出对资产阶级全部资本的剥夺过程是"一步一步地",而且设想了对私有制逐步改造的若干条过渡措施,体现了逐步过渡的思想。二是大力发展社会生产力,"尽可能快地增加生产力的总量"②,为建设未来社会提供雄厚的物质基础。这里的生产力发展不是一般意义上的发展而是要求"巨大增长",高度发达的生产力是实现共产主义必需的前提,它决定了过渡期的长期性。三是政治上需要一个过渡期。1875年马克思在《哥达纲领批判》中指出:"在资本主义社会和共产主义社会之间,有一个从前者变为后者的革命转变时期。同这个时期相适应的也有一个政治上的过渡时期,这个时期的国家只能是无产阶级的革命专政。"③四是同传统观念彻底决裂,造就一代共产主义新人也是过渡期内必须完成的任务。

而且在过渡期结束进入共产主义社会之后,也要经历不同的发展阶段。马克思在《1844年经济学哲学手稿》中认为,不仅消灭私有制是一个历史过程,而且私有制消灭后建立起来的新社会也有一个在自身基础上不断发展的问题。此后马克思在《资本论》第一卷中再次表达了共产主义社会在其发展过程中将经历不同阶段的思想,并于1875年在《哥达纲领批判》中明确划分为"共产主义社会的第一阶段"和"共产主义社会的一个较高阶段"。在第一阶段剥夺了剥夺者,完成了社会主义改造的任务,标志着新的经济社会制度的建立,但"在各方面,在经济、道德和精神方面都还带着它脱胎出来的那个旧社会的痕迹"④,旧式分工和脑体劳动差别还存在,劳动仅仅是谋生的手段,按劳分配等。较高阶段则是在自身基础上发展起来的,生产力高度发达,产品极大丰富,人们的觉悟极大提高,旧式分工和脑体劳动差别消失,劳动成为生活的第一需要,各尽所能

---

① 《马克思恩格斯选集》第1卷,人民出版社1995年版,第239页。
② 《马克思恩格斯选集》第1卷,人民出版社1995年版,第293页。
③ 《马克思恩格斯选集》第3卷,人民出版社1995年版,第314页。
④ 《马克思恩格斯选集》第3卷,人民出版社1995年版,第304页。

按需分配的原则得以实现,人获得了全面自由的发展。

2. 列宁的过渡时期多阶段论和社会主义分阶段的思想

列宁在直接从事社会主义革命的实践中进一步发展了共产主义社会发展阶段理论和过渡时期理论,不仅将共产主义社会"第一阶段"和"较高阶段"明确地界定为社会主义社会和共产主义社会,同时还提出了过渡时期的多阶段论和社会主义社会也是分阶段的思想。过渡时期多阶段的思想源自于列宁对于苏维埃实践的反思。苏维埃刚诞生不久就遇到了严峻的国内战争和外国武装干涉,新政权被迫实行了近三年的"战时共产主义政策"。面临极端艰难的战时环境,在粮食及各种物资都十分匮乏的情况下,苏维埃国家实行严格的余粮征集制,控制全国的经济命脉,市场消失,商品货币关系退出经济生活领域。战时共产主义政策的成功使包括列宁在内的许多人都乐观地误认为可以不经过一个准备时期而直接过渡到社会主义。战时共产主义政策不仅是战争环境的客观产物,同时还蕴涵着列宁"直接过渡"的主观思想。

然而,"直接过渡"的思想很快陷于破产。1921年春,苏联经济出现极度困难,全国范围发生了农民暴动、工人罢工,溢满了对"战时共产主义政策"的强烈不满。严酷的现实使列宁认识到在半亚细亚的落后的经济状态下,向纯社会主义形式和纯社会主义分配直接过渡,是力所不能及的,如果不发展商品经济,不做一定的后退,那就有灭亡的危险。在严峻的形势面前,列宁提出并在全国实施了以鼓励商品交换为核心的"新经济政策"。"新经济政策"获得了极大的成功,它说明在一个小农生产者占绝大多数的国家里,实现社会主义必须通过一系列特殊的过渡,政策要"照顾到许多较小的过渡",懂得"需要经过哪些中间的途径、方法、手段和辅助办法,才能使资本主义以前的各种关系过渡到社会主义。全部关键就在这里"。上述表明,在列宁看来,即使从资本主义向社会主义的过渡也需要多阶段进行。

社会主义社会也要分阶段是列宁的又一重要思想。1918年列宁提出了"发达的社会主义"概念,1920年他在《在第七届全俄中央执行委员会第一次会议上关于全俄中央执行委员会和人民委员会工作的报告》中强调:"怎样设想一个发达的社会主义社会,这也不困难……但是,怎样实际地从旧的、习惯了的、大家都熟悉的资本主义向新的、还没有产生的、没有牢固基础的社会主义过渡,却是一个最困难的任务。"①列宁在这里继续使用"发达的社会主义"概念的同时提出"没有牢固基础的社会主义过渡",既包含了上述过渡思想,又体现了社会主义社会分阶段递进的内容。同年4月,列宁在批评"左派"幼稚病时又指出:"否定政党就意味着从资本主义崩溃的前夜(在德国)跳到共产主义的最高阶段而不是进到它的低级阶段和中级阶段。我们在俄国(推翻资产阶级后的第三年)还刚处在从资本主义向社会主义即向共产主义低级阶段过渡的最初阶段。阶级还存在,而且在任何地方,在无产阶级夺取政权之后都还要存在好多年。"②贯通前后可以看出列宁关于未来社会发展阶段的整体图景是:共产主义有"社会主义社会和共产主义社会"之分,还可划为低级、中级和最高阶段;而社会主义存在一个"发达社会主义"的阶段;在建成社会主义之前需要一个从资本主义向社会主义过渡的时期,而这个过渡时期也是分阶段的。

与马克思、恩格斯的设想相比,应该说列宁在领导社会主义建设的实践中提出的未来新社会发展阶段的思想更加客观具体地表明了实现共产主义的长期性,尤其是他对从直接过渡思想调整到过渡时期多阶段的认识比较正确地反映了经济文化落后国家的阶段定位,而这一阶段定位将会直接作用于科学社会主义理论的创造和社会主义建设战略。

3. 中国社会主义初级阶段的过渡期性质

社会主义初级阶段的概念由邓小平在党的十一届六中全会上首次提出,而今已成为我们观察和分析中国问题、制定和实施中国发展战略的首要、重大的国情依据,也是中国特色社会主义人的全面自由发展理论演进的立足点、出发点和根本依据。社会主义初级阶段特指像我国这样在生产力落后、商品经济不发达条件下建设社会主义必然要经历的阶段。如何对社会主义初级阶段进行定位,理论界主要有两种解释。一种观点认为属于马克思所讲的"共产主义第一阶段"的初级阶段;另一种认为离

---

① 《列宁全集》第38卷,人民出版社1986年版,第113页。
② 《列宁全集》第39卷,人民出版社1986年版,第24页。

"共产主义社会第一阶段"尚远,只是正在向着这个阶段迈进,其性质属于从资本主义向社会主义过渡时期,即过渡时期说。需要注意的是这里的"过渡时期"并不是指中国"1949年到1956年"的"过渡时期",而是特指马克思、恩格斯所说"资本主义转向发达社会主义"的"过渡时期"。其实这两种观点并不矛盾,它们是从不同角度对当前中国社会发展阶段的定位。众所周知,社会主义初级阶段论包含了相互关联的两层意思:第一层是指我国已经进入社会主义社会,必须坚持而不能离开;第二层讲的是这种社会主义还处在初级阶段,必须从这个实际出发而不能超越。前一层是从中国社会性质和发展方向上讲的,后一层是就发育程度而言。就社会发育程度来说,马克思、恩格斯、列宁设想的发达社会主义社会具有很高的标准,有质的规定性。譬如,要有高于资本主义的生产力和劳动生产率,生产资料公有制,消灭商品和货币等,显然中国的社会主义还没有达到这样一种规定性。

应该说邓小平对社会主义初级阶段社会发展程度的描述是比较准确的。他在80年代末会见外宾时曾说:"搞社会主义,一定要使生产力发达,贫穷不是社会主义……现在虽说我们也在搞社会主义,但事实上不够格,只有到了下世纪中叶,达到了中等发达国家的水平,才能说真的搞了社会主义……现在我们正向这个路上走。"①"不够格"的社会主义和"我们正向这个路上走"是对社会主义初级阶段过渡期性质的准确定位。

进入新世纪以来,中国社会主义现代化建设进入全面建设小康社会的新阶段,这是社会主义初级阶段历史进程中的一个突出成就。但这一变化并未从根本上改变社会主义初级阶段过渡时期的性质,诚如十七大所讲,"经过新中国成立以来特别是改革开放以来的不懈努力,我国取得了举世瞩目的发展成就,从生产力到生产关系、从经济基础到上层建筑都发生了意义深远的重大变化,但我国仍处于并将长期处于社会主义初级阶段的基本国情没有变,人民日益增长的物质文化需要同落后的社会生

---

① 《邓小平文选》第3卷,人民出版社1993年版,第225页。

产之间的矛盾这一社会主要矛盾没有变"①。

依据马克思的过渡期理论和对社会主义的质的规定性,来分析中国社会主义初级阶段的性质就会发现,我们的初级阶段实际上正处于向"合格的社会主义"过渡时期。就马克思关于过渡期要完成的四大历史任务来看,当前中国都还没有完成,如私营经济不但没有被取消,为了进一步发展生产力我们反而还要鼓励私营经济的发展,以公有制为主体,多种所有制经济将长期并存;生产力发展水平较低,尚不能提供充足的物质资料;政治体制仍处于不断改革之中,政治关系尚未超越过渡时期;几十年的精神文明建设、文化事业的发展极大提高了人们的思想境界,但封建主义的余孽还在禁锢着人们,同时改革开放背景下也不时受到资本主义不健康思想的干扰。同传统观念彻底决裂还须走很长一段路程,造就一代新人的任务依然艰巨。基于过渡时期社会发育程度的低下,人的发展会受到多重制约,人的发展仍未完全摆脱第一形态的痕迹,人的依赖性与以物的依赖性为基础的人的独立性同时并存,表现出鲜明的过渡性特征。总之,现实状况注定了在人的发展上还处于从第一形态向第二形态过渡时期。

那么在过渡期里如何追求人的全面自由发展目标?或者说在什么程度上提出人的发展目标?笔者认为,实现人的全面自由发展是马克思关于未来新社会的最高理想,尽管现阶段距离这一目标还很遥远,但是中国特色社会主义建设理应以此为价值取向,只是在设计人的发展近期目标时不能无视过渡时期的现实情况而提出一些超越阶段的目标,如"人的全面而自由发展"、"自由人联合体"等一些在遥远的共产主义才能实现的过激、过急目标。正是基于上述认识,新时期三代领导人都根据自己所处的时代环境制定了人的发展的主要目标和任务,如邓小平重点关注了民生、江泽民提出"努力促进"人的"全面"发展、胡锦涛坚持以人为本的科学发展观,这些目标都反映了三代领导人对过渡时期人的发展定位的准确把握。因此可以说,社会主义初级阶段的基本国情是中国特色社

---

① 中国共产党第十七次全国代表大会文件:《中国共产党第十七次全国代表大会文件汇编》,人民出版社2007年版,第13—14页。

主义人的全面自由发展理论的立足点、出发点和主要依据。

(二)现代化建设对社会主义新人的呼唤

中国特色社会主义人的全面自由发展理论的提出、发展和推进,是适应现代化建设需要的产物。

社会主义现代化建设对人的影响全面而深刻,它首先表现在为人的全面发展奠定了物质基础。因为人们每次都不是在他们关于人的理想所决定和所允许的范围之内,而是在现有的生产力所决定和所允许的范围之内取得自由的。改革开放初期,历史发展的内在必然性要求我们必须以经济建设为中心,集中力量大力发展生产力成为全党的首要任务。伴随着20多年"以经济建设为中心"现代化建设的进行,国民经济持续快速健康发展,综合国力进一步增强,国内生产总值2000年达89404亿元,平均每年增长8.3%,人均国内生产总值实现了比1980年翻两番。① 在经济发展的基础上,人民生活得到很大改善,总体上达到小康水平。据统计:"1990—2001年,社会消费品零售总额从8300亿元增加到37595亿元,消费结构发生了重大变化,恩格尔系数大幅度下降,城镇居民恩格尔系数从1990年的54.2%下降到2001年的37.9%,农村居民恩格尔系数从58.8%下降到47.7%……"②恩格尔系数的下降意味着中国人民"第一层次的需求"逐渐得到满足。按照马克思、恩格斯的说法,"已经得到满足的第一个需要本身、满足需要的活动和已经获得的为满足需要用的工具又引起新的需要。这种新的需要的产生是第一个历史活动"③。因此温饱之后,具有依次递进性质的发展、享受、社交、受尊重和自我实现等需求接踵而至,社会发展客观上要求我党进一步拓展对社会主义的认识。中国共产党人作为中国社会、中国现代化建设的管理者必须审时度势、敏锐地洞察人民的这一需求,及时把促进人的全面发展作为当代施政纲领的重要内容。

---

① 朱镕基:《关于国民经济和社会发展第十个五年计划纲要的报告》,载2001年3月17日《人民日报》。
② 林兆木:《取得重大历史性成就的十三年》,载2002年11月26日《人民日报》。
③ 《马克思恩格斯全集》第3卷,人民出版社1960年版,第32页。

同时，促进人的全面发展是我国现代化建设面临的紧迫而又重要的课题。现代化是一个综合的社会发展过程，包括经济现代化、政治现代化、文化现代化及人自身的现代化，其中经济现代化是前提和基础，人的现代化是核心目标。在任何社会和时代，人都是现代化进程中的最基本因素。"如果在国民之中没有我们确认为现代的那种素质的普遍存在，无论是快速的经济成长还是有效的管理，都不可能发展；如果已经开始发展，也不会维持太久。"中国一百多年来寻找现代化的历程也表明了这一真理。近代以来，先进的中国人曾以为中国的落后主要在器物层面，尝试通过洋务运动等来完成中国的现代化，但当真正引进先进技术和设备之后，中国仍然没有实现现代化；他们也曾以为中国的落后主要在制度层面，尝试通过"变法"或政治革命来完成中国的现代化，但中国的现代化依然遥遥无期。最后才意识到，问题是出在"人"身上。现代化建设，说到底"人"才是核心要件，人的现代化才是现代化建设成败的关键。现代化的建设者必须具有现代化的素质，掌握较高的科学文化知识、先进的劳动技能、勇于创新的开拓意识以及与新的行为规范相一致的行为方式和理念。我国是在生产力比较落后的情况下建设现代化的，人的素质基础相对薄弱。社会主义现代化建设的实践证明：人才资源是第一资源；社会主义现代化的关键在于人的现代化；人的塑造是社会主义建设的一项基础工程；没有人的素质提高和人的全面发展，就没有社会主义，就没有社会主义事业的巩固和发展，也就建不成社会主义。因此，培养人的现代心理素质、能力素质等成为现代化建设的内在迫切要求，中国特色社会主义人的全面自由发展理论正是时代的回声。

第四章　邓小平对人的全面自由发展理论的开拓与创新

在改革开放背景下产生的邓小平理论是马克思主义理论与中国实际相结合产生的第二次飞跃,这种飞跃不仅表现在它成功地指导了中国改革开放的实践,而且还体现了对马克思主义人的全面自由发展思想的开拓与创新,成为中国特色人的全面自由发展理论演进的新起点。

一、邓小平对"什么是社会主义"的再认识

邓小平理论贯穿着一个鲜明的主题,这个主题就是对"什么是社会主义、怎样建设社会主义"的追问。邓小平对人的全面自由发展理论的开拓与创新突出体现在对社会主义的再认识及其作为对这一课题的回答——社会主义本质论上。这一本质论是在充分吸收了马克思、恩格斯对"什么是社会主义"认识的基础上、在反思既往社会主义特征论的经验教训的基础上提出的,它把马克思主义关于科学社会主义的一般原则与我国社会主义初级阶段的客观现实高度地统一起来,注重从本质上认识社会主义,从而将满足人的发展确立为社会主义的根本价值追求。

(一)马克思、恩格斯对"什么是社会主义"的多维回答

在马克思、恩格斯视野里,社会主义是一个有着多种规定性、内涵丰富的概念。他们认为,社会主义是一种学说,是"关于无产阶级解放条件

的学说"①;社会主义是一种运动,代表着工人阶级和劳动人民目前和未来的利益②;社会主义又是一种制度,是在保证社会生产力高度发展的同时又保证人类自由而全面发展的一种社会形式。③ 可见,马克思、恩格斯对社会主义的界定是多角度的,不同的界定影响着人们对社会主义的认识。

1. 从特征层面上界定社会主义

在马克思、恩格斯看来,生产资料公有制是社会主义最主要的、也是最基本的特征。"社会主义基本特征"这一概念是恩格斯在《反杜林论》中提出来的。《反杜林论》"社会主义"编共五章,第一章讲社会主义从空想到科学的历史,第二章讲资本主义社会的基本矛盾,认为这个矛盾只有到了社会主义社会占有全部生产资料才能予以解决,第三章讲社会主义社会的生产。在第三章中恩格斯提到,"上一章对社会主义基本特征的论述",这就明确点出了第二章的主题。

依据马克思和恩格斯的论述,社会主义的基本特征是由社会占有全部生产资料。恩格斯说,社会主义就是将资本主义的占有方式"让位于那种以现代生产资料的本性为基础的产品占有方式:一方面由社会直接占有,作为维持和扩大生产的资料,另一方面由个人直接占有,作为生活资料和享受资料"④。也就是说社会主义生产资料由社会占有,生活资料和享受资料由个人使用。科学社会主义认为,在资本主义社会,生产的社会化与生产资料的私人占有已经不相容。只有使生产、占有和交换的方式同生产资料的社会性相适应,才能使生产继续发展,使尖锐的社会矛盾得到根本解决。《共产党宣言》也曾表达了这样的思想,说"共产党人可以把自己的理论概括为一句话:消灭私有制"。1890 年恩格斯再次表示,社会主义同现存制度的具有决定意义的差别当然在于,在实行全部生产资料公有制的基础上组织生产。⑤ 他把生产资料的公有制看做是社会主

---

① 《马克思恩格斯选集》第 1 卷,人民出版社 1995 年版,第 230 页。
② 《马克思恩格斯选集》第 1 卷,人民出版社 1995 年版,第 306 页。
③ 《马克思恩格斯全集》第 19 卷,人民出版社 1963 年版,第 130 页。
④ 《马克思恩格斯选集》第 3 卷,人民出版社 1995 年版,第 630 页。
⑤ 《马克思恩格斯选集》第 4 卷,人民出版社 1995 年版,第 693 页。

义同资本主义的具有决定意义的差别,这是社会主义最主要的特征,也是基本特征。恩格斯还指出了从经济方面规定社会主义基本特征的依据,他说,之所以从经济方面阐述社会主义的基本特征,是因为"生产及随之而来的产品交换是一切社会制度的基础"①。

由于社会占有生产资料,就必然带来以下结果:一是在社会范围内有计划地利用生产资料,按照社会总体和每个成员的需要对生产进行的社会的有计划的调节,资本主义"社会生产内部的无政府状态将为有计划的自觉的组织所代替"②。二是商品生产被消除。在马克思、恩格斯看来,这种生产和经济发展的无政府状态是商品经济发展的恶性后果,而在社会主义条件下,"社会占有了生产资料,商品生产就将被消除,而产品对生产者的统治也将随之消除"③。三是劳动者按向社会提供的劳动量领回相应的消费资料。后来列宁笼统地将马克思、恩格斯所说的"消费资料"称为"等量产品",提出"人类从资本主义只能直接过渡到社会主义,即过渡到生产资料公有和按每个人的劳动量分配产品"④、"对等量劳动给予等量产品"⑤并称之为社会主义原则,即我们通常所说的按劳分配。

对于由社会占有生产资料而带来的上述结果,即计划经济、消除商品生产、按劳分配等,马克思、恩格斯并没有将它们看做社会主义的特征。但在马克思、恩格斯之后的长期发展中,人们习惯性地将这些结果作为社会主义的特征来认识。

2. 从本质属性上论述社会主义

全部生产资料由社会占有只是社会主义最基本的特征。除此之外,社会主义还有着更丰富的内涵,它体现在社会主义的本质层面上。如马克思、恩格斯认为,社会主义要"尽可能快的增加生产力的总量","生产力的巨大增长和高度发展",是建立共产主义"绝对必需的实际前提";恩

---

① 《马克思恩格斯选集》第 3 卷,人民出版社 1995 年版,第 617 页。
② 《马克思恩格斯全集》第 19 卷,人民出版社 1963 年版,第 245 页。
③ 《马克思恩格斯全集》第 19 卷,人民出版社 1963 年版,第 245 页。
④ 《列宁选集》第 3 卷,人民出版社 1995 年版,第 64 页。
⑤ 《列宁选集》第 3 卷,人民出版社 1995 年版,第 196 页。

格斯还将人的全面而自由发展视为共产主义的基本思想,而在社会主义阶段,认为要"通过社会生产,不仅可能保证一切社会成员有富足的和一天比一天充裕的物质生活,而且还可能保证他们的体力和智力获得充分的自由的发展和运用"[①]。在马克思、恩格斯看来,除基本特征外,在社会主义阶段社会发展可能达到的程度理应包括:争得民主,消灭剥削,按照现代生产力的本性和自然规律掌握生产力,富足的物质生活,人的体力和智力自由而充分的发展和运用等。可见社会主义本质解决的是与人的需要、人的发展息息相关的规定性,即解决的是社会主义的价值追求问题。

社会主义基本特征和本质属性等是密切联系的。特征是一事物区别于它事物特别显著的征象和标志,是事物本质的外部反映;而本质是事物的内部联系,它由事物的内部矛盾构成,是事物比较深刻的、一贯的和稳定的方面,它从整体上规定事物的性质、功能和发展方向。社会主义基本特征和本质都从不同的层面上体现着社会主义的整体,但二者又有不同。社会主义基本特征虽然可以描绘社会主义的基本轮廓,阐释社会主义的一般共性,但它只是社会主义区别于其他社会形态的基本标志或界限;而社会主义本质是比社会主义特征更深层次上的一个概念,是社会主义的内核,规定着社会主义的宗旨和发展方向。马克思、恩格斯同时从基本特征和本质属性上来说明"什么是社会主义",既指明了社会主义的物质、"硬件"即生产资料公有制,又突出强调了社会主义的内在追求、核心和灵魂,即它的价值性——满足人的需求、促进人的发展。

(二)实践中对"什么是社会主义"的探索

与马克思、恩格斯对理想中的社会主义规定相比,面临生动的社会实践,一代又一代马克思主义者在不懈地探索"什么是社会主义"的问题。最早将社会主义理论转化为实践的是列宁。列宁首先从特征层面上对社会主义作了解读。他提出"社会主义就是公有制加按劳分配"、"社会主义就是消灭阶级"等,苏维埃实行的近三年并且获得成功的"战时共产主义政策"主要是在特征层面上对社会主义的实践,如国家掌握全国的经

[①]《马克思恩格斯选集》第3卷,人民出版社1995年版,第633页。

济命脉、市场消失、商品货币关系退出经济生活领域等。

同时,作为一代比较成功的社会主义实践者,列宁更多的是从本质层面上来认识社会主义。1918年,苏维埃俄国同德国签订了布列斯特条约,争得了恢复国民经济的喘息时机,巩固新生的苏维埃政权的任务也随之提上了日程。列宁于当年4月随即发表了《苏维埃政权的当前任务》,提出了著名的社会主义公式:"苏维埃政权+普鲁士的铁路秩序+美国的技术和托拉斯组织+美国的国民教育等等等等+ + =总和=社会主义。"①这个公式集中反映了列宁对什么是社会主义的认识,不仅说明了社会主义国家进行经济文化建设要吸收资本主义先进的东西,更深刻的意义在于揭示了社会主义应是无产阶级掌握政权,具有先进的生产力和先进的科学文化,这是列宁在本质层面上对社会主义的体认。此后,列宁实施了以商品交换为核心的新经济政策,这是其面对经济文化落后国家的现实而对社会主义本质的创新性实践。邓小平对此有过很高的评价:"社会主义究竟是个什么样子,苏联搞了很多年,也没有完全搞清楚。可能列宁的思路比较好,搞了个新经济政策,但是后来苏联的模式僵化了。"②更为可贵的是,列宁还直接明确了社会主义的价值取向。他坚持了共产主义人的全面自由发展的目标并指出了实现这一目标的长期性(关于这一点我们在第三章已有详述)。

应当说列宁从特征和本质上对社会主义的认识总体上比较接近马克思、恩格斯的原意,尤其是他对生产力、人的发展的论述等实际上已经表明了社会主义的人本取向。

然而遗憾的是,继列宁之后,斯大林发起了对资本主义的"全面进攻",片面地从基本特征方面来理解和实践社会主义。他追求社会主义的生产资料高度公有制,使工业全面国有化、农业全面集体化、管理高度集中化。这一模式使苏联在短短几十年内实现了工业化,从一个传统落后国家迅速提升为仅次于美国的世界第二强国,完成了资本主义国家上百年才实现的工业化目标,为其后的社会主义产生了强烈示范和模仿效

---

① 《列宁全集》第34卷,人民出版社1985年版,第520页。
② 《邓小平文选》第3卷,人民出版社1993年版,第139页。

应。他所建立的社会主义制度框架,如无产阶级专政、生产资料公有制、按劳分配等,为其他国家认识社会主义提供了样板。但斯大林在认识社会主义时,没有注意到马克思、恩格斯所设想的社会主义是以发达资本主义社会为前提条件和客观基础的,超越阶段地设计了苏联社会主义模式。同时他把社会主义的一些特征层面的东西当成社会主义的本质加以固守,如片面地强调生产资料公有制、按劳分配、计划经济、无产阶段专政等,在社会制度、体制的设置上机械迎合马克思、恩格斯的设想,而没有深刻地领会到社会主义经济发展的客观规律是生产关系一定要适合生产力的发展水平、社会主义的本质是要求大力发展生产力,要求提高人民生活,要求以人为社会主义之根本目的。斯大林的这种片面认识对其身后的社会主义实践产生了极大的消极影响。

毛泽东对什么是社会主义的探索充满了艰辛。在新民主主义革命时期他视社会主义为救国救民的唯一真理,是比资本主义更先进的制度,社会主义要消灭阶级、实现大同世界。社会主义革命时期他将社会主义的理想付诸实践:建立和巩固人民民主专政政权,没收官僚资本、完成土地改革、把资本主义工商业、个体农业和手工业的生产资料私有制改造成社会主义的公有制,这是毛泽东在特征层面上对社会主义社会的实践。

同时在毛泽东看来这种新的生产关系的建立并不是终极目的,只是为解放和发展生产力开辟道路,他认为:"社会主义革命的目的是为了解放生产力。农业和手工业由个体的所有制变为社会主义的集体所有制,私营工商业由资本主义所有制变为社会主义所有制,必然使生产力大大地获得解放。这样就为大大地发展工业和农业的生产创造了社会条件。"[①]1957年毛泽东又提出:"我们的根本任务已经由解放生产力变为在新的生产关系下面保护和发展生产力。"[②]这一时期毛泽东认为,社会主义建立的标志是无产阶级专政、消灭剥削、建立生产资料公有制;而这本身不是目的,建立社会主义是为了解放和发展生产力,这是对社会主义本质层面的初步实践。

---

① 《毛泽东文集》第8卷,人民出版社1999年版,第1页。
② 《毛泽东文集》第7卷,人民出版社1999年版,第218页。

更为重要的是,毛泽东还多次从本质层面来说明什么是社会主义。譬如,毛泽东将新中国确定为"独立、自由、民主、富强和统一"、将个性解放视为社会主义的一个基本属性、将人民民主专政看做是人民须臾不可离开的东西等,他还通过繁荣文化艺术来促进中国人民的精神解放、提倡教育与生产劳动相结合来培养社会主义新人等,这些都体现了毛泽东在本质层面上对社会主义的把握。

然而随着形势的发展,特别是从1957年党的八届三中全会后,由于"左"的思想影响,毛泽东对什么是社会主义的看法开始严重脱离实际,他试图超越阶段发起向共产主义的进攻,其表现主要是按照马克思、恩格斯所设想的建立在发达资本主义基础之上的社会主义特征来设计中国的社会主义,片面突出生产资料所有制是一大二公;社会主义的分配是大体平均;社会主义是一个逐步消灭分工、消灭商品货币关系的社会;社会主义社会始终存在着阶级和阶级斗争,必须坚持"无产阶级专政下的继续革命"等。

纵观毛泽东对社会主义的认识可以看出,在党的八届三中全会之前,毛泽东基本上遵循马克思、恩格斯所指明的特征和本质两个层面来认识社会主义,强调社会主义的本质或者说根本任务是要解放和发展生产力,注重人民生活的提高、精神的解放、能力的拓展。但在此后,毛泽东越来越倾向于从特征方面来强化社会主义,并把社会主义看做是与资本主义势不两立的对立物,"公"、"私"分明,强调针锋相对的阶级斗争,生产资料的公有化、分配上的平均化、思想上的革命化成了毛泽东眼中的社会主义形象,社会主义本质性、属人性被这种教条的、机械的、僵硬的社会主义外壳遮蔽了。

(三) 邓小平对"什么是社会主义"的科学回答

在毛泽东社会主义特征论主导下,中国社会遭遇了十年"文革"的空前挫折,人的发展被严重扭曲。痛心之余,邓小平首先发起了对"什么是社会主义"的多次追问。1980年4月,他在会见赞比亚总统卡隆达时指出,建设社会主义要解放思想。"不解放思想不行,甚至于包括什么叫社会主义这个问题也要解放思想。"①同年他在会见阿尔及利亚民族解放阵线代表团时指出:"要研究一下,为什么好多非洲国家搞社会主义越搞越穷。不能因为有社会主义的名字就光荣,就好。"②1984年6月,他在会见日本客人时又说:"什么叫社会主义,什么叫马克思主义?我们过去对这个问题的认识不是完全清醒的。"③ 1985年4月,邓小平在会见坦桑尼亚副总统姆维尼时讲:"我们建立的社会主义制度是个好制度,必须坚持。……但问题是什么是社会主义,如何建设社会主义。我们的经验教训有许多条,最重要的一条,就是要搞清楚这个问题。"④1985年8月,他在会见津巴布韦总理穆加贝时再次强调:"我们总结了几十年搞社会主义的经验。社会主义是什么,马克思主义是什么,过去我们并没有完全搞清楚。"⑤1987年4月,邓小平在会见捷克斯洛伐克总理什特劳加尔时说:"现在的方针政策,就是对文化大革命进行总结的结果。最根本的一条经验教训,就是要弄清楚什么叫社会主义和共产主义,怎样搞社会主义。"⑥1989年5月,邓小平在会见戈尔巴乔夫时也谈到这一问题。他说:"多年来,存在一个对马克思主义、社会主义的理解问题。……马克思去世以后一百多年,究竟发生了什么变化,在变化的条件下,如何认识和发展马克思主义,没有搞清楚。"⑦1991年8月,邓小平在同几位中央负责同志谈话时再次强调:"问题是要把什么叫社会主义搞清楚,把怎么样建设和发展社会主义搞清楚。"⑧在这次谈话中,邓小平把总结经验,搞清楚什么是社会主义和怎样建设社会主义作为自己的两点"正式建议"之一转告给他的接班人。

由此看来,邓小平多年来在多种场合多次提出"什么是社会主义"的问题,引起人们的思考,足见搞清楚"什么是社会主义"这个最基本的问

---

① 《邓小平文选》第2卷,人民出版社1994年版,第312页。
② 《邓小平文选》第2卷,人民出版社1994年版,第313页。
③ 《邓小平文选》第3卷,人民出版社1993年版,第63页。
④ 《邓小平文选》第3卷,人民出版社1993年版,第116页。
⑤ 《邓小平文选》第3卷,人民出版社1993年版,第137页。
⑥ 《邓小平文选》第3卷,人民出版社1993年版,第223页。
⑦ 《邓小平文选》第3卷,人民出版社1993年版,第291页。
⑧ 《邓小平文选》第3卷,人民出版社1993年版,第369页。

题在邓小平心目中的位置,因为它直接决定了"建设社会主义是为了什么"和"怎样建设社会主义"的问题。

作为对这一历史命题长达十余年追问和思考的提炼、总结和回答,邓小平于1992年1月18日—2月21日在武昌、深圳、珠海、上海等地的谈话(又称南方谈话)中给出了答案。他说:"社会主义的本质,是解放生产力,发展生产力,消灭剥削,消除两极分化,最终达到共同富裕。"这一回答是邓小平从本质层面认识社会主义的集中表述,被称为邓小平的政治遗嘱。

与毛泽东相比,邓小平对"什么是社会主义"的回答具有以下特点:一是揭示社会主义是本质与特征的高度统一,是对马克思、恩格斯社会主义特征与本质论的继承。邓小平在探讨什么是社会主义的问题上,始终如一地遵循着马克思的理论道路。他说:我是个马克思主义者。我一直遵循着马克思主义的基本原则。在邓小平看来,从基本特征来认识社会主义无疑是必要的,但又远远不够,必须把社会主义的特征与本质结合起来才能达到对社会主义的科学认识。

二是揭示社会主义是生产力与生产关系的高度统一。表面上社会主义本质论的前两句强调的是生产力,后三句话更多地强调的是生产关系。实际上这五句话是不可分割的。马克思讲,"每一个社会中的生产关系都形成一个统一的整体……一切关系在其中同时存在而又互相依存"①。社会主义本质既包括了生产力问题,同时又体现了建立在社会主义生产关系基础之上的社会关系。邓小平将社会经济制度方面的公有制和按劳分配作为前提和保证,蕴涵在消灭剥削和消除两极分化之中,既贯彻了社会主义必须坚持公有制和按劳分配为主的基本原则,又使公有制的实现形式和以公有制为主体的所有制结构可以根据解放和发展生产力的要求以及逐步实现共同富裕的实际进程来具体确定,从而为着眼于解放和发展生产力、着眼于实现共同富裕而进行的改革指明了方向。

邓小平从本质与特征的高度统一、生产力与生产关系协调发展的角度来认识社会主义,着眼于人民生活水平的提高,明确社会主义的根本任

---

① 《马克思恩格斯选集》第1卷,人民出版社1995年版,第142—143页。

务在于解放生产力和发展生产力,将发展生产力看做是社会主义的内在属性本质要求。认定不发展生产力,不努力提高人民生活水平,就违背了社会主义的本质;贫穷不是社会主义,社会主义必须促进生产力快速发展,达到共同富裕。这一认识扭转了长达几十年来主要从特征层次上认识社会主义的思维定式,开创了认识社会主义和建设社会主义的新境界。

二、社会主义本质论的人民性

社会主义本质论是邓小平建设中国特色社会主义理论体系的一个核心思想,它反映出社会主义的价值取向就是要使全体劳动者过上富足的生活,深刻地体现了本质论的人民性。

(一) 社会主义本质论体现了人民群众的根本利益

每一个既定社会的经济关系首先表现为利益。[①] 建立在生产资料公有制基础上的社会主义能够确保产品的社会生产和分配体现广大人民的利益,马克思主义的全部困难和全部力量,就在致力于实现这个真理。邓小平毕生精力也是为实现广大人民的利益而努力,在谈到建设社会主义现代化时,他说:"社会主义现代化建设是我们当前最大的政治,因为它代表着人民的最大的利益、最根本的利益。"[②]他以"一切着眼于为人民谋利益"作思维基点,将以人民群众的根本利益植入社会主义本质论的各基本要素之中。

其一,就生产力而言,生产力的解放与发展在社会进步中永远居于基础性地位,是社会发展最基本的价值标准。发展生产力其最直接的结果就是物质生产资料的增长,它意味着为人类社会所提供的创造性的劳动产品日益丰富,从而保证了人类社会生存与发展的物质性需要。在社会主义社会,生产力的发展还肩负着"体现出优于资本主义"的特殊使命,

---

① 《马克思恩格斯选集》第3卷,人民出版社1995年版,第209页。
② 《邓小平文选》第2卷,人民出版社1994年版,第163页。

"社会主义的优越性归根到底要体现在它的生产力比资本主义发展得更快一些、更高一些",并且"在发展生产力的基础上不断改善人民的物质文化生活"①。也就是说发展生产力承担着战胜资本主义重任,同时体现社会主义的价值取向即人民利益的增加。

早在十一届三中全会前,邓小平在思考中国社会主义建设政治领导时就提道:"正确的政治领导的成果,归根结底要表现在社会生产力的发展上,人民物质文化生活的改善上。"②针对"四人帮"提出的贫过渡论调,邓小平强调要发展生产力,充分显示社会主义的优越性。他说:"搞社会主义,一定要使生产力发达,贫穷不是社会主义"③,"社会主义要消灭贫穷"④。不发展生产力,不提高人民的生活水平,不能说是符合社会主义要求的。社会主义的任务很多,但根本一条就是发展生产力,在发展生产力的基础上体现出优于资本主义,为实现共产主义创造物质基础。1984年6月,他在会见日本客人时又说:"马克思主义最注重发展生产力。我们讲社会主义是共产主义的初级阶段,共产主义的高级阶段要实行各尽所能、按需分配,这就要求社会生产力高度发展,社会物质财富极大丰富。所以,社会主义阶段的最根本任务就是发展生产力,社会主义的优越性归根到底要体现在它的生产力比资本主义发展的更快一些、更高一些,并且在发展生产力的基础上不断改善人民的物质文化生活。"⑤

邓小平在强调发展生产力的同时进一步认为,生产力发展本身并不是目的,而是要为特殊的阶级服务。资本主义社会发展生产力是为了资产阶级的剥削,而在社会主义是要为全体人民谋利益,力避游离广大人民群众的愿望和要求,将发展生产力简化为把生产搞上去。他说:"社会主义发展生产力,成果是属于人民的。"⑥政策和措施都"必须以合乎最广大人民群众的最大利益,为最广大人民群众所拥护为最高标准"⑦。"社会

---

① 《邓小平文选》第3卷,人民出版社1993年版,第63页。
② 《邓小平文选》第2卷,人民出版社1994年版,第128页。
③ 《邓小平文选》第3卷,人民出版社1993年版,第225页。
④ 《邓小平文选》第3卷,人民出版社1993年版,第116页。
⑤ 《邓小平文选》第3卷,人民出版社1993年版,第63页。
⑥ 《邓小平文选》第3卷,人民出版社1993年版,第255页。
⑦ 《毛泽东选集》第3卷,人民出版社1991年版,第1096页。

主义的任务就是要发展社会生产力,增强社会主义国家的力量,使人民的生活逐步得到改善。"①

其二,就消灭剥削和两极分化来看,消灭剥削、消除两极分化是社会主义制度的标志性内容,是社会主义区别于资本主义及一切剥削制度的根本规定性。消灭剥削、消除两极分化是实现人的劳动解放的必要社会条件,其隐含的前提条件是我们前面所说的社会主义的基本特征——社会占有全部生产资料。在阶级社会,人们经济上受剥削、政治上受压迫、受奴役、生活上受贫困的总根源正在于私有制。所谓消灭剥削、消除两极分化,只能是消灭生产资料的资本主义占有制和资产阶级无偿占有工人剩余劳动的剥削制度,建立和完善社会主义的公有制和按劳分配制度。目前,我国还处于社会主义初级阶段,生产力发展水平还比较低,要求与之相匹配的生产资料公有化程度和分配形式,即实行以社会主义生产资料公有制为主体,鼓励、支持、引导个体、私营等非公有制经济发展;分配上实行以按劳分配为主体、多种分配方式并存的分配制度,劳动、资本、技术、管理等生产要素按贡献参与分配。

这种所有制结构和分配格局,意味着在一定范围一定程度上允许一定剥削现象的存在,贫富差距自然难以避免,这对人民群众来说依然是一种承受和束缚。但这种状况适应了当前生产力发展的水平和需要,是其存在的最大根据。如果无视这一点,机械追求基本特征上的社会主义,片面设计生产关系上的"一大二公三纯",其后果恐怕只能是对生产力的破坏和阻碍。如果生产力停滞了,物质财富极端贫乏,自然无剩余可供剥削,也不会出现阶级分化,但同时人们又回到了普遍贫困状态,为满足基本生存需求的争夺必会重现。

因此,当前的所有制结构和分配制度必须保持,但又必须将非公有制形式以及由此决定的非按劳分配方式限定在一定范围内,不能任其发展以致损害公有制和按劳分配的主体地位。所有制及其分配制度是划分人们的社会地位、阶级属性以及形成统治和从属关系的基础,它和社会中各阶级、阶层、广大劳动群众的利益联系着。工人阶级和广大劳动者只有通

---

① 《邓小平文选》第3卷,人民出版社1993年版,第157页。

过公有制占有社会的主要生产资料,才能够成为社会的主人,确保自己在国家中的主人和主体地位。邓小平把消灭剥削、消除两极分化作为社会主义本质的根本规定,旨在从社会主义的根本性质上、从根本经济制度上避免社会成员之间的根本利益冲突,保障无产阶级和广大劳动人民的经济、政治权利,满足社会大多数成员的愿望和要求,同时也给我国广大劳动人民群众一个维护自身根本利益和经济地位的武器。从这个意义上说:"一切为了人民"、"一切着眼于为人民谋利益",是邓小平概括消灭剥削、消除两极分化的根本出发点和立足点。

其三,共同富裕是社会主义本质论的最终指向。作为社会主义本质的共同富裕就是人民的共同富裕。邓小平的共同富裕论首先在于"富"。他对"什么是社会主义、怎样建设社会主义"的思考,都是以我国各族人民的现实生活水平为基点。"文化大革命"结束后,全国人民的贫困状况令邓小平感到痛心、感到对不起人民。使人民生活富裕起来成为他致力于国家富强、人民富裕的强大动力。

同时邓小平更强调富裕是"共同"的。富裕不仅仅是少数人的富裕、不是两极分化而是共同富裕,这是社会主义本质论的落脚点,是社会主义发展力求达到的一种结果。过去我们更多地是将公有制看做社会主义与资本主义的根本区别,而在邓小平看来,他更多的是将共同富裕看做社会主义的根本原则和与资本主义的最大不同。他说:"社会主义的目的就是要全国人民共同富裕,不是两极分化。""一个公有制占主体,一个共同富裕,这是我们所必须坚持的社会主义的根本原则。"[①]"社会主义与资本主义不同的特点就是共同富裕,不搞两极分化。创造的财富,第一归国家,第二归人民,不会产生新的资产阶级。国家拿的这一部分,也是为了人民,搞点国防,更大部分是用来发展经济,发展教育和科学,改善人民生活,提高人民文化水平。"[②]1986年3月,他说:"我们坚持走社会主义道路,根本目标是实现共同富裕。"[③]1986年,他在回答美国记者迈克·华莱

[①] 《邓小平文选》第3卷,人民出版社1993年版,第110—111页。
[②] 《邓小平文选》第3卷,人民出版社1993年版,第123页。
[③] 《邓小平文选》第3卷,人民出版社1993年版,第155页。

士有关致富问题时说:"致富不是罪过。但我们讲的致富不是你们讲的致富。社会主义财富属于人民,社会主义的致富是全民共同富裕。"①1990年12月,他直接指出:"社会主义最大的优越性就是共同富裕,这是体现社会主义本质的一个东西。"②在上述思考的基础上,邓小平在1992年集中表述社会主义本质时提出了"共同富裕"的命题。

共同富裕的提出,不仅使解放生产力、发展生产力有了归宿,使坚持公有制、按劳分配有了落脚点,而且给党和国家经济政策的制定和执行指明了方向,使人民群众的物质利益得到了制度和政策的保障。当然共同富裕是社会主义的一个努力方向,在现阶段中国生产力发展水平还比较低的状况下,解决13亿人口的共同富裕需要一个漫长的客观的物质积累和公平公正的分配过程,在其实现途径上只能是一部分地区先发展起来,而后带动和影响后发地区,叫先富带动后富,最终达到共富。在这个过程中可能会出现贫富差别,对此邓小平早有预料,但这只是暂时的。按邓小平的设想,"在本世纪末达到小康水平的时候,就要突出地提出和解决这个问题"③。过去我们设立经济特区、沿海开放城市、长三角、珠三角、环渤海经济开发区,今天我们实施的振兴东北、中原崛起、西部大开发、建立社会保障体系,所走的就是先富、后富、共富的路子。

(二)社会主义本质论体现了人民群众历史主体的思想

社会主义本质论不仅体现了人民群众的根本利益,它的实现也必须紧紧依靠人民群众,是一个充分调动人民群众的积极性、尊重人民群众首创精神的过程。历史活动的第一个前提就是人,人是历史的主体。马克思说:"历史活动是群众的事业。"④列宁也说,生气勃勃的创造性的社会主义是由人民群众自己创立的。毛泽东的经典名言则是:"人民,只有人民,才是创造世界历史的动力。"⑤社会主义本质的基本要素,即解放生产

---

① 《邓小平文选》第3卷,人民出版社1993年版,第172页。
② 《邓小平文选》第3卷,人民出版社1993年版,第364页。
③ 《邓小平文选》第3卷,人民出版社1993年版,第374页。
④ 《马克思恩格斯全集》第2卷,人民出版社1957年版,第104页。
⑤ 《毛泽东选集》第3卷,人民出版社1991年版,第1031页。

力、发展生产力、消灭剥削、消除两极分化、最终达到共同富裕,是人民群众获得解放、实现发展的物质前提、社会条件和目的,而这种物质前提的创造、社会条件的获得、目标的实现,则离不开亿万人民群众切切实实的创造活动。社会主义本质的提出是党和政府的理论创新,但它的源头来自于人民群众的愿望,它的展现需要人民群众付出辛苦的劳动。十一届三中全会以来,中国改革尝试的家庭联产承包、发展乡镇企业、各行各业,都是人民群众大胆试验、小心求证、摸着石头过河一步一步推动发展起来的。没有包括工人、农民、知识分子的这种创造精神和敬业精神,社会主义本质的实现将成为无源之水、无本之木。

在社会主义建设中,邓小平对于来自人民群众的新生事物习惯于先"冷静观察"、采取"不争论"的策略,就在于他相信人民群众创造历史的正确性。党的十四大在总结改革开放以来的新鲜经验时,将建设中国特色社会主义的基本依靠力量确定为:"必须依靠广大工人、农民、知识分子,必须依靠各族人民的团结,必须依靠全体社会主义劳动者、拥护社会主义的爱国者和拥护祖国统一的爱国者的最广泛的统一战线。"把三个"必须依靠"的基本力量纳入建设中国特色社会主义理论的主要内容,不仅把实现社会主义本质的社会力量具体化了,而且将此贯彻到我国宪法和法律之中,用法律的形式肯定了建设社会主义的依靠力量。

(三)社会主义本质论蕴涵着人的全面自由发展思想

前面我们谈到马克思、恩格斯不但从基本特征上界定社会主义,还从本质上来规定社会主义,而人的全面而自由发展正是社会主义本质的突出体现。社会主义通过社会生产保证一切社会成员愈益充裕的物质生活、保证人们的体力和智力获得充分、自由的发展和运用。

其一,生产力的解放和发展与人的全面自由发展是一个全面互动的过程。从人作为主体来看,人是生产力的决定性因素,人的进步状况决定着生产力解放和发展的程度。所谓生产力,按照马克思主义的定义,是指人类改造自然的能力,其主要内容包括劳动者、生产工具和劳动对象,亦称为生产力三要素。在这三要素中,标志生产力发展水平的生产工具的发明和改进、科学技术的创新及应用、劳动对象的扩展和提高,都要靠生产力中唯一活的因素——人来完成。因此,马克思讲劳动者在生产中起主导作用,人是生产力中首要的、能动的、最具决定性的要素。他说:"在一切生产工具中,最强大的一种生产力是革命阶级本身。列宁也说,全人类的首要的生产力就是工人,劳动者。人的素质的高低直接决定着生产力发展和进步的程度,这是人在有形层次上对生产力的主导和推动。从更深层次上,也是无形层次上看,在人类社会发展中,生产力决定生产关系,生产关系反作用于生产力,二者构成了推动社会发展的基本矛盾运动。生产关系反作用于生产力的原理告诉我们,当生产关系滞后或超前于生产力的发展水平时,生产力就会受到束缚和压抑、陷入缓进甚至停滞。此时非变革生产关系无以释放生产力,而人正是变革生产关系的主导者。所谓变革生产关系,就是打碎束缚和压制生产力发展的因素,将生产关系从超前或滞后的状态中扭转到与生产力相适应的水平,这样一个过程是一个根本的、深层次的解放和发展生产力的过程,而这一个过程唯有人这个主体,发挥主观能动性,去思考、去观察、去探讨、去调整。所以,人自身能力、智力、创造力的发展,人的觉悟程度、开化状态直接决定了生产力解放和发展的顺利与否。

从人作为客体来看,生产力的解放与发展对人的全面自由发展促进作用是显而易见的。生产力发展最直接的后果是社会物质财富的积累和增加,这在人的全面自由发展中的基础和决定性作用已有多次阐释。生产力发展的第二个后果是劳动生产率的提高。低下的劳动生产率,意味着人们要用大量的时间去创造用于满足求生的基本生活资料,人的发展被简化为生存斗争,既没有物质前提去满足人的多重需求,也没有充裕的时间去培养人的多面能力。而时间是人类发展的空间,它的提高除了为人的发展造就雄厚的物质基础外,还意味着人们用于谋生的时间在逐步减少,用以发展多种才能的时间、可自由支配时间会不断增加,才为自由全面发展提供可能。

其二,消灭剥削、消除两极分化是实现人的全面自由发展的社会条件。人要获得自由而全面的发展,首先要突破的就是压在人身上的重重压迫和束缚。然而在阶级社会里,剥削及由此造成的两极分化长期主导了人类历史的发展。经济上的剥削与政治上的压迫总是如影相随、同生共存,经济上不独立必然造成政治上的不自由,人的发展长期呈现出不自由、不独立的状态。剥削及两极分化是生产力发展到能够提供一定的剩余产品但又没有充分涌流到人们不再为此争夺的产物,是到目前为止一切在阶级对立中运动的社会形式的共同点,其深层次上的根源仍在于生产资料私有制。剥削、两极分化都是私有制的产物,后者是前者产生的前提和根源,前者是后者存在的必然结果,其最终导致的都是人不能全面自由发展。在奴隶社会,奴隶主与奴隶基本上处于对抗状态,奴隶主驱使奴隶进行艰苦的体力劳作而自己坐享其成,奴隶因失去了生产资料和人身自由,基本上被剥夺了脑力劳动,智力难以得到开发,而没有大量奴隶的高效劳作,奴隶主也不可能实现更好的发展。封建社会大抵亦如此。在资本主义私有制条件下工人对自己劳动的关系,变成了对他人财产的关系,资本主义的生产方式和社会分工,不仅造成了人与物的对立,而且人与人也出现了严重的对立。因此,只有消灭私有制,才能消灭剥削、消除两极分化。马克思、恩格斯在《共产党宣言》中说:"共产党人可以把自己的理论概括为一句话:消灭私有制。"①只有消灭私有制,人们才能"共同地和有计划地利用生产力,把生产发展到能够满足所有人的需要的规模;结束牺牲一些人的利益来满足另一些人的需要的状况;彻底消灭阶级和阶级对立;通过消除旧的分工,通过产业教育、变换工种、所有人共同享受大家创造出来的福利,通过城乡的融合,使全体社会成员的才能得到全面发展"②。

其三,共同富裕是实现每个人的全面自由发展的必备条件。富裕对人的全面而自由的发展第一要义在于它解决的是人的生存问题并直接推动着新的需求不断产生,而需求的多样性是人的全面自由发展的一个重要内容。同时,社会主义本质论所讲的富裕还不仅仅指的是物质资料的宽裕,它还包括文化精神生活的富足。邓小平说:"我们一定要根据现在的有利条件加速发展生产力,使人民的物质生活好一些,使人民的文化生

---

① 《马克思恩格斯选集》第 1 卷,人民出版社 1995 年版,第 286 页。
② 《马克思恩格斯选集》第 1 卷,人民出版社 1995 年版,第 243 页。

活、精神面貌好一些。"①"发挥社会主义的优越性,归根到底是要大幅度发展社会生产力,逐步改善、提高人民的物质生活和精神生活。"②邓小平还强调了富裕要"共同",这既是社会主义第一原则——生产资料全社会占有的直接结果,同时也是人的全面自由发展的必然要求。我们知道,马克思所讲的全面自由发展中的"人"不是大多数,更不是少数人,而是特指"每个人"。而要"每个人"都能获得全面而自由的发展,就必然要求"共同"富裕。否则,如果不是"共同"富裕,如果还存在着哪怕是少数人的贫穷,社会就难以实现"每个人"的全面自由发展。由此可以说,共同富裕对于实现每个人的全面自由发展的基本理路即为:生产资料全社会占有——生产力高度发达——物质财富充分涌流——共同富裕——每个人的全面而自由发展。

三、社会主义本质论指导下的人本实践

理论的创新旨在服务于实践的突破。社会主义本质论一改单纯从基本特征方面理解社会主义的思维定式,而是着眼于从本质层面把握社会主义,明确了社会主义的价值取向在于最大限度地满足人民的需求,从而将以人为本体现在"怎样建设社会主义"中,开启了以追求人的发展为首要目标的社会主义建设新起点。在社会主义本质论的指导下,我们扭转了以阶级斗争为纲的路线,实现了党和国家中心任务的转移,制定了以经济建设为中心、大力解放生产力、发展生产力、进行物质文明建设和精神文明建设等与人民利益的实现息息相关的路线、方针和政策,揭开了中国人民实现解放的新篇章。

(一)物质文明建设与中国人民的经济解放

物质文明建设在保证人的发展中起着关键性的决定作用。人的发展

---

① 《邓小平文选》第2卷,人民出版社1994年版,第128页。
② 《邓小平文选》第2卷,人民出版社1994年版,第251页。

是以生命的存在为前提,而人的全面而自由发展是人追求生命的最高目标。人要获得发展,前提是确保生命的存在。在人类发展史中,生命主要来自两种威胁:一种是来自自然不可抗拒的力量,如贫困、疾病、自然灾害等;一种是来自人类对自身的犯罪,主要是大规模的战争对生命的残酷剥夺和终止。近代以来,中国人民对生命存在的追求经历了一个从救亡图存、不被打死到富强民主、不被饿死的历程。在旧中国,由于中国贫困、落后,沦为半殖民地半封建社会以后,国家不能独立,主权不能行使,帝国主义对中国贩毒、发动入侵战争、屠杀中国人民,对中国人民生命的直接剥夺实为罄竹难书。同时,由于帝国主义的侵略掠夺和旧中国历代政府的腐败无能,旧中国的社会经济极度落后,始终没有解决吃饭问题。毛泽东曾经讲过,中国人民"过着饥寒交迫的和毫无政治权利的生活",连最起码的生命和人身安全都无法得到保障。为此他带领中国人民经过28年的浴血奋战建立了新中国,从而免除了外敌入侵、大规模战争对中国人民生命的剥夺。然而由于受各种主客观条件所限,毛泽东未能很好地解决中国人民的贫困之苦,吃饭问题仍然是国计民生的头等大事。解决中国人民对最基本生活资料渴求的重任被历史地推进到了邓小平时代。

正是着眼于民生、着眼于人民基本生活资料的保障,邓小平开始重新审视"什么是社会主义、怎样建设社会主义"这个根本命题,并据此确认了社会主义初级阶段的主要矛盾与中心任务。他说:"什么是目前时期的主要矛盾,也就是目前时期全党和全国人民所必须解决的主要问题或中心任务,由于三中全会决定把工作重点转移到社会主义现代化建设方面来,实际上已经解决了。我们的生产力发展水平很低,远远不能满足人民和国家的需要,这就是我们目前时期的主要矛盾,解决这个主要矛盾就是我们的中心任务。"根据邓小平的一贯思想,1981年6月,党的十一届六中全会通过的《中共中央关于建国以来党的若干历史问题的决议》对主要矛盾作了规范的表述:"在社会主义改造基本完成以后,我国所要解决的主要矛盾,是人民日益增长的物质文化需要同落后的社会生产之间的矛盾。"十二大将此表述为"我国的社会主义社会现在还处在初级发展阶段,物质文明还不发达"。

主要矛盾规定了党和国家的中心任务。物质文明建设成为解决初级阶段的主要矛盾、提高人民的物质文化生活的中心任务。邓小平说,在社会主义国家,一个真正的马克思主义政党在执政以后,一定要致力于发展生产力,并在这个基础上逐步提高人民的生活水平。这就是建设物质文明。

邓小平提出物质文明建设论,其首要的目标就是解决一个富民问题。他将实现四个现代化作为中国社会主义建设最大的政治,而经济工作被确定为最大的政治,经济问题是压倒一切的政治问题。他说:"现代化建设的任务是多方面的,各个方面需要综合平衡,不能单打一。但是说到最后,还是要把经济建设当作中心。……围绕这个中心,决不能干扰它,冲击它。"①在这一思想的指导下,党的十三大在继承十一届三中全会基本思想的基础上,确立了以"一个中心、两个基本点"为主要内容的党的基本路线。即"领导和团结全国各族人民,以经济建设为中心,坚持四项基本原则,坚持改革开放,自力更生,艰苦创业,为把我国建设成为富强、民主、文明的社会主义现代化国家而奋斗"。

邓小平还将富民指标具体化为现代化建设"三步走"战略。1987年4月30日,邓小平会见西班牙工人社会党副总书记、政府副首相格拉时讲道:"我们原定的目标是,第一步在八十年代翻一番。以一九八〇年为基数,当时国民生产总值人均只有二百五十美元,翻一番,达到五百美元。第二步是到本世纪末,再翻一番,人均达到一千美元。实现这个目标意味着我们进入小康社会,把贫困的中国变成小康的中国。那时国民生产总值超过一万亿美元,虽然人均数还很低,但是国家的力量有很大增加。我们制定的目标更重要的还是第三步,在下世纪用三十年到五十年再翻两番,大体上达到人均四千美元。做到这一步,中国就达到中等发达的水平。这是我们的雄心壮志。"②党的十三大按照邓小平的构想,将三步走战略作正式表述为:第一步,实现国民生产总值比1980年翻一番,解决人民的温饱问题。这个任务已基本实现。第二步,到本世纪末,使国民生产总值再增长一倍,人民生活达到小康水平。第三步,到下个世纪中叶,人

---

① 《邓小平文选》第2卷,人民出版社1994年版,第250页。
② 《邓小平文选》第3卷,人民出版社1993年版,第226页。

均国民生产总值达到中等发达国家水平,人民生活比较富裕,基本实现现代化。无论是邓小平使用的如"五百美元"、"一千美元"、"四千美元"等具体数字,还是十三大使用的"温饱"、"小康"、"富裕"等字眼,都是着眼于人民物质生活水平渐次提高的指标,突出反映了邓小平时代以关注民生、实现人民经济解放为宗旨的。

邓小平一个突出的历史性贡献,就是在十一届三中全会后领导全党把工作重心转移到了以经济建设为中心的社会主义现代化建设上来。"以经济建设为中心"、"发展才是硬道理"是邓小平理论中最掷地有声的语言和一贯坚持的重大思想。在"以经济建设为中心"思想的指导下,社会主义物质文明建设取得了巨大成就,它不仅使人民个人的物质利益得到不同程度满足,生存状况也得到极大改善,而且在短短十几年时间内,带动了整个社会财富的极大增长,加速了全国人民在解决温饱问题基础上向小康目标迈进的过程,从整体上改善了中国人民的生存状况。据统计,1979—1999年,全国居民、农民和非农村居民的平均消费水平平均增长率,分别达到7.1%、6.7%和6.4%,分别比1953—1978年提高了2.2倍、2.9倍和1.21倍;1978—2000年,农村贫困人口由2.5亿锐减至2600万。2000年,我国恩格尔系数城镇居民下降到39.3%,农民下降到50%左右,全国绝大多数人口实现了温饱并迈向了小康。它标志着改革开放以来我国社会经济生活和人民生存状况发生的一次极为重要的历史性变化,千百年来人们梦寐以求的吃饭问题——人的全面自由发展最基本的前提——生存得以初步解决。马克思曾经说过:"人的单是为了能够生活就必须每日每时去完成它,现在和几千年前都是这样。"①"如果这个人的生活条件使他只能牺牲其他一切特性而单方面地发展某一特性,如果生活条件只提供给他发展这一特性的材料和时间,那么这个人就不能超出单方面的、畸形的发展。"②邓小平在马克思主义人的全面自由发展理论中国化上的卓越贡献,正在于他倡导了"发展才是硬道理"的理念、坚持"以经济发展为中心",大力建设物质文明,成功实现了在人的全面自

---

① 《马克思恩格斯选集》第1卷,人民出版社1995年版,第79页。
② 《马克思恩格斯全集》第3卷,人民出版社1960年版,第295—296页。

由发展进程中最具有决定意义的一步——生存权的保障。

(二)精神文明建设与"四有"新人的塑造

社会意识来源于社会存在并给予社会存在以伟大的影响。在社会主义时期,精神文明发挥着精神动力、智力支持和思想保证的功能,邓小平以期通过精神文明建设来培养一代以"四有"为特征的社会主义新人,更好地服务于社会主义现代化建设。

1.培育"四有"新人是社会主义精神文明建设的根本任务

邓小平塑造"四有"新人的思想是基于新的历史时期现代化建设大局的需要。以十一届三中全会的召开为标志,中国社会实现了从"以阶级斗争为纲"向以经济建设为中心的伟大转变,改革开放成为社会发展的主旋律和全党共识。新的历史目标和任务呼唤着人们以新的观念、新的姿态投入新的实践。然而,改革开放和现代化建设对新人的渴求与当时刚刚从十年"文革"中走出来的人民普遍的精神状况存在着强烈的反差。"文革"中在极左口号下推行的一系列举措不仅使国民经济濒临崩溃的边缘,在精神上也使整个民族遭受重创,极大动摇了人们对社会主义、共产主义的信念,造成了信仰危机;它严重破坏了社会主义伦理思想和道德规范,损害了社会主义道德风尚;它使我国的科学文化教育事业受到灾难性的破坏,造成了人才的断层;它败坏了纪律,搞乱了党、政府和社会,毒害了青少年。

因此,处于社会发展大转折的时刻,主体能不能自觉地适应这种转变、提高自身的素质、胜任新的历史任务,成为中国社会主义兴衰成败的关键之举,"培养什么样的人、怎样培养人"的问题再次摆到了全国人民面前。正是在这种情况下,邓小平根据现代化对人的素质要求,提出了著名的培育"四有"新人的思想。他说:"我们提出要教育人民成为'四有'人民,教育干部成为'四有'干部。'四有'就是有理想、有道德、有文化、有纪律。"[①]"一定要提醒大家,就是我们在建设具有中国特色的社会主义社会时,一定要坚持发展物质文明和精神文明,坚持五讲四美三热爱,教

---

① 《邓小平文选》第3卷,人民出版社1993年版,第205页。

育全体人民做到有理想、有道德、有文化、有纪律。"①

在邓小平看来,社会主义现代化建设离不开精神文明的支撑和保障,而精神文明建设的成效最终要归结为主体的人的重塑,具体到当时的历史条件和背景,他又将人的具体标准定为"四有"新人,并逻辑地将培养"四有"新人确定为精神文明建设的根本任务。他说:"建设社会主义的精神文明,最根本的是要使广大人民有共产主义的理想,有道德,有文化,守纪律。"②这是培育"四有"新人在中国社会发展这个有机体中、在建设中国特色社会主义事业中应有的地位。邓小平的这一思想因其适应了中国社会发展的迫切需要而逐渐成为全党共识。1986年,党的十二届六中全会通过的精神文明建设的决议指出:"社会主义精神文明建设的根本任务,是适应社会主义现代化建设的需要,培育有理想、有道德、有文化、有纪律的社会主义公民,提高整个中华民族的思想道德素质和科学文化素质。"③

通过精神文明建设来培育"四有"新人并非一种权宜之计。1996年,党的十四届六中全会再次以专文《中共中央关于加强社会主义精神文明建设若干重要问题的决议》(简称《决议》)再次强调了这一思想。《决议》指出,"根据党在社会主义初级阶段的历史任务,根据建国以来特别是改革开放以来的历史经验,我国社会主义精神文明建设,必须以马克思列宁主义、毛泽东思想和邓小平建设有中国特色社会主义理论为指导,坚持党的基本路线和基本方针,加强思想道德建设,发展教育科学文化,以科学的理论武装人,以正确的舆论引导人,以高尚的精神塑造人,以优秀的作品鼓舞人,培育有理想、有道德、有文化、有纪律的社会主义公民,提高全民族的思想道德素质和科学文化素质,团结和动员各族人民把我国建设成为富强、民主、文明的社会主义现代化国家。这是精神文明建设总

---

① 《邓小平文选》第3卷,人民出版社1993年版,第110页。
② 《邓小平文选》第3卷,人民出版社1993年版,第28页。
③ 《十一届三中全会以来党的历次全国代表大会中央全会重要文件选编》上卷,中央文献出版社1997年版,第419页。

的指导思想,也是精神文明建设总的要求"①。

此后,社会主义精神文明被与其"一致的"②有中国特色社会主义文化提法所取代,建设社会主义精神文明相应地变为建设有中国特色社会主义的文化,但"四有"新人作为新时期文化建设的长期目标和艰巨任务而被坚持下来。党的十五大报告指出:"建设有中国特色社会主义的文化,就是以马克思主义为指导,以培育有理想、有道德、有文化、有纪律的公民为目标,发展面向现代化、面向世界、面向未来的,民族的科学的大众的社会主义文化。""建设有中国特色社会主义,必须着力提高全民族的思想道德素质和科学文化素质,为经济发展和社会全面进步提供强大的精神动力和智力支持,培育适应社会主义现代化要求的一代又一代有理想、有道德、有文化、有纪律的公民。这是我国文化建设长期而艰巨的任务。"③2001年,江泽民建党八十周年大会再次重申:"发展社会主义文化的根本任务,是培养一代又一代有理想、有道德、有文化、有纪律的公民。"④因此,无论是社会主义精神文明建设还是中国特色社会主义文化建设,培育"四有"新人的根本任务是一致的,这既体现了塑造"四有"新人思想的连续性和一脉相承性,更突出表明了培育"四有"新人的必要性和重要意义。

2. 社会主义"四有"新人的内涵

在邓小平看来,社会主义"四有"新人的几个方面都有其特定的内涵和规定性。

第一是"有理想"。理想是在实践的基础上,通过对现实的分析、估计而形成的一种对未来的向往、预见和想象,是人们系统的政治立场和人生观、世界观在奋斗目标上的集中体现,具有重要的动力作用。就内容而言可分为社会理想、政治理想、道德理想、生活理想和职业理想;从主体方

---

① 《十一届三中全会以来党的历次全国代表大会中央全会重要文件选编》下卷,中央文献出版社1997年版,第377页。
② 《十一届三中全会以来党的历次全国代表大会中央全会重要文件选编》下卷,中央文献出版社1997年版,第440页。
③ 《十一届三中全会以来党的历次全国代表大会中央全会重要文件选编》下卷,中央文献出版社1997年版,第424、441页。
④ 江泽民:《在庆祝建党八十周年大会上的讲话》,载2001年7月2日《人民日报》。

面来说有个人理想和共同理想之别。"四有"中的"有理想"特指立志把我国建设成为富强、民主、文明的社会主义现代化国家,并把它同共产主义的崇高理想相结合,树立以共产主义理想为指导的人生观、价值观。

作为奋斗目标的理想是以对现实客观条件的判断、预知和推测为前提,并结合主体自身的愿望、能力、志趣和需求倾向而确立的源于现实而又高于现实的价值目标。与幻想相比,它最突出的特点是立足于现实条件,人们不仅能够在现实生活中寻找实现理想的具体途径,而且经过自觉奋斗和努力实践而使理想具备了化为现实的可能性。理想的功用在于为人们提供奋斗目标和前进方向,感召、激励和鼓舞人们努力奋斗。崇高的理想是个人生存发展的动力,决定着社会发展的方向,是我们事业与生活的精神支柱。

坚定的理想和信念是"四有"新人的"灵魂"。在邓小平看来,"我们这么大一个国家,怎样才能团结起来、组织起来呢?一靠理想,二靠纪律。组织起来就有力量。没有理想,没有纪律,就会像旧中国那样一盘散沙,那我们的革命怎么能够成功?我们的建设怎么能够成功?"[1]邓小平所说的"理想"有两个层次,一个是"共产主义的远大理想",一个是"社会主义现代化"的现实理想。邓小平同志多次明确地阐明,"要树立共产主义的远大理想"[2],"要特别教育我们的下一代下两代,一定要树立共产主义的远大理想"[3]。"为什么我们过去在非常困难的情况下奋斗出来,战胜千难万险使革命胜利呢?就是因为我们有理想,有马克思主义信念,有共产主义信念。"当然仅有远大理想还远远不够,远大理想和现实理想是相辅相成的,前者是最终理想,后者是实现最终理想之现实追求。社会主义现代化建设是实现共产主义的必经阶段,如果没有共产主义远大理想,现代化建设就会迷失方向。邓小平在指出树立共产主义远大理想的同时,还特别强调我们还必须树立起"社会主义现代化"的现实理想,脚踏实地为实现党在现阶段的基本纲领而不懈奋斗,扎扎实实地做好当前的每一项

---

[1] 《邓小平文选》第3卷,人民出版社1993年版,第111页。
[2] 《邓小平文选》第1卷,人民出版社1994年版,第290页。
[3] 《邓小平文选》第3卷,人民出版社1993年版,第111页。

工作。只有把共产主义的远大理想和社会主义现代化的现实追求紧密结合起来并使二者统一于建设中国特色社会主义的伟大实践之中,才能叫"有理想"。

第二是"有道德"。道德是人类社会生活所特有的一种社会现象。"人类社会的每一个时代都会产生由这个时代经济关系所决定的调整人们相互关系的行为准则和规范,当人们以这种准则和规范作为进行善恶评价的标准,并通过社会的舆论、习俗、传统、教育和个人内心信念等来加以维系,从而在实践中指导和调控人们的相互关系,这种社会现象就是道德。"[①]道德既是一种社会行为规范,又是一种善恶评价标准;既表现为主体主观方面的道德信念和道德心理,又表现为主体实践方面的道德行为和道德活动。从内容上讲,道德囊括了社会公德、职业道德和家庭道德等。

道德受到社会的重视是基于自身独特的功能。作为从属于上层建筑和意识形态范畴的特殊社会现象,道德由一定的社会经济关系决定,是人类社会存在和社会生活物质条件的反映;同时又对社会经济关系和社会生活有着巨大的能动作用。道德从个人利益和他人利益、社会整体利益等之间的特定关系角度来体现社会经济关系的性质、状况和诉求,并通过主体的自我约束、依靠社会舆论、传统习俗与规范等他律力量或善恶对立的评价标准等调节个人、集体或社会利益关系,发挥其作用于社会经济关系和调节社会风气的功能。所以邓小平强调要"有道德"、加强思想道德建设和良好的社会主义道德风尚为新时期改革开放和社会主义现代化建设服务的宗旨等。

但邓小平视野中的道德有很高的境界。人类道德史上先后经历了原始社会、奴隶社会、封建社会、资本主义和社会主义五种道德体系,不同的道德体系总要维护成就它的相应的经济基础和上层建筑。随着社会变迁,当一定的经济基础和上层建筑发生变化时,原有的道德观随之调整,此时便会出现新旧道德观念与规范的冲突。先进道德以维护先进的经济政治为己任,落后的道德则深深眷恋既往的经济与政治进而阻碍着社会

---

① 张景荣:《中国特色社会主义文化根本任务论》,天津社会科学院出版社2003年版,第58页。

的发展与进步。因此,要跟上时代潮流,代表历史前进的方向,就必须提倡新道德。在邓小平的道德观中,"有道德"就是要坚持社会主义道德和共产主义道德,它以为人民服务为核心,以集体主义为原则,以爱祖国、爱人民、爱科学、爱劳动、爱社会主义为基本要求。

当然,人有先进和落后的差异,道德也有水平高下的区别。邓小平认为,对人们的道德要求应分出层次、区别对待。他说:"我们在鼓励帮助每个人勤奋努力的同时,仍然不能不承认各个人在成长过程中所表现出来的才能和品德的差异,并且按照这种差异给以区别对待,尽可能使每个人按不同的条件向社会主义和共产主义的总目标前进。"①这体现了道德建设的先进性同群众性的关系,强调要把道德建设的先进性和群众性结合起来。共产主义道德是社会主义道德的最高要求、最高层次,这就是"全心全意为人民服务"、"大公无私"、"毫不利己、专门利人"、"一不怕苦、二不怕死"等。这些要求主要是用来规范共产党员和先进分子的言行,它的实行对提高广大人民群众的道德素质和改善社会风气具有重要意义。而对广大群众来说,不能只讲牺牲精神,还必须关心他们的物质利益。他说:"不讲多劳多得,不重视物质利益,对少数先进分子可以,对广大群众不行,一段时间可以,长期不行。"②应当提倡当人们面对利益冲突时能够做到个人利益要服从集体利益,局部利益要服从整体利益,暂时利益要服从长远利益,短期利益要服从长远利益等。

第三是"有文化"。文化是一个极具多义的概念,至今尚无定论。张景荣在《中国特色社会主义文化根本任务论》中将邓小平著作中的文化概念分为广义和狭义两种,并认为广义的文化指的是与经济、政治相对应、作为观念形态的文化,邓小平论述文化问题主要是在这个意义上使用的;狭义的文化概念是涵盖了与理想、道德、纪律等知识形态的文化,与教育、科学等相对的文学艺术等文化部门的具体文化,与科学并提的人文意义的文化,狭义的文化概念从属于作为观念形态的广义文化,因为文化工作服从于政治,超政治的文化实际上很难存在。在"四有"新人中,"文

---

① 《邓小平文选》第2卷,人民出版社1994年版,第106页。
② 《邓小平文选》第2卷,人民出版社1994年版,第146页。

化"指的是观念形态的文化,即文化知识。知识就是力量,知识改变命运,文化知识在人类社会历史发展中发挥着重要作用。马克思曾经指出:"工人们所具备的一个成功因素就是人数众多;但是只有当群众组织起来并为知识所指导时,人数众多才能起决定胜负的作用。"①恩格斯也曾分析了工人阶级解放的条件,认为不仅需要政治活动家,而且还需要医生、工程师、化学家、农艺师及其他专门人才,因为问题在于不仅要掌管政治机器,而且还要掌管全部社会生产,而要做到这一切,"需要的决不是响亮的词句,而是丰富的知识"②。

邓小平非常重视科学文化知识的学习与掌握。他所说的有文化决不是一般意义上的认识几个字,而是指掌握现代科学技术、劳动技能、能胜任现代化建设的各行各业人才。抗日战争期间,基于革命斗争的需要,他就特别关注军队要加强文化科学知识的学习,使科学能为指战员所掌握。新中国成立后他强调社会主义建设需要有文化的劳动者。教育普及了,群众的科学文化水平提高了,发明创造就会多起来。进入新的历史时期,着眼于改革开放和现代化建设,邓小平更视知识为核心竞争力。他首先批驳了十年"文革"中"四人帮"鼓吹的"知识越多越反动"、"宁要没有文化的劳动者"的反动论调,指出这是"是非关系、敌我关系的颠倒",会毒害社会主义现代化建设。他说:"一点外语知识、数理化知识也没有,还攀什么高峰? 中峰也不行,低峰还有问题。我们有个危机,可能发生在教育部门,把整个现代化水平拖住了。"③"我们要彻底清除'四人帮'的流毒,把尽快地培养出一批具有世界第一流水平的科学技术专家,作为我们科学、教育战线的重要任务……只有有了成批的杰出人才,才能带动我们整个中华民族科学文化水平的提高。"④"靠空讲不能实现现代化,必须有知识,有人才。没有知识,没有人才,怎么上得去?"⑤在这一点上他非常欣赏列宁的思想。列宁曾经指出,"劳动者渴求知识,因为知识是他们获

---

① 《马克思恩格斯选集》第 2 卷,人民出版社 1995 年版,第 606—607 页。
② 《马克思恩格斯全集》第 22 卷,人民出版社 1965 年版,第 487 页。
③ 《邓小平文选》第 2 卷,人民出版社 1994 年版,第 34 页。
④ 《邓小平文选》第 2 卷,人民出版社 1994 年版,第 96 页。
⑤ 《邓小平文选》第 2 卷,人民出版社 1994 年版,第 40 页。

得胜利所必需的……知识是他们争取解放的武器"①。工人一分钟也不会忘记自己需要知识的力量,没有知识,工人就无法自卫;有了知识,工人就有了力量。这个真理在今天更加显示出它的重要性。我们要掌握和发展现代科学文化知识和各行各业的新技术新工艺,要创造比资本主义更高的劳动生产率,把我国建设成为现代化的社会主义强国,并且在上层建筑领域最终战胜资产阶级的影响,就必须培养具有高度科学文化水平的劳动者,必须造就宏大的又红又专的工人阶级知识分子队伍。"②"搞建设,行业非常多,每一项都需要有专门知识,还要不断增加新知识。就是现在的军队也不同了。过去的军队是小米加步枪,懂得射击、刺杀、扔手榴弹就可以上阵了。现在海军就得有海军的专业知识,空军就得有空军的专业知识……至于搞经济建设、搞教育、搞科学、搞政法等等,应该说,我们的专业人才太缺乏了。所以,我们需要建立一支坚持社会主义道路的、具有专业知识和能力的干部队伍,而且是一支宏大的队伍。"③"没有人才不行,没有知识不行"④。

邓小平在突出强调文化知识重要性的同时,还指出了使人们"有文化"的重要途径即文化教育。邓小平视科学技术为实现现代化的关键,而教育为科学技术人才培养的基础。1977年,他在《尊重知识,尊重人才》中指出:"我们要实现现代化,关键是科学技术要能上去。发展科学技术,不抓教育不行。""抓科技必须抓教育。从小学抓起,一直到中学、大学。"⑤1978年,他在全国科学技术大会上讲,"教育事业,决不只是教育部门的事,各级党委要认真地作为大事来抓。各行各业都要来支持教育事业"⑥。他认为实现十二大确定的从1981年到本世纪末国民生产总值翻两番奋斗目标的战略重点,"一是农业,二是能源和交通,三是教育和科学"。而"搞好教育和科学工作……是关键"⑦。他还视教育为中国

---

① 《列宁全集》第28卷,人民出版社1956年版,第70页。
② 《邓小平文选》第2卷,人民出版社1994年版,第104页。
③ 《邓小平文选》第2卷,人民出版社1994年版,第264页。
④ 《邓小平文选》第3卷,人民出版社1993年版,第9页。
⑤ 《邓小平文选》第2卷,人民出版社1994年版,第40页。
⑥ 《邓小平文选》第2卷,人民出版社1994年版,第95页。
⑦ 《邓小平文选》第3卷,人民出版社1993年版,第9页。

由人口大国走向人才大国的途径,"一个十亿人口的大国,教育搞上去了,人才资源的巨大优势是任何国家比不了的。有了人才优势,再加上先进的社会主义制度,我们的目标就有把握达到"①。"我们要千方百计,在别的方面忍耐一些,甚至于牺牲一点速度,把教育问题解决好。"②正是在邓小平的密切重视、大力推动下,党的十二大把教育和科技列为社会主义现代化建设三大战略重点之一;党的十三大提出要把发展科学技术和教育事业放在首要位置,使经济建设转到依靠科技进步和提高劳动者素质的轨道上来;十四大再次强调了教育优先的战略地位,把努力提高全民族的思想道德和科学文化水平作为实现我国现代化的根本大计。

第四是"有纪律"。纪律是各种社会团体、组织为了维护全局利益、确保正常工作而规定的各个成员必须共同遵守的行为准则。它要求人们恪守各团体业已确定了的秩序、规范和职责,如党政人员要遵守党纪、政纪,军人要服从军纪,工人要遵守厂规,师生要遵守校纪,全体公民要遵守社会公共秩序、国家法律等。在我国,"遵守纪律的最高标准,是真正维护和坚决执行党的政策,国家的政策"③。纪律又是具体的历史的,不同时代有着不同的纪律,反映着不同集团的利益诉求,如奴隶主和封建主用"棍棒纪律"束缚和压迫奴隶和农奴,满足自己的不劳而获;资本家则靠"饥饿纪律"来压迫和剥削工人成全资本的超额利润或剩余价值。纪律具有突出的强制性特点,违反纪律的人会受到纪律处分,违犯法律会受到法律的制裁。但社会主义纪律的根本目的不在于惩罚而在于确保现代化建设有秩序地高效进行。

如同理想、道德、文化一样,纪律也属于意识形态、上层建筑的范畴,承担着特定的历史目标与任务。在社会主义制度下,纪律反映的是全体人民的意志,保护的是全体人民的共同利益,加强纪律、严守纪律是社会主义精神文明最重要的内容之一,它是无产阶级政党执行路线的保证。"四有"新人中的"有纪律",是邓小平对毛泽东社会主义新人思想的一个

---

① 《邓小平文选》第 3 卷,人民出版社 1993 年版,第 120 页。
② 《邓小平文选》第 3 卷,人民出版社 1993 年版,第 275 页。
③ 《邓小平文选》第 3 卷,人民出版社 1993 年版,第 112 页。

重要发展。新中国成立以后,毛泽东同志对社会主义新人曾提出"又红又专"和"德、智、体全面发展"的要求,强调理想信念、思想道德、科学文化和健康体格的重要意义。邓小平则认为在"四有"中"最重要的是有理想、有纪律……要搞四个现代化,使中国发展起来,就要有纪律、有秩序地进行建设"①。在邓小平的战略布局中,纪律是实现社会主义现代化的重要保证。纪律是统一行动的保证,是有效克服"左"和右的干扰、避免大大小小的乱子的保证。尤其是中国这样的大国,要团结和组织起来,"一靠理想,二靠纪律。组织起来就有力量。没有理想,没有纪律,就会像旧中国那样一盘散沙,那我们的革命怎么能够成功?我们的建设怎么能够成功?"②"中国在国际上处于落后状态,中国要发展起来,要实现四化,政治局面不稳定,没有纪律,没有秩序,什么事情都搞不成功。"③在党政机关、军队、企业、学校和全体人民中,都必须加强纪律教育和法制教育……否则我们就决不能建设社会主义,也决不能实现现代化。

　　社会主义新人的四个方面不但有各自丰富的内涵,在社会主义现代化建设中承担着不同的任务,而且这四个方面还是一个不可分割、相互联系的统一整体,共同体现着社会主义现代化建设对国民的素质要求。在"四有"中,"崇高的社会主义、共产主义道德是人生的动力,引导着人生前进的正确方向;高尚的社会主义、共产主义道德则是崇高理想在道德观和道德行为上的体现;良好的文化素质是实现崇高理想的必要条件,在一定意义上也是树立崇高理想、培养自觉的纪律性和高尚的道德情操的必要前提;高度的自觉的纪律性则须以崇高理想为思想基础,同时又是实现崇高理想的保证,也是高尚的道德境界的一种具体表现,而纪律性的强弱与文化素质的高低则往往存在着正比关系。四个方面都要落实到促进改革开放和社会主义现代化建设事业的发展,统一于建设中国特色社会主义的伟大实践"④。

---

① 《邓小平文选》第3卷,人民出版社1993年版,第209页。
② 《邓小平文选》第3卷,人民出版社1993年版,第111页。
③ 《邓小平文选》第3卷,人民出版社1993年版,第249页。
④ 张景荣:《中国特色社会主义文化根本任务论》,天津社会科学院出版社2003年版,第115页。

在社会主义建设中,邓小平通过大力倡导以思想道德和教育科学文化为主要内容的精神文明建设,培养了一大批适应现代化建设的各类人才,实现了社会主义精神文明所特有的精神动力、智力支持和思想保证的功能,推动了中国特色社会主义事业的健康发展。

四、邓小平的人的全面自由发展思想的历史地位

在马克思主义人的全面自由发展理论中国化的历史进程中,邓小平做出了开拓性和创新性贡献,突出表现在:

(一)科学阐释了社会主义的人本意蕴

邓小平时代,面对十年"文革"所带来的党、国家和人民驻足不前甚至倒退的发展局面,邓小平率先发起了对"什么是社会主义"的再认识。在回答"什么是社会主义"时,他不再把纯而又纯、公而又公的生产资料所有制看做是社会主义最重要的内容,也不再把超越生产力发展的生产关系视为社会主义的必须固守的东西,而是从本质层面入手,将满足人的需求作为社会主义的根本价值追求。他视对人民生存发展起着决定性作用的生产力标准,确保人民免受经济剥削、政治压迫的生产关系标准,防止两极分化、保证大多数实现发展的共同富裕标准为评判社会主义优越与否的重要尺度,这就是邓小平所讲的社会主义本质论。社会主义本质论的提出,充分挖掘了马克思、恩格斯从多个层面上认识社会主义的思想,打破了毛泽东时代机械地固守于从生产资料所有制这一基本特征上认识社会主义的思维定式,从根本上扭转了长期以来对社会主义的片面理解,成为党和国家把中心工作转移到社会主义现代化建设的理论起点。

社会主义本质论着眼于人民群众的根本利益,充分体现了人民群众是既是历史创造的主体又是社会发展的享受主体,深蕴着共产主义人的全面自由发展基本原则,从而开创了中国特色社会主义人的全面自由发展理论的新起点。

（二）创造了中国人民发展的决定性前提

在马克思主义人的全面自由发展理论中国化的历史进程中,如果说毛泽东的突出贡献是使中国人民站起来、获得了政治解放,那么邓小平的卓越成就则是使中国人民富起来、获得了极大的经济解放。十一届三中全会后,邓小平立足于造福人民、突破温饱,将人的发展目标锁定在解决中国人民最基本的生存问题上。为此,他果断地抛弃以阶级斗争为纲,开始了经济建设为中心的社会主义现代化建设。邓小平多次提出了"以经济建设为中心"、"发展是硬道理"、社会主义现代化建设是"最大的政治"等掷地有声的发展理念。在"以经济建设为中心"思想的指导下,通过改革开放、解放和发展生产力,中国社会主义物质文明建设取得了巨大成就,中国人民也由此获得发展的决定性前提——物质财富基础。物质财富的增加不仅使人民个人的物质利益得到不同程度满足,生存状况得到极大改善,标志着改革开放以来我国社会经济生活和人民生存状况发生了一次极为重要的历史性变化,千百年来人们梦寐以求的吃饭问题——人的全面自由发展最基本的前提——生存得以初步解决;而且在短短十几年时间内,物质文明建设还带动了整个社会财富的迅猛增长,加速了全国人民在解决温饱问题基础上迈向小康的进程,并由此推动着人向着更加丰富性的方向发展。这是邓小平在马克思主义人的全面自由发展理论中国化进程中的又一卓越贡献。

（三）提升了全民族的综合素质

"两手抓、两手都要硬"历来是邓小平的一贯主张,他不仅在理论上坚持了"社会主义的人道主义",而且他还主张"社会主义的人道主义"要"靠积极建设物质文明和精神文明来解决"。邓小平在通过物质文明建设来提高人们的物质生活水平的同时,还注重通过精神文明建设来满足人们的文化生活需求。社会主义精神文明建设的大力推进,不但提供了大量优秀的文化产品,丰富了人们的精神生活,而且精神文明建设把培养"四有"新人作为它的根本任务。就"四有"新人的几个方面看,每一个方面都有其特定的内涵和很高的规定性。邓小平所指的"有理想"指的是

"共产主义的远大理想"和"社会主义现代化"的现实理想;"有道德"指的是社会主义道德和共产主义道德,它以为人民服务为核心,以集体主义为原则,以爱祖国、爱人民、爱科学、爱劳动、爱社会主义为基本要求;"有文化"也决不是一般意义上的认识几个字,而是指掌握现代科学技术、劳动技能、能胜任现代化建设的各行各业的人才;而"有纪律"是指要真正维护和坚决执行党的政策、国家的政策。因此,"四有"中的每一项都是高标准、严要求的。用这样的标准塑造出来的人无疑是与共产主义新人的目标相一致的。

因此,通过以塑造社会主义"四有"新人为根本任务的精神文明建设的实施,不仅为社会主义现代化建设提供了精神动力、智力支持和思想保证,而且还极大解放了中国人民的思想,提高了全民族素质,从而大大促进了人的全面发展。

以上是邓小平在马克思主义人的全面自由发展中国化历史进程中的重大贡献,但我们并不否定他在其他方面也作出了重大探索。如辛世俊、滕世宗在《邓小平人学思想》中认为,邓小平人学思想在马克思主义人学发展史上的地位主要表现为三点:一是对人的地位和作用的认识达到新的水平,如在和平与发展的新时代提出"关键在人"的思想,提出"科学技术是生产力"的论断、提高了人在生产力发展中的地位,提出社会主义市场经济理论、提高了人在经济活动中的主体地位等;二是对人的解放赋予了新的内涵,认为社会主义的任务是实现人的经济解放,社会主义要不断促进人的思想解放;三是对人的解放的条件和途径进行了新的探索,认为社会主义的根本任务是解放生产力和发展生产力,通过解放和发展生产力把人民群众从贫困和落后中解放出来;改革是社会主义社会发展的动力,通过经济体制改革建立社会主义市场经济体制,把人们从束缚他们发展的计划经济旧体制中解放出来;通过政治体制改革,建立社会主义民主政治制度,把人们从高度集中的旧的政治体制的束缚下解放出来。上述认识从不同侧面进一步解读了邓小平的人学思想,说明邓小平理论包含着极其丰富的人的发展理论。

第五章 江泽民对人的全面自由发展理论的深化与推进

以江泽民为核心的党的第三代领导集体在人的发展理论上的突出贡献在于将人的全面发展纳入到社会主义本质的范畴，明确了中国特色社会主义理论和实践主题。江泽民时代，中国社会经济结构和状况发生了巨大变化，人民的生活质量进一步提高，客观上要求我党进一步拓展对社会主义的认识。江泽民人的全面自由发展理论的提出，不仅深化和丰富了邓小平的社会主义本质论，而且是对马克思主义关于人的全面发展思想的重大推进，其每一个重大思想的背后无不包含着对马克思主义人的全面自由发展理论的深沉思考。

一、促进人的全面发展是社会主义新社会的本质要求

实践在发展，中国共产党对"什么是社会主义，如何建设社会主义"的追问也不会停止，而对这一问题的回答则集中体现为对社会主义本质的认识。十一届三中全会后，邓小平同志根据历史唯物主义的基本原理和社会主义的实践经验，纠正以往从基本特征上对社会主义的片面认识，形成了以"生产力、生产关系和共同富裕"为核心的社会主义本质论，该论断贯彻了马克思主义关于经济基础、物质生产在社会发展和人的发展中的决定性原理，把解放和发展生产力纳入到对社会主义本质的理解中，为人的发展奠定了必备的物质基础，邓小平社会主义本质论的人本意蕴

即是从这个角度上讲的。但邓小平的社会主义本质论也存在着"历史局限性"①,在价值取向上仅具有"潜隐"②性,这为江泽民进一步拓展对社会主义本质的认识留下了理论空间。

(一)社会主义新社会本质要求提出的直接背景

促使江泽民从人的全面发展视角来认识社会主义除了我们在第四章中所述背景之外,还有着更为直接的原因:

1. 东欧剧变和苏联解体

继两次世界大战之后,20 世纪末期的东欧剧变和苏联解体使国际社会为之震撼。剧变国家执政的共产党被迫下台,社会主义制度被摧毁。尤其是社会主义大国苏联的解体改变了世界两极格局的对峙局面使国际共产主义运动和世界社会主义事业遭到空前挫折,从而直接影响到冷战后世界历史进程的发展和变化。痛定思痛,反思苏东剧变、尤其是汲取苏联从兴而衰直至解体的教训,是各大国特别是新兴大国崛起过程中的必修课程。国内外学术界从多方面、多角度、多层次对此问题进行了深入探讨和研究,其规模之大相当于对整个苏联历史进行全面反思和总结。关于苏联解体的原因,学术界归纳得非常详细,有内因说与外因说、根本原因说与直接原因说等;研究范围涵盖从经济到政治、从内政到外交、从科技到文化、从历史到现实、从理论到实践的前前后后、里里外外,把整个苏联剖析得淋漓尽致。③ 最后共识为:"苏联共产党的垮台、苏联社会主义制度的完结、苏联作为统一的多民族国家的解体,是一个由多种因素综合引起的复杂的政治事件,包括国外的因素和国内的因素,党内的因素和党外的因素,历史的因素和现实的因素,经济的因素、政治和思想文化的因素以及社会的因素,等等。"④

---

① 荣长海、张达:《社会主义本质与人的全面发展》,载《科学社会主义》2002 年第 3 期。
② 荣长海、张达:《社会主义本质与人的全面发展》,载《科学社会主义》2002 年第 3 期。
③ 关于苏联解体原因的十说:"葬送说"、"和平演变说"、"民族矛盾说"、"上层自决说"、"经济没搞好说"、"斯大林模式说"、"错误路线说"、"意识形态说"、"抛弃说"、"历史合力说"等。
④ 罗文东:《正确认识苏联解体的原因与教训》,载《马克思主义研究》2006 年第 10 期。

在这些教训中,从人的发展角度看,有两点值得注意:其一是引起苏联解体的直接导火索、苏联改革的指导思想——"人道的民主的社会主义";其二是苏联解体的外因——西方的"和平演变"。戈尔巴乔夫"人道的民主的社会主义"是基于对斯大林专制模式的反思提出来的。1985年,戈尔巴乔夫上台后,在矫正斯大林极端"专横官僚主义体制"中出台了以"人道的民主的社会主义"为核心内容的改革"新思维",将人道主义视为全人类共同的精神财富,宣扬"一切为了人,一切为了人的幸福",并以此作为党的奋斗纲领和苏联改革的指导思想。纵观苏共垮台和苏联解体的过程不难发现:苏联演变同戈尔巴乔夫推行的改革"新思维"与"人道的民主的社会主义"紧密相关,在某种意义上说,苏联演变的过程就是所谓改革"新思维"和"人道的民主的社会主义"路线和纲领产生、泛滥和破产的过程。戈尔巴乔夫的错误不在于改革,而是推行了一条错误的改革路线。"新思维"将民主、自由、人道等抽象拔高到超越一切的地位,忽视甚至放弃了人的发展更为根本的物质财富追求,从根本上背离了马克思主义人本观,不仅未能成功反而使第一个社会主义大国走上了不归路,成为国际共运史上最悲壮的一幕。在导致苏联解体的诸多原因中,无论是西方国家实施"和平演变"战略,还是苏联在革命、建设和改革过程中出现的问题,只是为国内外敌对势力反共反社会主义提供了便利条件,并不必然导致苏联解体的结果。然而,戈尔巴乔夫倡导的"新思维"和"人道的民主的社会主义"却为苏联开具了一服错误的改革"处方",成为"葬送苏共和苏联的一剂毒药"①,把苏联这个患了"疾病"但还不是"绝症"的国家给"治死"了。②

人道的民主的社会主义改革的历史悲剧造成了国际共产主义运动的严重挫折,但也为其后的社会主义国家提供了特殊的财富,它向中国共产党提出了一个尖锐的理论问题:社会主义国家建设要不要讲"人"的问题?如果讲,怎么讲?即在探寻"什么是社会主义、怎样建设社会主义"

---

① 王金存:《葬送苏共和苏联的一剂毒药——评戈尔巴乔夫"人道的民主的社会主义"》,载《中华魂》2008年第1期。
② 罗文东:《正确认识苏联解体的原因与教训》,载《马克思主义研究》2006年第10期。

的规律中,应如何处理和对待"人"这个根本问题?正是在反思、汲取苏联人道主义改革教训的基础上,江泽民于苏联解体十年、尘埃落定之际提出了"人的全面发展思想"。

使得我们对社会主义的价值取向作出反思的另一点是导致苏联解体的外部原因——西方和平演变及随之而来的国际人权斗争。学术界普遍认同帝国主义的和平演变战略在苏东剧变中发挥了重要作用,这虽然不是导致剧变的决定性因素,但却是一个重要的外部原因。自世界上出现第一个社会主义国家以来,西方资本主义列强就把颠覆社会主义国家作为根本战略目标,当武力难以奏效时它们开始采用和平演变的办法。"和平演变"战略有三大武器:一是以新科技革命的巨大成就为物质后盾;二是运用商品市场经济;三是多党民主政治和多元自由文化。为配合其民主自由化战略,西方国家打出的一个重要牌子就是人权外交,并以此展开对社会主义国家的攻心战。人权外交始自20世纪70年代末,西方国家将其所认定的人权原则和标准作为外交政策和国际关系的准则予以推行,并最终在苏联、东欧得手。

然而美国并不满足于此,为扩大和平演变的战果于20世纪80年代始向中国提出所谓的人权问题。与东欧剧变、苏联解体相反的是,中国政府成功平息了1989年春夏之交的政治动乱,成功捍卫了社会主义制度,使得西方的颠覆阴谋未能在中国得逞。然而正是这一正义之举却成了美国定性中国暴力、专制、不民主、不人权的把柄,并借此鼓动西方诸国发起了对中国长达数年的经济制裁。在此后的十余年间,西方在联合国人权大会上连续12次提出反华人权提案,攻击中国的人权状况,还不断地向中国政府提出所谓的政治犯、思想犯、良心犯名单,要求释放这些触犯中国法律的分子。为了迎击、粉碎西方的图谋,中国多次出版《中国人权状况白皮书》,全面详实地记录中国人权的发展状况并阐发中国的人权观。中国政府还积极参与国际人权交流、全面推进人权事业,批准和加入包括1996年《经济、社会、文化权利国际公约》等在内的20多个国际人权公约。

中美人权斗争实际上反映的是中西方民主观念的相互碰撞、交融和激荡。在人权观念上双方存在很大的差异,西方突出个人权利,中国偏重集体权利;西方强调自由权利,中国注重生存权利;西方相信人权高于主权,中国坚持国权高于人权。在人权对话中,不管中西方各自主张些什么,不管政治家们心里想着什么实际上干着什么,也不管他们作为决策者是否从根本上认识到人权的基本价值,实际上他们都在各执一端地竭力推行自己的价值观念。然而,要拿出令对方信服的观点,找出最充分的论据,就必须落实各项权利,并且这些权利是健康的而不是畸形的、是全面的而不是片面的。

江泽民在执政的前十余年间正是中西方人权斗争的激烈时期。它表明,人权、人的发展已成为中国执政党无法回避的重大问题,社会主义必须正视和回应时代挑战。人的全面发展理论的提出,无疑是对社会主义如何处理和对待"人"这个根本问题的科学回答。在今天看来,从把人权看成资产阶级的产物,到社会主义国家可以理直气壮地讲人权;从偏重经济增长,到注重科学发展、以人为本,都表明我们在保障人权、推动人的全面发展的认识上的不断深化。

2. 中国社会发育程度的提高

改革开放初期,历史发展的内在必然性要求我们以经济建设为中心,集中力量发展生产力成为全党全国的首要任务。在改革开放的推动下,中国经济获得了20多年的扩张性发展,人民的物质生活水平显著提高。据统计,在江泽民提出人的全面发展思想的前十年即"1990—2001年,社会消费品零售总额从8300亿元增加到37595亿元,消费结构发生了重大变化,表征贫困与富裕程度的恩格尔系数大幅度下降,城镇居民恩格尔系数从1990年的54.2%下降到2001年的37.9%,农村居民恩格尔系数从58.8%下降到47.7%"①。物质生活水平的提高、恩格尔系数的下降使中国人民"第一层次的需求"基本得到满足。按照美国人本主义运动的发起者之一和人本主义心理学重要代表马斯洛(Abraham Maslow,1908—1970)的观点,人的需求的满足基本上是沿着生理需求、安全需求、社交

---

① 林兆木:《取得重大历史性成就的十三年》,载2002年11月26日《人民日报》。按照联合国粮农组织提出的标准,恩格尔系数(即食品消费占整个消费支出的比重)60%以上为贫困,50%—60%为温饱,40%—50%为小康,40%以下为富裕。

需求、尊重需求和自我实现需求由低级到高级逐步实现的。当人的生理、安全需求得到满足之后,就会提出满足人的社交、受尊重和自我实现的要求。根据这一理论,在中国人民的物质生活基础(温饱和小康)基本解决之后,人们开始追求更加丰富多彩的精神享受和个性发挥,内在的精神需求问题很快被提上议事日程。

同时这一时期,中国社会逐渐步入社会主义市场经济。中国经济体制改革从十一届三中全会起步,尔后经过13年艰苦探索,于1992年党的十四大明确提出将建立社会主义市场经济体制作为我国经济体制改革的目标。以市场为取向的经济改革极大地解放了生产力,促进了中国经济的快速发展,此后从1992年至2002年十年间中国GDP平均增长速度高达9.5%。① 社会主义市场经济体制的建立还是一场深刻的社会大变革,直接带动了人的精神面貌焕然一新。从哲学角度看,市场经济体制的表层是"物"的问题,深层却是"人"(人的素质、人的能力、人的价值和发展等)。市场经济是一种开放型、知识型、竞争型的经济形式,其最基本的条件是产权明晰、主体平等、竞争公平,它所营造的自由竞争、公平竞争的氛围成为锻造人的丰富个性和独立、自由、全面发展的熔炉。在西方,18世纪的启蒙运动只是使人们意识到了平等、自由、博爱是真正的人性所在,因而被称为"启蒙"。而真正激发人的自由创造精神、平等意识的则是资本主义市场经济的充分发展,它唤醒并增强了主体自我意识,促进独立个人的形成和发展。中国社会也经历了一个大致相似的进程。改革开放初期,解放思想、实事求是仅是将人们从沉睡中唤醒的第一声号角。真正从深层次上改变人们的生活方式及价值观念、促进人的全面发展的则是社会主义市场经济的建立,它切切实实将大多数中国人投入到市场大潮中加以铸炼。在市场经济中,农民半工半农、离乡不离土,农民工、打工潮遍布全国大江南北,生活范围和社会关系得以极大拓展;国家工作人员也敢于扔掉"铁饭碗"下海经商;私营经济蓬勃发展、个体老板大显身手。总之,干事创业、冒险进取等各种"不安分"想法不断涌现。我们说发展

---

① 杨继红、王浣尘:《邓小平建立社会主义市场经济体制的螺旋推进过程》,载《毛泽东思想研究》2005年第1期。

社会主义市场经济是人类历史的进步和实现人的全面发展的必经阶段,其真正意义正在于它焕发了潜藏在人身上的创造冲动和冒险意识、创造出适合人的全面发展的社会条件。

(二)社会主义新社会本质要求的提出

上述阶段性的变化要求中国共产党人必须对社会主义建设的新情况、新问题做出回答,对什么是社会主义、怎样建设社会主义作出新的认识。正是在这样的背景下,以江泽民为核心的第三代党的领导集体审时度势、敏锐抓住人民的需求趋向,将促进人的全面发展作为当代人的重要施政纲领并从社会主义本质新要求的高度上予以确认。2001年,江泽民发表了《在庆祝中国共产党成立八十周年大会上的讲话》(简称《讲话》)。《讲话》中江泽民首先挖掘了马克思关于未来共产主义社会人的全面自由发展的理想目标。他说:共产主义社会,将是物质财富极大丰富,人民精神境界极大提高,每个人自由而全面发展的社会。[1] 在这里,江泽民并不是简单地重复、罗列马克思归纳的几条关于共产主义社会的基本特征,而是抓住了马克思主义的核心要义,非常简明地将共产主义社会归结为两大方面的特征:一是社会发育程度——物质财富极大丰富;二是人的发展境界——人的精神极大提高,每个人自由而全面发展。相对于过去我们偏重从阶级斗争、无产阶级专政、公有制、计划经济和按劳分配等基本特征方面来看待共产主义,江泽民进一步在继承邓小平社会主义本质论之后,确认共产主义的基本原则,无疑是对马克思人的全面自由发展思想的重大接近,是对马克思主义学说的重要继承。

在对共产主义基本原则科学把握的基础上,江泽民又集中表述了社会主义新社会的本质要求。即"我们建设有中国特色社会主义的各项事业,我们进行的一切工作,既要着眼于人民现实的物质文化生活需要,同时又要着眼于促进人民素质的提高,也就是要努力促进人的全面发展。这是马克思主义关于建设社会主义新社会的本质要求"[2]。

---

[1] 《江泽民文选》第3卷,人民出版社2006年版,第293页。
[2] 《江泽民文选》第3卷,人民出版社2006年版,第294页。

江泽民关于社会主义本质新要求的提出在社会主义发展中具有重要的意义:

一是进一步坚持了邓小平社会主义本质论。邓小平关于社会主义本质的论断由"一个目标、两个保证"构成:最终达到共同富裕是社会主义本质的根本目标,解放和发展生产力是实现社会主义本质的物质保证,消灭剥削、消除两极分化是实现社会主义本质的制度保证。邓小平关于社会主义的本质论,更多是从经济层面上界定社会主义的价值追求,从民生的角度体现了人本意蕴。江泽民关于社会主义的认识,全面继承了邓小平"一个目标、两大保证"的思想,他多次谈道:"我们强调始终扭住经济建设这个中心不放,抓住时机发展自己,发展才是硬道理;我们强调改革是又一次革命,主张在公有制和按劳分配为主体,其他经济成分和分配方式为补充的基础上,建立社会主义市场经济体制,解放和发展生产力;我们强调坚持四项基本原则、反对资产阶级自由化;我们强调两手抓、两手都要硬,社会主义物质文明和精神文明建设都要搞好,要加强思想政治工作,培养有理想、有道德、有文化、有纪律的新人,在改革开放的整个过程中都要打击各种犯罪活动和反对腐败,所有这些,都是为了充分体现社会主义的本质和优越性,都是为了创造充满活力的社会主义。"①

江泽民特别重视共同富裕的意义。他说:"公有制为主体、多种所有制经济共同发展,决定了我们必须实行按劳分配为主体的多种分配方式。要把按劳分配、劳动所得,同允许和鼓励资本、技术等生产要素参与收益分配结合起来,坚持效率优先,兼顾公平。平均主义不是社会主义,两极分化也不是社会主义。允许一部分地区、一部分人通过诚实劳动和合法经营先富起来,带动和帮助其他地区和其他群众,最终达到全国各地区的普遍繁荣和全体人民的共同富裕,这是我们必须长期坚持的一个大政策。它符合经济发展客观规律的要求,是社会主义优越性在经济上的重大体现。"②

江泽民还强调即使在发展社会主义市场经济的条件下,也应避免两

---

① 江泽民:《论党的建设》,中央文献出版社2001年版,第113页。
② 江泽民:《论党的建设》,中央文献出版社2001年版,第316页。

极分化。他说:"发展社会主义市场经济,将继续提倡和鼓励一部分地区一部分人先富起来,通过社会生产力水平的大幅度提高,最终达到全体人民的共同富裕。"①

江泽民还特别重视用制度、原则来保证共同富裕的实现。他说:"中国要强盛,中国人民要走向共同富裕,中华民族要实现伟大复兴,就必须始终坚持我们已经建立并正在不断完善的社会主义制度及其所决定的基本原则。"②"近二十年改革开放和现代化建设取得成功的根本原因之一,就是克服了那些超越阶段的错误观念和政策,又抵制了抛弃社会主义基本制度的错误主张。这样做,没有离开社会主义,而是脚踏实地建设社会主义,使社会主义在中国真正活跃和兴旺起来,广大人民从切身感受中更加拥护社会主义。"③

二是拓展了认识社会主义本质的新视域,将对社会主义的人本追求推进到一个新水平。江泽民认为,社会主义社会有着多方面质的规定性,是"全面发展、全面进步的社会"④,在这个多方面的本质规定性中,人的全面发展作为"质"的根本性规定着其他方面的质,即我们所做的一切工作,无论是解放和发展生产力还是消灭剥削和消除两极分化,无论是不断满足人民现实的物质文化生活需要还是不断促进人民素质的提高,其实质都是人的全面发展这一社会主义本质的体现。这一认识标志着党的高层在思想理论上已把社会主义的价值追求明确界定为"人的发展",并且将现阶段人的发展具体目标确立为"全面发展的人",从而使邓小平社会主义本质论中属人的"潜隐性"价值目标明确彰显出来,即社会主义的价值追求已从间接"物"的层面升华到了直接的"人"的层面。人们已经能明确地感悟到,促进人的全面发展不再是社会主义一个可有可无的装饰品,而是作为社会主义本质属性与社会主义须臾不可分离。

江泽民立足于人的全面发展来认识社会主义本质,拓展了邓小平社会主义本质论的视野,是对马克思、恩格斯关于社会主义基本思想的重大

---

① 江泽民:《论党的建设》,中央文献出版社2001年版,第91页。
② 《江泽民论有中国特色社会主义》,中央文献出版社2002年版,第36页。
③ 江泽民:《论党的建设》,中央文献出版社2001年版,第255页。
④ 《江泽民论有中国特色社会主义》,中央文献出版社2002年版,第382页。

接近,为我国探索社会主义制度的有效实现形式、开拓社会主义建设的新道路提供了科学依据。江泽民关于社会主义新本质的理论,突出了共同富裕和人的全面发展这一社会主义的核心价值和根本目的,为我们加强社会主义的物质文明、政治文明和精神文明建设,实现社会发展和人的发展两个历史过程的统一提供了理论指导,也为今后的"以人为本"科学发展观的提出奠定了理论支点。

二、人的全面发展的辩证统一思想

江泽民人的全面发展思想不仅表现为一种视角,即从"人"出发来认识"什么是社会主义",而且作为一位政治家,他更注重从"人"出发来规划社会主义建设、促进社会主义新社会本质要求的实现。这一思想中所蕴涵的大量辩证法,如人与社会两个历史过程相统一的思想、最低纲领与最高纲领相统一的思想等为实践中如何推进人的发展提供了方法论指导。

(一)"两个历史过程"的辩证统一思想

人与社会的关系是人类思想史上歧见和纷争最多的问题之一。即使唯物史观的创立也没能一劳永逸地终止这种争论,如经济增长理论与以人为中心的发展观之争,人的现代化与社会的现代化孰先孰后之争等。因此,如何在坚持唯物史观基本原理的前提下,科学地阐明人与社会发展的关系成为我们党在论述人的全面发展时不容回避的问题。为此,江泽民在七一《讲话》中运用辩证唯物主义的基本立场和方法,提出了人与社会"两个历史过程相统一"的思想。他说:"推进人的全面发展,同推进经济、文化发展和改善人民物质文化生活,是互为前提和基础的。人越全面发展,社会的物质文化财富就会创造的越多,人民的生活就越能得到改善,而物质文化条件越充分,又越能推进人的全面发展。"[1]人的全面发展

---

[1] 《江泽民文选》第3卷,人民出版社2006年版,第295页。

与社会发展的辩证统一性体现在以下两个方面：

从静态上看，人的全面发展与社会发展互为前提和基础。

首先，社会的发展和进步为人的全面发展创造了必要条件。在马克思主义的视域中，人与社会的关系可谓人的社会、社会的人，二者有机交融。社会是现实人的存在方式，有什么样的社会就有什么样的人。而人是什么样的，"这同他们的生产是一致的——既和他们生产什么一致，又和他们怎样生产一致。因而，个人是什么样的，这取决于他们进行生产的物质条件"①。也就是说社会的状况决定了人的发展状况。

社会发展是人的发展的决定性因素，人能不能实现发展、发展的程度如何，完全取决于社会能提供的舞台大小。构成社会的最根本内容是物质资料生产方式和矗立于其上的全部上层建筑。社会的发展和进步突出表现为社会生产力的发展，包括社会政治和法律制度的发展、文化科学和教育的发展、社会思想道德状况的进步等。生产力的发展为个人发展提供了物质条件和技术手段，因为"人们每次都不是在他们关于人的理想所决定和所容许的范围之内，而是在现有的生产力所决定和所容许的范围之内取得自由的"②。人类社会的进步和人自身的发展都必须严格地以物质生产及相应的社会关系发展的内在需要和实际水平为其客观依据。其次，一定的生产关系和社会关系是个人发展的基础。人总是生活在一定的生产方式和生活方式中，人自身的发展即人的能力、思想状况总离不开当时既定的生产方式和生活方式。生产方式不仅是生活必需资料的生产和人们肉体存在的再生产，而且它在更大程度上是这些个人的一定的活动方式，表现他们生活的一定形式，他们一定的生活方式。个人怎样表现自己的生活，他们自己也就这样。同时，任何个人都是处在一定社会关系中的现实的、有生命的个体，生产实践是人类社会的根本实践活动，而生产实践总是作为社会集体的共同活动而存在，是社会性活动。因此，个人脱离了社会，脱离了社会实践，也就失去了存在和发展才能的基础。同时，任何个人都是在前人发展的基础上并与同时代其他人的相互

---

① 《马克思恩格斯全集》第3卷，人民出版社1960年版，第24页。
② 《马克思恩格斯全集》第3卷，人民出版社1960年版，第507页。

依存、相互促进中存在和发展。正如马克思和恩格斯所说:"一个人的发展取决于和他直接或间接进行交往的其他一切人的发展。"①可见,离开了社会,离开了一定的生产关系和社会关系,个人的发展就失去了基础。

其次,人的全面发展能动地推动着社会的全面进步。人是社会存在和发展的主体,是社会有机体的第一要素。社会以人的存在为前提,社会的活力来自于人的活力,社会的有机性也来自于人的有机性。没有一定数量的个人及生产劳动,就没有社会的物质生活、政治生活和精神生活,也就没有人类社会的存在及其发展。同时,人不仅仅是社会消极、被动的存在物,人积极地、能动地劳动着、创造着生活,直接推动着社会的日新月异。突出表现社会进步的生产力的发展、生产关系的变革以及上层建筑的发展和完善,都离不开人的作用。在生产力的发展上,每个劳动者在生产过程中由于生产经验的逐渐积累和劳动技能的不断提高,总是持续地改进生产工具,推动着生产力发展。因此我们说人是生产力中最具有决定意义的能动因素。作为生产力要素的工具,它不但由具有一定生产技能和科学知识的人制造,而且也要由具有一定生产技能和科学知识的人去掌握和使用,否则任何先进的工具也只能是一堆废物。生产关系的变革和完善同样如此。尽管生产关系的变革和完善源自于生产力的发展,但起关键作用的仍是人这一能动因素。社会的运动发展迥异于自然界,在社会历史领域内进行活动的,全是具有意识的、经过思虑或凭激情行动的、追求某种目的的人;任何事情的发生都不是没有自觉的意图,没有预期的目的的。在变革和发展生产关系而推动社会进步的过程中,离不开人的觉悟和知识,离不开变革和发展生产关系中所需要的人的实践能力,也离不开为实现变革目的而必需的组织纪律性以及坚忍不拔的毅力。在上层建筑的完善中,政治、法律、道德、艺术、宗教、哲学等各种意识形态的建构,更是直接受制于人的素质(如人的认识水平和选择能力等)。过时的、落后的思想观念的消灭,适应社会发展潮流的新思想、新观念的确立,都是主观世界得到改造的结果,是人自身发展的标志。

从动态层面上看,人与社会发展的关系更深刻地体现为逐步提高、永

---

① 《马克思恩格斯全集》第3卷,人民出版社1960年版,第515页。

无止境的历史统一进程。正如江泽民所阐明的,"社会生产力和经济文化的发展水平是逐步提高、永无止境的历史过程,人的全面发展程度也是逐步提高、永无止境的历史过程。这两个历史过程应相互结合、相互促进地向前发展"①。

人与社会两者之间的双向互动、交互促进由人与社会、人的发展与社会发展的关系所决定。马克思、恩格斯在《德意志意识形态》中指出:历史不是作为"产生于精神的精神"消融在"自我意识"中而告终的,而是历史的每一阶段都遇到一定的物质结果,一定的生产力总和,人对自然以及个人之间历史地形成的关系,都遇到前一代传给后一代的大量生产力、资金和环境,尽管一方面这些生产力、资金和环境为新的一代所改变,但另一方面,它们也预先规定新的一代本身的生活条件,使它得到一定的发展和具有特殊的性质。马克思、恩格斯的这一段话正表明了人与社会的互动是一个逐步提高、永无止境的动态进程。

最能从宏观上表明人与社会动态进程的是马克思对人类社会历史的分期。马克思在研究人类社会历史发展的时候实际上遵循着两条标准,一是集中表征社会发展的客观的生产力标准,二是主体的人的发展标准。依据生产力标准马克思将社会划分为五大形态:原始社会、奴隶社会、封建社会、资本主义社会和共产主义社会;同时,又依据人的发展程度将社会发展划分为三大阶段:人的依赖性、以物的依赖性为基础的人的独立性和人的自由个性。这两种分法并非偶然,而是基于马克思对人与社会发展历史统一性的深刻把握,他强调生产力的发展处于基础性的位置、起着决定性的作用。认为生产力的每一次飞跃、社会形态的每一次推陈出新,都使人的全面自由发展迈向一个新台阶;而人的渐进发展也同时推动着生产力的进一步解放。江泽民关于人与社会历史过程相统一性的思想与马克思的两种社会形态分期理论是一脉相承的。

当然,人的全面发展与社会发展的辩证统一性并不排斥二者之间的矛盾性。人的全面发展过程与社会发展各有自身的规律,两个历史过程之间具有不完全同步性、不平衡性和独立性,不表现为绝对的正比关系,

---

① 江泽民:《论"三个代表"》,中央文献出版社2001年版,第180页。

甚至在某种程度上说,人类整体发展总是伴随着血与火、伴随着自身的巨大破坏与牺牲。人是社会的主体,在不同的历史时代,不同的人抱着不同的目的和激情创造着自己的历史。而社会发展是一个客观的自然历史过程,表现出对一切人都具有的独立性,因而就产生出矛盾。社会发展的客观规律、现实的生产力水平、教育科学文化的发展状况、制度的某些环节和社会其他方面的弊端,不同程度地影响个人发展的动因、发展的方向、发展的进程。甚至在某些时候,社会要实现自己的大变革,为自己的发展开辟道路,往往会伴随着以个体乃至整个阶级的发展受挫和牺牲为代价。如在阶级社会,人的全面发展始终具有十分悲壮的性质,马克思所说的"资本来到世上,每一个毛孔都滴着血和肮脏的东西"就是对资本主义发迹史所造成的人的牺牲的经典描述。对此,马克思认为这种牺牲不是历史的错误,也不是人为的偶然结果,而是历史规律性的必然。因此,马克思、恩格斯既对资本主义时代生产力获得巨大发展表示充分肯定和赞许,又对这一制度下劳动异化和人的价值的沦丧予以强烈抨击,同时指出,个人发展的牺牲以及由此带来的生产力发展和社会进步,已经为消除这种现象创造了客观的物质和社会前提,这就是无产阶级革命和人的政治解放,它本身又成为人的全面发展的条件。这样就将个人与社会、每一个人的发展与人类社会进化统一起来。人的全面发展与社会发展的矛盾性实质上也提供了二者统一发展的动力,如果没有这种矛盾运动,人的发展与社会的发展就会失去根本动力。

(二)最低纲领与最高纲领的辩证统一思想

在人的发展上,江泽民关于无产阶级政党最高纲领与最低纲领的辩证统一,是中国在社会主义初级阶段处理如何坚持共产主义自由人联合体的目标和现阶段如何推进人的建设的理论指南。

党的纲领是党的政治主张、奋斗目标以及行动路线和方针的集中概括和反映,是党树立起来的一面公开的旗帜,"外界就根据它来判断这个党"[①]。在国际共运史上,列宁第一次明确区分了最低纲领和最高纲领。

---

① 《马克思恩格斯选集》第3卷,人民出版社1995年版,第325—326页。

他根据当时俄国革命的需要,在起草俄国社会民主工党的纲领时将党纲分为最低纲领和最高纲领两部分。最低纲领规定了党的当前任务是进行资产阶级民主革命,推翻沙皇专制制度,建立民主共和国,实现各民族平等和民族自决权;最高纲领规定党的最终目标是进行无产阶级革命,建立无产阶级专政和对社会进行社会主义改造。此后中国共产党就沿用了最低纲领与最高纲领的两分法,党的最高纲领就是党的最终目标,即在中国实现共产主义社会制度[①],这是始终不变的。最低纲领则是党的当前任务,它会根据不同历史时期的形势和条件而有所改变。在民主革命时期,党的最低纲领是实现新民主主义;在现阶段,党的最低纲领是建设有中国特色社会主义。

科学认识党的最低、最高纲领不在于把握其具体内容,而在于如何在实践中将二者有机地统一起来通过每一个阶段最低纲领的贯彻实施最终实现最高纲领。在国际共产主义运动和中国社会主义建设中,关于党的最高纲领的认识,存在着"速成论"、"怀疑论"、"渺茫论"、"空想论"[②]等论点,不同观点决定、影响着实践上如何制定和实施最低纲领。"速成论"认为,世界无产阶级革命可以很快成功,资本主义可以加速灭亡,社会主义能够很快建成,共产主义可以快速实现,这种观点导致了社会主义实践中的急于求成、高指标、穷过渡诸问题;"怀疑论"和"渺茫论"由于对党的最高纲领的怀疑乃至最终放弃共产主义,导致了葬送社会主义和共产党执政地位的结局(如苏联社会主义的解体、苏共的垮台等)[③];"空想论"则忽视现实社会条件的制约性,对未来社会的细节规定得很具体,甚至对人们衣食住行的式样都作了精心设计,无疑会陷入困境。

因此可以说,如何认识和把握党的最低纲领与最高纲领相统一是个现实、鲜活的理论原则和实践要求,既是共产党人无法回避的重大理论问

---

① 所谓实现共产主义社会制度,就是实现马克思所设想的:公有制、按需分配、阶级差别和重大社会差别彻底消灭,全体社会成员具有高度的共产主义觉悟和道德品质,劳动成为人们生活的第一需要,国家消亡,社会最终实现"自由人联合体"。
② 王员、郭秋光:《科学社会主义视野下的最低纲领最高纲领统一论的现实针对性》,载《社会主义研究》2006 年第 5 期。
③ 周敬青:《正确认识和把握党的最低纲领与最高纲领相统一中的五大课题》,载《上海党史与党建》2002 年第 8 期。

题,更是关系到党的生死存亡和社会主义事业兴衰成败的重大实践问题。正是基于对此的深刻反思,江泽民高度重视党的纲领问题。他说:"一个政党的纲领就是一面旗帜。在革命、建设和改革的各个历史阶段中,我们党既有每个阶段的基本纲领即最低纲领,也有确定长远奋斗目标的最高纲领。"①在把握二者的关系上,江泽民认为,"我们是最低纲领与最高纲领的统一论者"②;实践中他要求"全党同志既要树立共产主义的远大理想,坚定信念,以高尚的思想道德要求和鞭策自己,更要脚踏实地地为实现党在现阶段的基本纲领而不懈努力,扎扎实实地做好现阶段的每一项工作。忘记远大理想而只顾眼前,就会失去前进方向;离开现实工作而空谈远大理想,就会脱离实际"③。

正是在对最高纲领与最低纲领辩证关系把握的语境下,江泽民提出了在"人"的发展上的最高目标和现阶段的基本任务。他说:"我们坚信马克思主义关于人类社会必然走向共产主义这一基本原理。共产主义只有在社会主义社会充分发展和高度发达的基础上才能实现。共产主义社会,将是物质财富极大丰富,人民精神境界极大提高,每个人自由而全面发展的社会。"在这里,江泽民不是简单地重复马克思、恩格斯关于共产主义社会在所有制、分配制度等方面的规定,而是明确地、集中地、着重地概括出三条,即物质财富极大丰富;人民精神境界极大提高;每个人自由而全面发展。特别值得注意的是,江泽民不仅将"每个人自由而全面发展"看做是共产主义社会的三个重要特征之一,而且还把它看做是未来共产主义社会物质文明和精神文明高度发达的必然结果。这是中国共产党对人的发展的最终目标、理想状态、最高纲领的肯定,在人的发展上坚持了共产主义的远大理想。在确认人的发展共产主义最高理想的基础上,江泽民提出了社会主义初级阶段内推进人的全面发展的任务。他说:"我们建设有中国特色社会主义的各项事业,我们进行的一切工作,既要着眼于人民现实的物质文化生活需要,同时又要着眼于促进人民素质的

---

① 江泽民:《在庆祝建党八十周年大会上的讲话》,载2001年7月2日《人民日报》。
② 江泽民:《在庆祝建党八十周年大会上的讲话》,载2001年7月2日《人民日报》。
③ 江泽民:《在庆祝建党八十周年大会上的讲话》,载2001年7月2日《人民日报》。

提高,也就是要努力促进人的全面发展。这是马克思主义关于建设社会主义新社会的本质要求。我们要在发展社会主义社会物质文明和精神文明的基础上,不断推进人的全面发展。"①

敏感的学者都会注意到,江泽民对共产主义社会的描述是"每个人自由而全面发展",强调的是"每个人",突出的是"自由"二字;而对社会主义初级阶段任务的界定则是"努力促进人的全面发展"、"不断推进人的全面发展",尽管文字表述十分相似,却是一个极有分寸的提法,"每个人自由而全面发展"与"人的全面发展"是两种层次不同的价值目标。江泽民关于"促进人的全面发展"的论述是在"我们是最低纲领和最高纲领的统一论者"这个主题下进行的。他讲"每个人自由而全面发展"是从最高纲领——共产主义所要达到的人的发展的理想状态而言,它表明我们党应该始终牢记这一远大目标。而在分析最低纲领时、部署现阶段的具体任务时,则具体确定为"努力促进人的全面发展"、"不断推进人的全面发展",它体现的是我们党在现阶段的基本任务即最低纲领的要求,是我们在社会主义初级阶段就应着手去实现而且也可能实现的任务,体现了"最低纲领与最高纲领的统一论者"的命题。

同时,这两种非常严谨的表述还蕴涵着社会发展阶段上的极大区别。凡熟知马克思主义文本的人都知道马克思论述共产主义理想时,在"自由发展"或"全面而自由的发展"前面一般都冠以"个人"一词,并多次使用"现实的个人"、"社会的个人"等提法。这不仅是因为马克思是从现实的有生命的个人出发进行研究的,更为重要的是因为共产主义与其他一切社会在人的发展形态上存在着本质区别。马克思所设想的人的全面自由发展的状态要到共产主义社会才能实现,它依托的是社会发育程度已经到了生产力高度发达、物质财富充分涌流、人民精神境界极大提高。而要达到这一切是个漫长的历史过程,不可能一蹴而就。在社会主义初级阶段,生产力水平比较落后,人的全面发展所必备的物质条件还很欠缺,一些贫困地区连温饱都没有解决,人的"第一层次的需求"尚未完全实现;几千年封建等级制度造成的深刻、普遍的人身依附关系尚没有被完全

---

① 江泽民:《在庆祝建党八十周年大会上的讲话》,载 2001 年 7 月 2 日《人民日报》。

荡涤,人的发展还体现为相当的"人的依赖性"和一定的"物的依赖性";同时,社会主义市场经济体制没有充分发育,人的独立性、人与人之间的普遍联系性没能得到充分培育。这一切表明,实现人的全面而自由发展的前提条件远未具备,无视条件的成熟度而盲目乐观地提出共产主义社会才能达到的"每个人自由而全面发展"的过高目标无疑重蹈"左"倾覆辙。正是基于对此的清醒把握,江泽民才很务实、客观地将"促进人的全面发展"作为"社会主义新社会的本质要求"提出来。

因此,在江泽民看来,"每个人自由而全面发展"是共产主义视野下的话语,迄今为止的一切社会形态都不具有实现这一目标的条件;而"促进人的全面发展"是社会主义初级阶段语境中的概念。这两种不同提法反映的正是江泽民对两种社会发展阶段、发展形态极大悬殊的洞察,实现了远大理想与现实目标的有机统一。

三、"三个代表"重要思想与人的全面发展

以江泽民为核心的第三代中央领导集体在创立"三个代表"重要思想的过程中,人的全面发展观一直是其中重要的理论观点。从文献学的角度看,将人的全面发展观作为"三个代表"重要思想的内容予以阐发,计有四次。第一次是在2001年7月1日,江泽民在庆祝中国共产党成立80周年大会上的讲话中,当谈到继续为实现党的基本路线和历史任务而奋斗时,提出了全党同志要树立共产主义的远大理想,同时又"要脚踏实地地为实现党在现阶段的基本纲领而不懈努力,扎扎实实地做好现阶段的每一项工作",即"要努力促进人的全面发展"、"不断推进人的全面发展"。第二次是在2002年11月8日,江泽民在中国共产党第十六次全国代表大会上所作的政治报告,在谈到贯彻"三个代表"重要思想时,提出要把坚持党的先进性和发挥社会主义制度的优越性,落实到"推动社会全面进步,促进人的全面发展"上,并把"促进人的全面发展"作为"全面建设小康社会的目标"。第三次是在由中共中央宣传部编写、经江泽民亲自审阅过的《"三个代表"重要思想学习纲要》中提及人的全面发展。

第四次是2003年7月1日胡锦涛《在"三个代表"重要思想理论研讨会上的讲话》中再一次重申,"实现物质财富极大丰富、人民精神境界极大提高、每个人自由而全面发展的共产主义社会,是马克思主义最崇高的社会理想"。"中国共产党人要坚持以兴国为己任、以富民为目标……不断促进人的全面发展,不断向党的最终目标前进。"[1]

(一)"三个代表"重要思想与人的全面发展的逻辑统一性

上述党的重要文献对"三个代表"重要思想和人的全面发展多次同时并提并非偶然所为,它表明了二者之间的内在逻辑统一性。在这里,实际上涉及三个层次有别的内容:一是共产主义的最高点,二是社会主义的着力点,三是"三个代表"重要思想的现实性。前面曾经谈到,江泽民在论述未来共产主义社会的目标或特征时并不是简单地重复马克思的设想,而是集中将其归纳为三个方面,即"物质财富极大丰富"、"人民精神境界极大提高"、"每个人自由而全面发展"。与此相对应,"三个代表"重要思想第一个代表就是"代表先进的生产力",代表之二是"代表先进文化的前进方向",代表之三是"最广大人民的根本利益"。这种对应关系逻辑性在于:首先,从体系之内容来看,共产主义社会的三大特征中"物质财富极大丰富"、"人民精神境界极大提高"的最终指向是实现"每个人自由而全面发展"。而"三个代表"重要思想也承递着相同的逻辑顺序:发展先进生产力,发展先进文化,并以实现最广大人民的根本利益为价值取向。其次,从体系之间的关系看,两者体现的是前进方向与近期目标、远大理想与现实努力的关系。对于共产主义社会的再认识,规划了人类社会的远大前景,避免在现实生活中忽而"留恋原始的丰富"、忽而"陷入现实的空虚",使中国特色社会主义事业的发展与党的奋斗有了前进方向和美好希望。而"三个代表"重要思想由从中国共产党所处的历史方位出发,着眼于当下社会主义初级阶段的实际国情,提出要发展先进的生产力、发展先进文化,以实现最广大人民的根本利益为己任。只有发展先

---

[1] 胡锦涛:《在"三个代表"重要思想理论研讨会上的讲话》,载2003年7月2日《人民日报》。

进的生产力才能累积起极大丰富的物质财富;只有发展先进文化,大力建设社会主义文化事业,生产出更多更优秀的文化产品,才能大幅度地提高人民的精神境界;只有在物质和精神达到双重提升的情况下,最广大人民的根本利益才能得以落到实处,才能最终实现每个人自由而全面的发展。

江泽民"三个代表"重要思想是总结150多年国际共运史和我们党80多年历史经验所得出的科学结论,是对人类社会发展的基本规律、社会主义建设规律和马克思主义政党建设规律的科学概括,也是对马克思主义人的全面自由发展理论的创新。人的全面自由发展在马克思主义经典著作中只是一个科学的概念,限于社会发展程度,在当时的历史条件下不可能制定出可操作性的具体标准。而"三个代表"重要思想确定了适应时代发展的人的全面发展的根本标准,其每一个方面都与人的需要、人的社会关系、人的能力体系的全面自由发展息息相关,是人的全面发展理论在当今时代的体现和具体化。

(二) 贯彻"三个代表"重要思想对促进人的全面发展的意义

首先,从先进性上看"三个代表"重要思想的人文指向。"三个代表"重要思想是一种治党治国的理念,其首先要解决的是中国共产党的先进性问题。而党的先进性之一就是适应当今社会人们的生产方式、生活方式和思维方式日新月异的巨大变化,适时发展和培育人们新的能力,察觉和满足人们新的需求。"三个代表"重要思想根据时代的发展要求,从新的高度概括了党的先进性,并正确阐明了党领导社会主义现代化建设的标准和原则,实现了党在指导思想上的先进性与人的发展目标指向上的一致性。

其次,从内容上看"三个代表"重要思想的人本功能。"三个代表"重要思想是实现党的基本纲领而确立的指导思想,它把人的全面发展具体落实到社会经济、文化的发展及最广大人民根本利益的实现上。人的全面发展首先是以社会生产力高度发达为前提,它使人的发展不仅摆脱了第一层次生存需要的困窘,而且直接推动着人往第二、第三等层次迈进。随着生产力的发展,劳动生产率也得到相应的提高,人们能够得到充足时间去接受教育、开发潜能、全面发展自己的能力体系,最终实现人的全面发展。

　　人的全面发展又以社会文化的发达进步为基本条件。精神和思想的解放是人从必然王国迈向自由王国达到自由发展的一个重要方面,而这一点依托的是社会文化事业的繁荣与进步。社会的文化环境对主体的人格塑造和素质建设起着潜移默化的作用。"最初的、从动物界分离出来的人,在一切本质方面是和动物本身一样不自由的;但是文化上的每一个进步,都是迈向自由的一步。"① 中国共产党必须树立起能够引导社会进步的旗帜,积极发挥先进文化对人的发展的能动作用。社会文化的进步包括道德水准的提高和科学教育的发展,全面发展的人首先要有高尚的道德情操,能够正确地认识和处理个人与社会、与他人的关系,具有正确的世界观、人生观和价值观。其次要有较高的科学文化素质,这是人的全面发展的另一个基本标志。只有掌握先进的科学文化,才能使自己各方面的才能得以培养、提高和发挥,避免因能力所限而被固定于某一职业。科学文化素养缺乏的人,无论如何不能看做是全面发展的人。

　　同时,人的全面发展说到底就是人的各种利益的普遍实现,满足人民群众根本利益的过程就是实现人的全面发展的过程。马克思主义关于人的全面自由发展的思想,实质上反映了最广大人民的根本利益。社会主义属于人民,社会主义事业是为了人民,其根本目的归根到底是为了保障和实现最广大人民的根本利益,使人民群众在社会不断发展进步的基础上,不断获得切实的经济、政治和文化利益。人的全面发展是社会进步的根本目标,中国特色社会主义的建设事业只有上升到人的高度才具有根本性意义。最广大人民的根本利益是各阶层利益的整合,它包含人的利益和权利的全面实现。因此,江泽民提出了坚持把人民的根本利益作为出发点和归宿,坚持在新的历史时期努力实现、维护和发展最广大人民的利益,这一切无论是在现实过程还是终极目标的意义上都指向了人的发展。

　　不但"三个代表"重要思想的贯彻实施为人的发展创造了条件,而且人的发展也是实施"三个代表"重要思想的评价尺度和不竭动力。一种

---

① 《马克思恩格斯选集》第3卷,人民出版社1995年版,第456页。

生产力是否先进重要的标准之一就是看它能否促进人的全面发展、一种文化是否先进就看它是否具有人文精神,而人的全面发展更是评价其是否代表最广大人民根本利益的直接标尺。最广大人民群众的根本利益是一个整合性的概念,它以各类人的千差万别的具体利益为语境,而人的发展最理想的状态、最高的境界是人的全面自由的发展,它实际上标明的是现阶段最广大人民群众的根本利益的未来和指向,正因为此,它才具备了衡量和评价"三个代表"重要思想的资质。

四、江泽民的人的全面自由发展思想的历史地位

以江泽民为核心的党的第三代领导集体,立足于中国人民在实现温饱之后凸现的更多的发展需求,将促进人的全面发展作为重要的施政纲领并从社会主义本质新要求的高度上予以确认。不但深化了对马克思主义学说价值性的认识,而且在实践上将中国人的发展推上了一个新的台阶,实现了这一理论中国化的又一次飞跃。

(一)阐明了马克思主义学说蕴涵的基本思想

马克思主义学说是严整科学性和崇高价值性相统一的学说,其科学性在于揭示了人类社会发展的客观规律,其价值性在于高扬人的主体地位,确立人的价值指向。马克思曾倾注一生去认知人、分析人、论证人、寻找实现人的全面发展的现实必要条件,彰显着马克思对"宇宙之精华"、"万物之灵长"的价值追求。人的全面自由发展是整个马克思主义学说所要表述的基本思想,是"马克思主义的最高命题和根本价值"[1],也是它的精华与核心[2]。

然而对马克思主义学说价值性的解读并非一开始就被认识并接受

---

[1] 俞可平:《人的全面发展:马克思主义的最高命题和根本价值》,载《马克思主义与现实》2001年第5期。
[2] 王伟光:《科学发展观研究》,中共中央党校出版社2004年版,第41页。

的。在一个半世纪国际共产主义运动中,迫于形势的需要,几乎所有的社会主义国家对马克思主义的解读往往特别关注它的阶级斗争学说、所有制理论、分配制度等,特别是在无产阶级革命时代人们偏爱阶级斗争学说并把它拔高到不适当的位置。这种偏向,既是形势发展的需要,也跟当时对马克思主义的解读有关。按我们传统的理解,马克思主义理论由三大部分组成:马克思主义哲学、政治经济学和科学社会主义。但实际上,这种划分并非马克思本人所为。1914年,列宁在《卡尔·马克思》一文中介绍马克思主义学说时,把它分成了四大板块:一是马克思的学说,包括哲学唯物主义、辩证法、唯物主义历史观和阶级斗争;二是马克思的经济学说,包括价值和剩余价值;三是社会主义;四是无产阶级的阶级斗争策略。列宁同时定位了阶级理论在整个马克思主义学说中的地位,他说:"阶级关系——这是一种根本的和主要的东西,没有它,也就没有马克思主义。"①在国际共产主义运动中,列宁是具有崇高威望的革命导师,他以十月革命的巨大胜利验证了马克思主义的威力。因此他的这种划分和定位足以折服后来者对马克思主义的解读。

很快,中国马克思主义者第一人李大钊在其著名的《我的马克思主义观》中便将马克思主义分为三个组成部分。他认为马克思主义是现代"世界改造原动的学说",是"科学的理论与系统"。"马氏社会主义的理论,可大别为三部:一为关于过去的理论,就是他的历史论,也称社会组织进化论;二为关于现在的理论,就是他的经济论,也称资本主义的经济论;三为关于将来的理论,就是他的政策论,也称社会主义运动论,就是社会民主主义。……他这三部理论,都有不可分的关系,而阶级竞争说恰如一条金线,把这三大原理从根本上联络起来。"② 1903年2月15日,马君武在《译书汇编》第2卷第11号发表《社会主义与进化论之比较》,文章指出:"马氏尝谓阶级竞争为历史之钥。"③这些论述试图确立阶级斗争在马克思主义学说中的地位,为现实运动寻找理论支撑。但这种分析和定位

---

① 《列宁全集》第41卷,人民出版社1986年版,第92页。
② 《李大钊文集》下卷,人民出版社1984年版,第50页。
③ 林代昭:《马克思主义在中国——从影响的传入到传播》上册,清华大学出版社1983年版,第76页。

在此后长达几十年的时间里凝固了对马克思主义的进一步挖掘。无产阶级夺取政权后,除了继续偏爱阶级理论外,开始关注马克思的所有制理论、计划经济、分配制度等社会发展方面的学说,但马克思主义学说的价值性——人的全面自由发展却长久地被遮蔽起来。

在建党八十周年之际,江泽民发表了被誉为"开创中国马克思主义新境界的纲领性文献"[1],首先从马克思主义学说的最终价值目标的高度,用清晰的语言申明"共产主义社会,将是……每个人自由而全面发展的社会"。这里,以江泽民为核心的党的第三代领导集体,第一次在党的文献中重申这一命题,指认和确证马克思主义学说的基本思想,是对马克思主义传播史重科学轻价值的一种矫正,也是对长期以来被埋没了的马克思主义学说价值性的挖掘,大大拓展和丰富了马克思主义理论认识的新领域。

(二)明确了中国特色社会主义的价值取向

如前所述,长期以来我们偏重于马克思主义的科学性解读,而对其人本价值性的挖掘明显薄弱。理论认识的偏差必然导致实践的错位,对马克思主义片面理解必将造成实践中的人本偏差。

中国社会主义发展中也曾经出现过背离人的发展的情况。在我国进入全面建设社会主义后一个相当长的历史时期,以阶级斗争为纲主导了社会发展,人的自由、人的个性和人的全面发展被斥为资产阶级人性论,理论界和政界都讳莫如深、避而不谈,更难以明确为中国社会主义建设的价值追求。这不仅在一般意义上导致了对人的需要和尊严的漠视,给西方敌对势力留下了专制政权、极权政治的形象,更在客观上舍弃了对亿万中国人民根本利益的直接关怀。十年"文革"带来的人的发展的大倒退,留下了沉痛的教训。此后在品尝"十年文革"的苦果中,邓小平不断地深化对社会主义的认识,提出了社会主义本质论,抓住了生产力这个社会发展的物质决定力量,并将社会主义的价值目标界定为"共同富裕",蕴涵了社会主义的基本原则。

---

[1] 陈先达:《马克思主义中国化的新境界》,载《教学与研究》2002年第5期。

江泽民时代,中国人民的温饱问题已基本得到解决,但温饱问题的解决又催生了人们新的需求,工作、生活等各个领域的自由发展空间不断扩大,城市居民的消费方式已逐步由生存型向发展型转变,农村居民的消费也从量的增加转换到质的提高。人的自由、人的个性和人的全面发展这样一些根本问题日益凸现为中国社会发展的主题。形势发展要求党的第三代领导集体去进一步探索、拓展"什么是社会主义、怎样建设社会主义"的主题。正是在这种背景下,江泽民在把握共产主义社会将是每个人自由而全面发展的社会这一基本原则的基础上,明确提出促进人的发展为社会主义新社会的本质要求。这一本质论的提出既是对改革开放前中国社会主义发展漠视人的反思,也是对邓小平社会主义本质论对人的生存温饱关注的超越,在党的基本理论发展史上首次阐明中国特色社会主义的价值取向在于推进人的全面发展,实现了践行马克思主义人的全面自由发展理论由自发向自觉的飞跃。

第六章　胡锦涛对人的全面自由发展理论的拓展与升华

21世纪初,在马克思主义中国化的历史进程中又产生了一大新的理论成果。以胡锦涛为首的新一届领导集体根据时代特征的变化提出科学发展观,并将此作为建设中国特色社会主义必须坚持和贯彻的重大战略思想。正是在逐步形成、提出和深入贯彻这一重大战略思想的过程中,马克思主义人的全面自由发展理论中国化获得了又一次历史性飞跃,其显著标志是在党的执政治国理念中提出了"以人为本"思想。科学发展观界定了以人为本的内涵,明确地将以人为本置于科学发展观的实质和核心地位,不仅体现了以胡锦涛为核心的领导集体自觉将既往所追求的人的解放宗旨更加明确地彰显于执政治国理念与社会运行机制之中,而且实现了自马克思主义传入中国近百年来在关于人的认识问题上的新突破,是对马克思主义人的全面自由发展基本思想的拓展与升华。

一、时代语境下以人为本的精神实质

一种主导社会理念或治国方略历来都是一定社会形态下意识形态的反映,它根植于一定的社会政治经济制度,服从和服务于统治阶级的意志,体现并反映着统治阶级的为政取向。考察作为当代中国共产党治国方略核心的以人为本思想,唯有将其置于时代语境下才能够深入其本质,从而摄取其精神实质。

"以人为本"是一个有着很深的历史渊源和学理纠葛的概念,我们有必要将其与中华文明源远流长的"民本"思想和西方社会中经久不衰的"人本主义"加以比照、分析、清理和总结,厘清不同社会发展阶段和时代语境下"人本"思想的宗旨,使我们更加深入地把握科学发展观视野下以人为本的精神实质。

(一)中国传统政治思想中的以民为本

中国的传统文化蕴涵着丰富的"以人为本"精神,因其内含一个人类孜孜以求的"人"字,历代统治阶级无不在其政治实践中穷尽智谋、试图将其摆放在一个合适的位置。在中国传统的政治思想中,就有过"以人为本"的概念。春秋时期,为辅佐齐桓公成就霸业,政治家管仲谏言:"夫霸王之所始也,以人为本。本理则国固,本乱则国危。"①在他看来,"以人为本"是建立和巩固霸王之业的根基。齐桓公遂接受了管仲谏言,实行"以人为本"的利民政策,齐国也因此很快强盛并攫取了春秋时代第一霸权地位。盛唐时的唐太宗曾讲:"凡事皆须务本。国以人为本,人以食为本,凡营衣食,以不失时为本。"②这里的"本"为根本之意,即治理国家要抓住与人民大众切身利益相关的焦点问题并以此作为治国理政的理念,大唐也因此实现了"贞观之治"。

然而,尽管中国传统政治思想中有"以人为本"的提法,但更多论述的真实意图仍为"民本"意识。如齐桓公问管子:"敢问何谓其本?"答曰:"齐国百姓,公之本也。"③"予之为取,以民为本。"④纵观中国政治思想史,从诸子百家一直到封建社会末期的进步思想家、政治家几乎都主张实行"民本"政治,其影响之广、绵延之久为其他政治意识所不及。

民本思想之所以受到古代政治家、思想家绵延不绝的青睐,主要是基于以下认识:一是他们在长期的社会生活实践中逐渐获得了一种朦胧、朴素的历史唯物主义常识,意识到民众的丰富智慧和巨大力量。《尚书》

---

① 《管子·霸言》。
② 《贞观政要·务农》。
③ 《管子·牧民》。
④ 《管子·霸形》。

言:"天聪明,自我民聪明;天明威,自我民明威。"《左传》中也有"民为神之主"、"神依人而行"的记载。这是在人与"天"、"神"的关系中,强调"民"的聪明才智、主人翁地位、主导意志,藐视"神本"天命观,提升"民本"人本观。伴随着封建专制统治的进一步发展和"神本"观念的弱化,先进的政治思想家们开始在与"君本"相对的意义上理解"民本"。孟子提出:"民为贵,社稷次之,君为轻。"荀子则言:"天之生民,非为君也,天之立君,以为民也。"① 更为可贵的是古代的政治家甚至触及到与"物本"相对的"民本"意蕴。如周武王曾说:"惟天地万物父母,惟人万物之灵。"② 孔子也说:"天地之性人为贵。"③ 古代的"仁者爱人"思想也反映了一种人道精神,如《论语·乡党》记载:"厩焚。子退朝,曰:'伤人乎?'不问马。"在与"神本"、"君本"、"物本"的长期较量中,"民本"之所以能为先进的政治家、思想家情有独钟而胜出,其根本之点在于他们认识到民众的力量,用马克思的术语讲即为人民是历史的创造者。下层庶民百姓历来是社会生产的主要劳动力、物质财富的创造者、皇帝社稷安危的保卫者,如果他们最基本的生存需求不能满足,则生产难以为继,兵源行渐枯竭,社会难得进步。这使古代的"民本"思想具有了朴素的唯物史观成分,即人民群众是社会发展的历史动力。

二是残酷的阶级统治不断激化广大人民群众与封建统治者之间的矛盾,"民本"思想成为缓和阶级矛盾、维护封建统治的直接产物。在漫长的封建社会,大规模农民起义连绵不断,"官逼民反"的恶政使先进的思想家、政治家们深刻领悟到人民反抗高压暴政的沉重代价,认可民心向背是国家兴衰的决定性因素,试图谏言统治者采纳"民本"思维,给予被统治者一定的生存空间。如《尚书》说:"安民则惠,黎民怀之"④;"民可近,不可下,民惟邦本,本固邦宁"⑤,"安民"是为了治国安邦。管子"以人为本,本固则国理"的用意就是要实现国家的稳定。孟子还从反面论证了

---

① 《荀子·大略篇》。
② 《尚书·泰誓》。
③ 《孝经》。
④ 《尚书·皋陶谟》。
⑤ 《尚书·五子之歌》。

藐视民意、失去民心将造成的可能后果,他说:"桀纣之失天下也,失其民也;失其民者,失其心也。"①荀子提出的"君者,舟也,庶人者,水也。水则载舟,水则覆舟"及其唐朝魏征纳谏的"水能载舟,亦能覆舟",乃至传到今天的"得民心者得天下,失民心者失天下",都是对人民巨大反抗力量的体认,这是"民本"思想成为古代治国理政基本信念的客观依据。

上述"民本"思想在观念上将"民"的地位和作用上升到"本"即基础、根本的高度来认识,无疑是中国传统政治思想的宝贵遗产。"民本"思想的提出为"神本"、"君本"、"官本"、"物本"树立了一个对立面和坐标,是对它们的一种质疑、限制、批判、否定和超越。在社会治理观念中认同人民是王朝兴衰的决定性力量,从而为残酷的封建专制注入一丝人文精神、一种仁爱善政。在实践中,以"民本"思想为治国理念的政治家们多主张"爱民"、"利民"、"富民"②,施"仁政",轻徭薄赋、发展生产、休养生息、改善人民生活、缓和阶级矛盾的政策,客观上促进了社会生产力的发展。

然而,中国传统"民本"思想的精神实质绝不在于此,与今天的以人为本相比,它存在着明显的阶级局限性。

首先,在其宗旨上,历代的"民本"思想皆以肯定和维护封建专制制度为前提,以维护帝王江山为旨归。亦可谓它服务于封建的经济剥削和政治统治,实质上仍然是为了"君本"的需要才有限度地推行"民本",是"君本"笼罩下的"民本"。一旦当某种"民本"行为危及到封建统治阶级利益时,"君本"就会露骨地脱下"民本"的外衣,抛弃"爱民、仁政"的说教,将血腥的镇压矛头对准劳苦大众。

其次,从手段与目的的关系上,民本思想视"民"为工具和手段,"以民为本"本质上只是一种"驭民"、"治民"之术。"民"的真实含义是"臣民"、"子民"之意,而不是我们今天理解的"人民"、"公民"、"人"。民本思想逻辑地将人划分为两类:一部分是君王、官僚等统治阶级;另一部分

---

① 《孟子·离娄上》。
② 《管子·治国》主张"凡治国之道,必先富民"。孔子主张"因民之所利而利之"。汉代王符主张,治理国家"以富民为本"。隋代王通强调治理国家要"富民厚生"。

是庶民、百姓、仆人、下人等被统治阶级,"民"的全部价值就在于为君、为官、为主人而存在,而"民"自身则沦落为受主人驱遣的工具而失去了人之为人的应然地位。对此毛泽东曾尖锐地指出:"不论是中国还是外国,古代还是现在,剥削阶级的生活却离不了老百姓。他们讲'爱民'是为了剥削,为了从老百姓身上榨取东西,这同喂牛差不多。喂牛做什么?牛除了耕田之外,还有一种用场,就是能挤奶。剥削阶级的'爱民'同爱牛差不多。"[①]

再次,就人的解放而言,中国古代的民本思想仅仅是为了加强对人民的控制、维护封建统治的需要而产生、发展,它不但不能使人走向真正解放,相反却以"三纲"、"五常"等封建伦理使人民陷进重重束缚之中。这种"民本"思想不可能从根本上改变人民受剥削受压迫的社会关系和地位,而只是一种封建统治阶级的意识形态,是强化封建阶级统治的政治学说。

(二)西方社会思潮中的人本主义

在西方文明中,人本主义是一种有着悠久历史传承的社会思潮。它源起于古希腊,历经近代和现代两种发展形态。正因为此,人本主义思潮在其漫长的发展过程中呈现出多样化,但它们之所以能归属到人本主义的旗下在于其都拥有一个共同的理论主旨,即坚持弘扬人的主体性,倡导尊重人,强调人在社会中的主体地位;主张人人平等,每个人依据人之为人的本性都有追求幸福的权利;在解释人与神、物、自然、社会的关系上弘扬人的优先地位,提倡自由、平等、博爱,追求每个人平等、自由的全面发展。相比较而言,中国传统的民本思想视"民"为手段,而人本主义则注重人为社会发展的目的;中国传统的民本思想强调国家、社会、集体而忽视个体,人本主义则突出个人本位;中国传统的民本思想从君本、官本、权本出发恩泽庶民,缺乏人人平等、尊重人权的精神,而西方的人本主义则追求自由、平等和博爱,强调人人平等、尊重人权。历史地看,人本主义实现了从"神权为本"、"皇权为本"、"以物为本"到"以人为本"的飞跃。即

---

① 《毛泽东文集》第3卷,人民出版社1996年版,第57—58页。

使在今天,从反对宗教神学、封建专制以及物对人的奴役的意义上说,人本主义的积极意义仍然不可磨灭。与蔑视人的神权主义和贬低人的专制主义相比,这种以人为本精神受到了马克思和恩格斯的充分肯定。

然而,与中国传统的民本思想一样,西方的人本主义也难逃其时代和阶级局限性。

从服务的对象看,西方人本主义是资本主义产生、发展的产物,是适应资产阶级崛起的政治学说。伴随着机器大工业的兴起,资产阶级倡导人们追求自身幸福的权利,强烈要求打破宗教神学对人的桎梏,确立人的主体地位。适应17—18世纪资产阶级革命的需要,人本主义者打着"天赋人权"的旗帜,进一步提出"自由、平等、博爱"的政治口号,成为资产阶级革命的先导。在当代,科学与理性被人们滥用的消极后果逐步显现,资本主义社会的各种不协调现象诱发人本主义相应地发生转向,希望借此改善或革除资本主义社会的弊病。可以说,自始至终人本主义都根植于资本主义产生和发展的土壤之中,这决定了人本主义在阶级倾向性上是为资本主义发展服务,人本主义者也为资产阶级利益的代言人。其所言"人本"的真实含义在于以"资产阶级"的利益"为本"。在人本主义"把人当人看"、"尊重人"、"爱人"、"人是目的而不是手段"的概念中,"人"以普适的"类"的形式出现,但其实质却是有着特定的"资产阶级"指向。因为在阶级社会中,人与人之间最基本、最本质的关系是由经济关系所决定和制约的阶级关系。一个基本而且已被历史证明了的事实就是人尤其是作为社会发展主体的人,并不总是都被当做人看、被人尊重、视为满足的对象,反而是经常大量地被施以非人待遇。如奴隶主从来不把奴隶当做人来爱,他们甚至不把奴隶当做人,而是视为会说话的工具;封建地主也不称农民为人,而是农奴,称为臣民、子民、庶民,地主租地给农民,目的是为了收取地租而非养活农民,他们在压迫农民时明显地是把农民视为与自己人之为人的另类;资本家把工人看做是赚钱的机器,尽可能多地榨取工人剩余价值。无疑在人与神、人与自然、人与物的相较中,人本主义要求"把人当人看"、"尊重人"、"爱人"等是有进步意义的(姑且不论其抽象人性论的立场)。但是资产阶级并没有把所有属于"人"的价值放在第一位,而只是把自己的个别利益(包括私人利益和阶级利益)放在了首位,人本主义的虚伪性、不合理性暴露无遗。

从其所依据的哲学基础看,西方人本主义的世界观和社会历史观本质上是唯心主义的。无论是主张"人为自然立法"的康德,还是强调人的个体性及本能的叔本华和尼采,以及存在主义的萨特、法兰克福学派的霍克海默、马尔库塞等人,他们都是从抽象的永恒不变的人性论出发来界定人,从"个人"本位界定人与物、人与人、人与社会的关系。在社会历史观上,他们片面夸大"人"的主体性,认为现实的自然界和社会都是"人"创造的、以"人"的存在和意志为转移的,把"人"视为脱离具体历史时代和现实社会实践、社会关系的抽象的"个人",把人性和人的本质算作与生俱来、始终不变、由某种精神所决定的。"人本主义"虽然在不同程度上揭露和批判了封建社会、资本主义社会违背人道的现象,但由于它的全部理论以主观设定、抽象不变、带有普遍形式的"人"、"人性"和"人的本质"作为出发点和基本前提,不了解、不承认社会及人自身运动、变化、发展的客观规律,因而不可能深刻揭示各种反人道现象存在的社会历史根源,只能用抽象的"人性"来解释历史,把所谓人类的"善良天性"或"理性"看做是历史发展和社会进步的动力。

从其理想实现的途径上看,不能否认人本主义是以自由、平等、理性、民主、正义等为基本理念,其理想追求是使人摆脱资本主义所造成的片面性、畸形、异化等实然性,复归人之为人的应然状态,即人的自由、和谐、全面发展。然而,受制于其世界观、社会历史观的唯心性、伦理价值观的资产阶级性,人本主义始终未能找到付诸理想的现实有效途径。面对资本主义扩张导致的各种"文明病"和对人的严重异化,人本主义者要么是把建立理想社会的希望寄托在"人性"的普遍改善、统治者发善心或"救世主"的出现上,要么是回避现实社会的矛盾,一味宣扬人生就是个人的"自我设计"、"自我选择",主张靠"个人的意志"去实现所谓的"绝对自由"。这种脱离社会现实的主观主义和个人主义,除了发泄对现存社会的不满或陶醉于所谓"自我实现"的自欺欺人、把人引入歧途之外,根本无法真正找到超越人的现实生存困境的物质力量、社会力量和实现道路,理想最终幻化为空想。

总之,人本主义因其宗旨的资产阶级性、世界观上的唯心性、理想设计的乌托邦性,注定了它不可能成为实现人的全面自由发展的科学理论。

(三)社会主义条件下以人为本的精神实质

虽然中国传统的民本思想、西方的人本主义内含着"人本"精神而与今天中国共产党倡导的作为执政治国理念的"以人为本"有着某种历史渊源,但"以人为本"决不是对它们的简单重复和机械模仿,而是以马克思主义理论为指导、结合新的时代精神而实现的扬弃、创新、超越和升华。

作为中国共产党执政治国理念,以人为本于2003年中共十六届三中全会被首次正式纳入党的文件。在此之前的中共十六大上,作为新一代领导集体核心的胡锦涛总书记一上任就提出了人的发展目标。他说,我们建设中国特色社会主义的各项事业,我们进行的一切工作,既要着眼于人民物质精神生活的需要,又要着眼于促进人民素质的提高。我们要在发展社会主义物质文明和精神文明的基础上,不断推进人的全面发展。此后不久,一场突如其来的"非典"疫情使中国高层很快认识到,在全面建设小康社会和整个现代化进程中,必须坚持统筹兼顾,保持经济社会协调发展、城乡协调发展、区域协调发展;必须坚持"以人为本",提高人民物质文化生活水平和健康水平;必须坚持人与自然和谐相处,实现可持续发展;必须坚持改革创新,推动社会主义物质文明、政治文明和精神文明共同进步。全面、协调、可持续发展应该成为我们长期坚持的重大指导方针。这是中央政府最高领导人首次系统阐发"以人为本"的理念。2003年7月,中国政府制定颁布了《中国21世纪初可持续发展行动纲要》(简称《纲要》),提出了实施可持续发展战略同样要坚持以人为本的指导思想。《纲要》指出,坚持"以人为本",以人与自然和谐为主线,以经济发展为核心,以提高人民群众生活质量为根本出发点,以科技和体制创新为突破口,坚持不懈地全面推进经济社会与人口、资源和生态环境的协调,不断提高我国的综合国力和竞争力,为实现第三步战略目标奠定坚实的基础。"以人为本"还体现在中国的人权建设事业中。国务院新闻办发表的《2003年中国人权事业的进展》提出:中国政府将人民的生命健康和基本人权放在首位,以对人民负责、为人民服务、受人民监督的态度,坚持"执政为民"和"权为民所用、情为民所系、利为民所谋"的执政思想,"以人为本",促进社会和人的全面发展。

在上述背景下,"以人为本"很快被付诸党的执政实践。2003年10月,中共十六届三中全会通过的《中共中央关于完善社会主义市场经济体制若干问题的决定》提出:必须坚持以人为本,树立全面、协调、可持续的发展观,促进经济社会和人的全面发展。至此,"以人为本"首次进入中国共产党的正式文件。十七大报告再次给予了确认,提出"科学发展观,第一要义是发展,核心是以人为本,基本要求是全面协调可持续,根本方法是统筹兼顾"。由此,"以人为本"被确定为现阶段我国经济社会发展重要指导方针和重大战略思想的核心,成为中国共产党执政治国的基本理念。

在"以人为本"的提出过程中,胡锦涛就以人为本的内涵、地位及贯彻落实做过多次论述。经过几年的反复论证、实践后,2007年12月,胡锦涛在新进中央委员会的委员、候补委员学习贯彻党的十七大精神研讨上充分阐发了以人为本的涵义。他说:"我们提出以人为本的根本含义,就是坚持全心全意为人民服务,立党为公,执政为民,始终把最广大人民的根本利益作为党和国家工作的根本出发点和落脚点,坚持尊重社会发展规律与尊重人民历史主体地位的一致性,坚持为崇高理想奋斗与为最广大人民利益的一致性,坚持发展为了人民、发展依靠人民、发展成果由人民共享。以人为本,体现了马克思主义历史唯物论的基本原理,体现了我们党全心全意为人民服务的根本宗旨和我们推动经济社会发展的根本目的。"[①]循着胡锦涛对以人为本内涵的阐释,我们可以从中体味到科学发展观视野下以人为本的精神实质。

首先,从阶级性上看,"以人为本"是以最广大人民的根本利益为宗旨。在阶级社会里,理论学说亦如人的阶级性,是其所代表的阶级利益在意识形态领域的反映。正如中国传统的民本思想是封建地主阶级根本利益的曲折表达、西方人本主义是资产阶级的心声反映一样,社会主义条件下的以人为本建立在以生产资料公有制为主体的基本制度之上,它所

---

① 胡锦涛:《在新进中央委员会的委员、候补委员学习贯彻党的十七大精神研讨班上的讲话》,载2007年12月18日《人民日报》。

代表和反映的自然是社会主义社会的主人——最广大人民的根本利益。前述党和国家的重要文件及主要领导人对以人为本的多次阐述集中体现了以人为本的阶级指向——人民。① 我们注意到,除"以人为本"作为一个整体概念是以"人"字表述外,在对这一概念进行阐发时更多的是以"人民"来阐释。如:"我们……的各项事业……一切工作……要着眼于人民物质精神生活的需要";"坚持以人为本……以提高人民群众生活质量为根本出发点";"以人为本的根本含义,就是坚持全心全意为人民服务,立党为公,执政为民,始终把最广大人民的根本利益作为党和国家工作的根本出发点和落脚点,坚持尊重社会发展规律与尊重人民历史主体地位的一致性,坚持为崇高理想奋斗与为最广大人民利益的一致性,坚持发展为了人民、发展依靠人民、发展成果由人民共享"等等。

诚然,作为马克思主义哲学社会科学对象的"人",是客观存在于现实生活中、具有各种社会关系、从事各种社会活动、创造着社会历史的"所有人"。这样的"人"是由所有个体按一定方式结合而成、具有复杂结构的社会有机系统,是个人、群体和类的统一,因此,"以人为本"中"人"的确切内涵是马克思在《共产党宣言》和《资本论》中论述共产主义理想时所使用的主词——"人人"、"每个人"。然而在当代、在现实世界范围内资本主义尚存和社会主义国家敌对势力并未消失的情势下,不计意识形态的差异抽象地宣扬"以人为本",必然会重蹈苏联推行"人道主义"并因此招致灭党亡国的覆辙。因此,"以人为本"既以"人"来命名同时又对其主旨作了"人民"的阐发,将"人民"这个占人口绝大多数的人群共同体定义为"人"的核心和主体,既体现了理论的崇高理想和远大志向,又折射出理论鲜明的阶级性。"以人为本"的这种内涵和外延,与马克思、恩格斯所表达的人本精神是完全契合的。马克思、恩格斯在其人本思想的发展阶段,曾经从"人"的利益出发来论证共产主义的合理性和必然性,后来他们对此作了自我批评。认为无产阶级的社会主义运动首先不是从"人"的利益出发而是从无产阶级的"阶级"利益出发,只是由于这个阶级

---

① 在当代中国,人民是指所有社会主义劳动者、社会主义建设者、拥护社会主义的爱国者以及维护祖国统一的爱国者所结合而成的最大群体。

的解放同时是人类的解放,无产阶级只有解放全人类才能实现自身的解放。所以从这个意义上说,无产阶级也代表着人类的利益。只有到了共产主义社会,历史条件起了根本变化之后才可以说"人是人的最高价值",每个人才能把全面发展自己的能力作为最高的目标。

其次,从其所依据的哲学基础来看,"以人为本"以马克思主义基本原理为指导,是马克思主义世界观、历史观和价值观的统一。马克思主义的世界观和历史观是辩证唯物主义和历史唯物主义。辩证唯物主义在认识和处理人和自然、物质和精神的关系问题上主张自然、物质是世界的本原和基础,因而人的全部思想和行动都必须从实际出发,遵循自然和社会发展规律。在此前提下肯定人的自觉能动性,主张发挥人特有改造世界的能动作用,承认人对客观世界的主导,即"物"是基础、前提,"人"是主导,是"历史的剧作者和剧中人"。以人为本的科学发展观正是对社会和人自身发展辩证关系的把握。"以人为本"的提出在一定意义上是对既往社会发展中"以物为本"或者说是"以经济发展为本"的纠偏,是在与"物"相对意义上提出的,但它又不是对"物本"的简单否定。恰恰相反,对人在社会活动中的主体地位的确认是以彻底承认客观物质世界的优先地位为前提。人的一切思想和行动首先必须立足现实,从实际出发,严格遵循自然、社会以及人自身运动的客观规律。在这个前提下充分发挥人的主体能动性,最终达到有利于满足人的生存发展需要从而促进人的发展,即"坚持尊重社会发展规律与尊重人民历史主体地位的一致性"。

同时,"以人为本"还体现了马克思主义的价值观。马克思主义价值观坚持以社会和人民为本位,在处理个人和社会、他人的关系上主张社会主义的集体主义,即把阶级的利益、人民的整体利益放在首位,在努力实现、维护、保障、发展人民利益的前提下,正确协调个人和社会的关系。党中央提出的"以人为本"以承认人民是历史主体为前提,人民不仅仅是历史发展的主体动力,更为重要的还是历史发展成果的享受主体,即价值主体;人民不仅仅是手段,具有工具价值,而且还具有人之为人的最高目的价值,是目的与手段的辩证统一。人的生存、发展需要满足的程度和人的全面自由发展实现的程度成为评价一种执政理念和执政实践的根本原则,即作为出发点、落脚点、归宿、目的以及评价的尺度和标准。因此,

"以人为本"是一个包含多方面含义的综合性的科学概念,是马克思主义世界观、历史观和价值观相统一的集中体现。

再次,从其理想实现的途径上看,"以人为本"有着坚实的实践保证。作为当今社会主义发展指导思想的以人为本无疑是以共产主义的基本原则——人的全面自由发展为最高理想。对于这一理想的实现,马克思的基本设想是通过无产阶级革命,建立共产主义社会,实现生产资料公有制,消灭剥削、压迫、战争、贫富分化、生态危机等各种社会弊病,建立自由人联合体,使每个人都能获得自由和全面发展的机会和条件。温家宝在谈到以人为本时曾说:"马克思说过,未来的新社会是'以每个人的全面而自由发展为基本原则的社会形式'。"[1]胡锦涛则根据当今中国社会发育的状况能够为人的全面自由发展提供的程度,提出了"以人为本"的近期目标,即实现"人的全面发展"。他说:"坚持以人为本,就是要以实现人的全面发展为目标";要"始终把最广大人民的根本利益作为党和国家工作的根本出发点和落脚点,在经济发展的基础上不断满足人民群众日益增长的物质文化需要,促进人的全面发展";"不断推进人的全面发展";"坚持以人为本,最终是为了实现人的全面发展"[2]等等。为此,新一届党中央在实践中选择、确定了将"以人为本"作为不断推进人的全面发展的运动起点和中轴,先后提出了科学发展观、全面建设小康社会、构建社会主义和谐社会、加强执政党能力建设等,将社会主义的价值目标有效落实到社会运行机制之中,与现实社会运动构成一个整体,实现了马克思主义人的全面自由发展理论从抽象到具体、从理论到实践的巨大转变。

综上,社会主义条件下的以人为本,无论是其内涵还是精神实质都远远超越了中国传统民本主义和西方人本主义的思想境界和胸怀。它以马克思主义世界观和方法论为指导,立足社会主义运动,依据当代中国国情和时代特征,在继承中西传统文化精华的同时又注入了新的时代内涵和精神特质。诚如胡锦涛所言:"现时代中国强调的以人为本……既有着

---

[1] 温家宝:《提高认识,统一思想,牢固树立和认真落实科学发展观》,载 2004 年 3 月 1 日《人民日报》。
[2] 胡锦涛:《在美国耶鲁大学的演讲》,载 2006 年 4 月 23 日《人民日报》。

中华文明的深厚根基,又体现了时代发展的进步精神。"①既坚持了马克思主义基本原理,又颇具中国特色,是贯彻古为今用、洋为中用、推陈出新的理论创造。

二、坚持以人为本在当代中国社会治理中的价值诉求

如同马克思主义不仅是一门理论、更是一个人类解放的行动科学、首要的是服务当时的无产阶级解放运动一样,以人为本作为当前党和国家发展的战略指导思想——科学发展观的核心和本质,不仅体现为理论形态及其在经济社会发展中的价值导向和引领功能,更重要的它还是当代中国共产党人治国理政的实践方略,体现为新一代领导集体自觉地将其作为一种社会运行法则,有效地贯彻在社会治理实践中、落实在运行机制上,使其在现实社会主义运动中成为社会矛盾认定的基本出发点、政策制定实施的价值导向、工作利弊得失的评判依据。

(一)坚持以人为本的目标指向

当代中国社会治理是以科学发展观为统领的。自党的十六届三中全会提出科学发展观以来,经过几年的理论论证和实践检验,而今已成为我国经济社会发展的重要指导方针和发展中国特色社会主义必须坚持和贯彻的重大战略思想。科学发展观自提出以来,始终贯穿一个重大的原则即以人为本,突出一个显著的主题即人的全面发展。这是自胡锦涛主政以来历次党和国家的重大会议、重要文献一再突出强调并在实践中予以身体力行的价值追求。

科学发展观之所以能将以人为本与人的全面发展纳入到自己的视野,正在于它找到了人的发展与社会发展相互关系的科学原理:社会由作为社会主体的人构成,历史的前提是现实的个人,社会的进步源自于社会主体——人的实践活动;社会是人创造历史的舞台,舞台的高低、大小决

---

① 胡锦涛:《在美国耶鲁大学的演讲》,载 2006 年 4 月 23 日《人民日报》。

定着人创造历史的空间和水平。社会与人、人与社会始终紧密地"胶"在一起,优良的关系结构使彼此互相蕴涵、互相促进、相得益彰;低劣的关系结构使彼此互为羁绊、互相制约、恶性循环。在中国社会的发展中,曾经一度拒绝了人的需求,人的积极性、能动性也因此被湮灭;反过来,人的窒息带来的也是一个止步不前甚至说是倒退的社会发展。十一届三中全会后,改革开放焕发了人们压抑许久的创造冲动,春潮涌动般推动着中国社会迎来了新的生机。GDP、综合国力、经济增长速度等一系列令人惊喜的数字展示着中国社会发展的伟大成就,而居民消费水平的提高、消费结构的改善、人均寿命的增加、文化休闲娱乐支出的飙升也雄辩地表征着中国人的发展水平,透露出中国社会治理理念正在步入人与社会协调发展的优良轨道,意味着我们社会发展的价值取向发生了某种变化,突出了人的全面与自由发展的目的指向。正是基于对中国历史上社会发展与人的发展正反两面教材所演绎的辩证关系的深刻体认,科学发展观提出坚持以人为本,树立全面、协调、可持续的发展观,并将科学发展观的目标指向"促进经济社会和人的全面发展"。

科学发展观不但具有理论的科学性,本身更是一门实践方略,它从多个角度将人的全面发展的具体内容内化为自觉的实践。

首先,科学发展观将发展确定为第一要义,矢志不渝地巩固、提升人的全面发展不可或缺的物质财富基础。从某种程度上说,科学发展观是在矫正"见物不见人"、过分注重社会发展忽视人的正当需求中诞生的,但它绝不是矫枉过正、从一个极端滑向另一个极端。科学发展观强调生产力的决定作用,始终遵循历史唯物主义所坚持的经济基础在社会发展中的决定作用;秉持改革开放以来确立的以经济建设为中心、发展是硬道理、发展是党第一要务的执政理念,将发展确立为第一要义,努力提高社会发展水平,进一步夯实人的全面自由发展所要求的物质条件。因为经济关系是人的全面发展最深刻的基础,人只有在为最基本的生存而奋斗的问题上减少必要的时间消耗,才能有更丰裕的时间、更旺盛的精力、更愉悦的心情求得在社会活动、社会关系、自由个性等其他方面的全面发展。

其次,科学发展观将以人为本确立为其本质和核心,将人的全面发展目标落实到社会运行机制之中。人的全面发展实质上是人的本质力量的拓展,即人的劳动能力的发展、人的社会关系的发展、人的自由个性的发展,而这一切的实现都必须通过切实的途径方能渐次达到。以人为本作为过程和手段,其最直接、明确的目标就是以促进人的全面发展为己任。通过以人为本,在社会发展中培育人的全面发展的氛围和价值观念,进而辐射出一系列为人的具体经济发展规范和政治策略,平衡社会整体发展过程中出现的各种不和谐因素,引导社会始终沿着有利于人的发展的方向前进。十六大以来,胡锦涛曾多次提出,坚持以人为本,就是要以实现人的全面发展为目标,从人民群众的根本利益出发找思路、谋发展,在经济发展的基础上,不断提高人民群众物质文化生活水平和健康水平;尊重和保障人权,包括公民的政治、经济、文化权利;不断提高人们的思想道德素质、科学文化素质和健康素质;创造出人们平等发展、充分发挥聪明才智的社会环境,让发展的成果切实惠及全体人民。坚持"以人为本"是马克思主义追求人的彻底解放与自由全面发展的崇高目标在现阶段的具体体现。

再次,科学发展观将全面协调可持续发展作为基本要求,为人的全面发展提供科学的世界观。所谓"全面发展",就是要以经济建设为中心,全面推进经济、政治、文化和社会建设,实现经济社会全面进步和人的全面发展。它既要求大力发展生产力和科学文化,为人的全面自由发展提供现实基础;还要求完善社会主义制度,积极推进社会主义民主政治进程,营造有利于人的全面发展的社会政治环境;同时要注重文教事业建设,推动社会的全面进步。所谓"协调发展",就是坚持"五个统筹",促进现代化建设各个环节、各个方面相协调,促进生产关系与生产力、上层建筑与经济基础相协调,坚持发展的重点论与发展的均衡论的统一,将人的全面发展置于一个系统中来考察与各个层次的相互关系。所谓"可持续发展"就是要促进人与自然和谐发展,实现经济发展、人口增长与资源利用、生态环境保护的协调,推动整个社会走上生产发展、生活富裕、生态良好的文明发展道路,保证一代接一代地永续发展。它要求我们坚持遵循社会发展规律与自然发展规律、社会辩证法与自然辩证法的统一。

最后,科学发展观将统筹兼顾作为其根本方法,为人的全面发展提供了有效的方法论指导。所谓"统筹兼顾",就是要从全局出发、通盘考虑、系统设计,不仅要统筹城乡发展、区域发展、经济社会发展、人与自然和谐发展、国内发展和对外开放,而且还要统筹中央和地方关系、统筹个人利益和集体利益、局部利益和整体利益、当前利益和长远利益、统筹国内国际两个大局。坚持统筹兼顾并非头痛医头脚痛医脚的权宜之计,而是我们长期坚持的根本方法。统筹兼顾同样要坚持以人为本的核心与原则,将人的发展、人民群众的利益作为其首要关注。人民群众的整体利益总是由各方面的具体利益构成,每个个体利益本身又是一个利益矛盾,各种具体利益矛盾相互交织构成了社会利益矛盾系统。这就要求在发展的过程中必须坚持统筹兼顾,即党的所有政策和工作,都应该本着有利于人的发展原则正确反映并妥善处理各种利益关系,统筹兼顾,协调好人民群众的当前利益与长远利益、局部利益与整体利益,通过协调、解决地域、城乡、不同社会阶层和群体之间差距较大的问题,解决好人口资源环境问题,促进人与自然的和谐,推动人与社会协调发展。

(二)坚持以人为本的坐标原点

在自然科学中,为了说明质点的位置、运动的快慢、方向等,通常要选取坐标系,规定原点、正方向和长度单位。在坐标系中,原点起着至关重要的作用,质点从什么位置出发,向正方向还是反方向运动,运动的速度如何,皆以原点为参照,辅之以坐标轴为定位。在社会治理坐标体系中,原点是指社会运动的立足点,是判断形势、确立社会发展路线、方针、政策的出发点。

从不同的原点出发会作出迥异的形势判断,进而将以不同的理念主导社会发展。新中国成立后的很长一段时期,毛泽东曾从政治斗争出发错误地实施"以阶级斗争为纲",将国家和社会发展的中心任务相应地转变为"阶级斗争",直至走向"文化大革命",酿成中华民族的一场浩劫。十年动乱之后邓小平果断地废止了以阶级斗争为纲,他立足于人民物质文化生活极度贫困的状况,从人民的需要出发认定中国社会的主要矛盾,进而规定党和国家的中心任务。邓小平指出:"什么是目前时期的主要矛盾,也就是目前时期全党和全国人民所必须解决的主要问题或中心任务,由于三中全会决定把工作重点转移到社会主义现代化建设方面来,实际上已经解决了。我们的生产力发展水平很低,远远不能满足人民和国家的需要,这就是我们目前时期的主要矛盾,解决这个主要矛盾就是我们的中心任务。"[1]由此出发他将社会主义的首要任务确立为"发展生产力,逐步提高人民的物质和文化生活水平"[2]。

邓小平之后我国对于社会发展原点的设定基本都立足于人的需要并在新的社会历史条件下予以整合、创新和发展,同时规定党和国家的中心任务。例如,十五大报告指出:我国经济、政治、文化和社会生活各方面存在着种种矛盾,阶级矛盾由于国际国内因素还将在一定范围内长期存在,但社会的主要矛盾是人民日益增长的物质文化需要同落后的社会生产之间的矛盾,这个主要矛盾贯穿我国社会主义初级阶段的整个过程和社会生活的各个方面。这就决定了我们必须把经济建设作为全党全国工作的中心,各项工作都要服从和服务于这个中心。十六大报告重申,人民日益增长的物质文化需要同落后的社会生产之间的矛盾仍然是我国社会的主要矛盾,因此"必须把发展作为党执政兴国的第一要务"。党的十七大报告和胡锦涛《在纪念党的十一届三中全会召开30周年大会上的讲话》依据人的发展,将改革开放30年来中国社会状况概括为两个阶段性"变化"和两个"不变"。所谓阶段性"变化"即人民生活从温饱到总体小康、从总体小康到全面小康的变化;所谓"不变"即"我国仍处于并将长期处于社会主义初级阶段的基本国情没有变,人民日益增长的物质文化需要同落后的社会生产之间的矛盾这一社会主要矛盾没有变"。因此这决定了"科学发展观,第一要义是发展"。

中国社会主义发展的实践表明,对于社会主要矛盾的判定及相应的中心任务的确定对社会发展起着至关重要的作用。见物不见人和背离人的社会矛盾论带来的是扭曲甚至是倒退的发展;只有从人出发、以人为本判断社会主要矛盾并规划国家建设的中心任务,才能使社会发展沿着正确的航向前进。改革开放以来的历代党和国家领导集体都是从"人"这

---

[1] 《邓小平文选》第2卷,人民出版社1994年版,第182页。
[2] 《邓小平文选》第3卷,人民出版社1993年版,第116页。

个最基本的原点出发来判断我国的社会的基本矛盾和制定主要任务。而正是从人民最迫切的需要出发,始终紧紧扭住经济建设不放松,我们才于1997年提前三年实现了人均国民生产总值比1980年翻两番的宏伟目标;到2003年,人均国内生产总值超过了1000美元,城乡居民的"恩格尔系数"分别下降至40%和50%左右,人民的生活跨越了温饱,迈进了小康。[1]

然而科学发展观并没有止步于此,而是根据转型期多种社会矛盾凸显的特点,再次立足于人的发展,在坚持既往关于社会矛盾认定的基础上,将目光投向了更广阔的人的发展空间。据此,科学发展观作出了中肯的分析,认为在过去相当长的时期内,我们片面地把经济社会发展等同于经济发展,把经济发展简化为经济增长,把以经济建设为中心理解为经济建设是唯一,而对为了经济增长而付出的环境代价估计不足,对就业、社会保障、教育、医疗等民生指标则重视不够。在这样的误区下,人被物遮蔽了,人的发展并没有取得与物质财富的同步增长。基于上述认识,科学发展观作出新的形势分析,认为现在达到的小康还是低水平的、不全面的、发展很不平衡的小康;经济和社会领域的各种深层次的矛盾也日益凸现,城乡差距、地区差距、居民收入差距持续扩大,就业和社会保障压力增大,教育、卫生、文化等社会事业发展滞后,人口增长、经济发展同生态环境、自然资源的矛盾加剧;经济体制和其他方面的管理体制还不完善;民主法制建设和思想道德建设等方面还存在一些不容忽视的问题。这些矛盾归结为一点,就是没有处理好人与发展的关系问题,忽视了经济社会发展对人应有的关注。科学发展观站在"人本"这一价值向度上审视发展,先后出台了一系列诸如贯彻落实科学发展观、全面建设小康社会、构建社会主义和谐社会、社会主义新农村建设等大政方针,以"人"的方式推进当代中国发展,使发展落脚于人的价值目标。

(三)坚持以人为本的运转中轴

根据十七大的部署,当前中国特色社会主义事业的总体布局是立足

---

[1] 徐春:《科学发展观与人的全面发展》,载《北京行政学院学报》2008年第1期。

于经济建设、政治建设、文化建设、社会建设的全面推进。在四大建设中,"以人为本"作为价值中轴贯穿其中,成为各项建设必须遵循的重要原则。

1. 经济建设中的以人为本——由物本经济转向人本经济

任何稍有历史唯物主义常识的人都不会否定,物质财富的创造在人的发展中永远具有决定性意义,因此,经济建设应该始终是中国特色社会主义事业的中心任务,这已成为国人的共识。今天的经济建设并不在于否定经济发展,而是对历史上见物不见人的经济增长观的纠偏。科学发展观的提出,将以人为本融入经济发展的机制当中,创造出一种"人本经济"。"人本经济"就是将以人为本的发展理念贯彻到经济活动中,把人当做经济活动与经济发展的主体、标尺和目的。换言之,不仅把人作为发展经济的手段,大力开发人力资源、关注人才培养,努力将经济增长方式转到依靠人的知识、素质和创新能力上来,而且要努力实现目的与手段的统一,在经济发展的全过程把人当做经济发展的终极目的,满足人的物质文化需要,促进人的全面发展。

2. 政治建设中的以人为本——由官本政治转向民本政治

政党政治是当代国家治理的最重要现象,执政党的执政理念与内容在一个国家的政治发展中起着决定性的作用。就执政理念而言,民本政治建设要求执政党执政为民,将以人为本作为执政准则,把实现人的发展作为执政理想。秉持人民公仆的角色,坚决摒弃官本主义,自觉地认定自己是人民群众在特定历史时期为完成特定历史任务的一种工具,努力践行立党为公、执政为民的宗旨,恪守"一切相信群众,一切依靠群众,一切为了群众"的群众路线,时刻把人民群众的安危冷暖放在心上,深怀爱民之心,恪守为民之责,善谋富民之策,把实现好、发展好、维护好人民群众的根本利益作为中国共产党不变的价值追求。就执政方式而言,民本政治建设要求颠覆建立在官本位基础之上的家长式专权政治,坚持民有、民治、民享,以保证人民当家作主为根本,以增强党和国家活力、调动人民积极性为目标,扩大社会主义民主,建设社会主义法治,发展社会主义政治文明。

3. 文化建设中的以人为本——由精英文化转向大众文化

当今时代,文化越来越成为民族凝聚力、创造力的重要源泉和综合国力竞争的重要因素,丰富精神文化生活是我国人民的热切愿望。文化建设的根本是人的素质,文化样态决定了人的样态。曾几何时,文化财富曾为统治阶级专享物,成为贵族文化、精英文化,人民大众成为文盲的主流、愚昧的象征。今天的文化建设必须坚持以人为本,致力于社会主义文化大发展大繁荣。就其性质而言,文化建设以社会主义先进文化为前进方向,塑造新型人格;就其主体而言,文化建设坚持发挥人民在文化建设中的主体作用,调动广大文化工作者的积极性,更加自觉、主动地在中国特色社会主义的伟大实践中进行文化创造,让人民共享文化发展成果,从而实现了文化建设主体与享受主体的统一。

4. 社会建设中的以人为本——突出民生构建和谐

社会建设与人民幸福安康息息相关。过去我国现代化建设是政治、经济、文化三位一体,十七大根据当前中国社会发展阶段性特征和以人为本的原则,提出要"加快推进以改善民生为重点的社会建设",构建社会主义和谐社会。社会建设的提出将中国特色社会主义事业的总体布局推进到四位一体。就其出发点而言,社会建设着眼于人民的幸福安康,将以人为本切切实实地内化在人民大众的平常生活中。就其内容而言,社会建设以改善民生为重点,政策措施之中处处洋溢着人本情怀。十七大提出要在经济发展的基础上,更加注重社会建设,着力保障和改善民生,推进教育、就业、收入、社会保障、医疗卫生等与民生息息相关的社会体制改革,扩大公共服务,完善社会管理,促进社会公平正义,努力形成一种使全体人民学有所教、劳有所得、病有所医、老有所养、住有所居的人人共建、人人共享的和谐社会。

(四)坚持以人为本的评判功能

自真理标准大讨论以来,我们在社会发展中一直倡导实践是检验真理的唯一标准。事实上,真正的社会发展应该是科学性与价值性的高度统一、合规律性与合目的性的统一。与此相对应,评判这样的发展并非一个简单的是非真理标准就能定论,必须引入善恶伦理的规范,即价值标准,以人为尺度来衡量这种发展是否有利于人类自身的利益。在某种程度上说,价值的标准更具有根本性,因为"人"才是社会发展的最终目的。

在马克思的视野里,"人"是评判社会制度优良与否的根本标准。马克思一生致力于"批判旧世界",并在"批判旧世界"中发现和建设新世界。他在《〈黑格尔法哲学批判〉导言》中为自己确定了使命——"真理的彼岸世界消逝以后,历史的任务就是确立此岸世界的真理。人的自我异化的神圣形象被揭穿以后,揭露具有非神圣形象的自我异化,就成了为历史服务的哲学的迫切任务。于是,对天国的批判变变成对尘世的批判,对宗教的批判就变成对法的批判,对神学的批判变成对政治的批判"①。马克思对"旧世界"的"批判",既有"武器的批判"(指无产阶级革命),更有"批判的武器"(指先进的理论)。在"批判的武器"中人的发展状况如何成为他的一个有力的批判工具,以人的发展状况为标准与目的始终成为批判的宗旨。如马克思对原始社会的赞美决不是因为原始社会低下的生产力,而是原始社会所造就的人的发展的"丰富性",尽管这种丰富是"原始的";他对奴隶社会、封建社会的鞭挞,主要是因为奴隶社会、封建社会把绝大多数的人变成了奴隶和农民,人最基本的生存权亦被戕害。马克思的批判学说集中体现在对资本主义所造成的生产力破坏和对人性摧残的批判上。作为马克思一生两大发现的唯物史观和剩余价值学说,其之所以备受重视,是因为这两大发现深刻地揭露了资本主义社会导致了大批的人单面、畸形发展的根源,指出了实现人的全面自由发展的出路。即便是马克思对资本主义社会的赞扬也是源自于以下两点:一是资本主义解放和促进了生产力的发展,为实现人的全面自由发展创造了物质前提;二是相对于封建专制,资本主义树起了自由民主平等博爱的大旗,对长期处于压抑之中的人性是一次极大的释放。可以说马克思正是抓住了"人"这个根本,才使他对资本主义社会的批判入木三分,也使他的学说更富价值性和感召力。

在当代中国社会治理中,以人为本作为科学发展观的本质和核心,不仅是"经济社会发展的长远指导方针,也是实际工作中必须坚持的重要

---

① 《马克思恩格斯选集》第1卷,人民出版社1995年版,第2页。

原则"①,而且更是评价社会发展最重要的价值尺度。中国社会究竟是否遵循了科学发展,除了传统的、表征社会发展物化的指标如综合国力、GDP、发展速度等,还必须引入人的发展指标,如人均收入、人民生活改善的程度、健康水平、幸福指数、人的全面发展实现的程度等。坚持以人为本在当代中国社会治理中的评判功能并不否认经济发展、GDP增长,它所强调的是经济发展、GDP增长归根到底是否落实为满足广大人民群众的物质文化需要,保障人的全面发展。我们提出以人为本科学发展观的目的就是要将以人为本内化为经济、社会发展的核心理念,使经济、社会发展的结果与无产阶级执政党的性质和宗旨相一致,使发展的结果与目标相统一。坚持以人为本,就是要破除和摒弃一切不重视人、不尊重人、不考虑人的全面发展的思想和做法,以是否确立人的主体地位、发挥人的能动作用、尊重人的主观意愿、保障人的合法权利、满足人的合理需求等,作为评判当代中国社会治理优良与否的标准。

三、胡锦涛的人的全面自由发展思想的历史地位

胡锦涛对人的全面自由发展理论中国化的历史贡献,突出体现为他在当代执政治国理念中提出了"以人为本"。"以人为本"的理念建构与实践贯彻是当代中国极为深刻的一场价值革命,它启动了对传统价值观的全面反思与批判,深蕴着马克思主义人的解放理论旨趣。

(一)拓展与升华了马克思主义学说的价值原则

以人为本在党的执政治国理念中的提出,直接彰显了马克思主义人的全面自由发展的基本原则,是对马克思主义学说价值性的拓展与升华,是当代中国共产党人对"什么是社会主义、怎样建设社会主义"的创造发展,表现了当代中国共产党人解放思想、实事求是、与时俱进的马克思主

---

① 温家宝:《提高认识,统一思想,牢固树立和认真落实科学发展观》,载2004年3月1日《人民日报》。

义理论品质和创新勇气。

不可否认,在国际共产主义运动中,历代无产阶级革命导师都很注重人的发展。从马克思确立共产主义社会人的发展目标,到列宁强调对未来的共产主义社会"不仅满足社会成员的需要,而且保证社会全体成员的充分福利和自由的全面发展"①,都体现了马克思主义的人文关怀。中国共产党的历史也表明:从毛泽东的"全心全意为人民服务"到邓小平提出社会主义本质论,并以"人民满意不满意、高兴不高兴、答应不答应"作为判断党和国家一切工作的是非标准,再到江泽民反复强调的"立党为公、执政为民"及将人的全面发展明确为社会主义新社会的本质要求,都是这一根本宗旨在不同历史时期的诠释和马克思主义人本情怀的中国化表述。可以说中国社会主义在以马克思主义为根本指导思想的治国实践中,把实现最广大中国人民的利益作为自己一切工作的根本出发点和落脚点是中国共产党人历来恪守的根本宗旨,"以人为本"始终是一个带有根本意义的合理命题。

然而,由于种种原因,在中国共产党执政以来的半个多世纪里,并没有在治国理念中明确提出人的发展目标,而且在特定的历史时期人的自由发展问题还被一度扣上资产阶级的帽子而被长期排斥在中国化马克思主义的正统词汇之外,更不要说将其如此明确地体现在党和国家战略指导思想中。汪征鲁教授在其所著的《中国马克思主义以人为本价值观的崛起》一文中,将中国共产党成立以来80多年的主导价值观概括为:"由以阶级斗争为纲——以发展经济为中心或以发展生产力为中心——以人为本的转换"②;高湘泽教授将改革开放30年来中国社会治理理念及其实践的发展历程概括为三大旅程(破冰和奠基之旅、自觉拓展之旅、全面深入之旅)和三大阶段(即冲出禁锢、拨乱反正、排除干扰,以造福于人民为目的,以搞好经济建设为中心,多方面文明建设一起抓,为切实实现和维护社会成员的生存和发展权奠定基本的思想理论、路线纲领、体制政策

---

① 《列宁全集》第6卷,人民出版社1986年版,第218页。
② 汪征鲁:《中国马克思主义以人为本价值观的崛起》,载《福建师范大学学报》(哲学社会科学版)2005年第3期。

和社会财富基础,这是第一阶段;第二阶段是指江泽民提出了"推动社会全面进步,促进人的全面发展"的社会治理目标,并制定和实行了"全面建设小康社会"的基本方略;第三阶段是胡锦涛在治国理念及其实践中明确提出和强调"以人为本"、"注重人文关怀")①。也就是说,在胡锦涛执政之前,以人为本并没有成为明确的主导价值而被纳入到党和国家发展的战略指导思想之列。之所以造成上述现象,其主要原因在于:一是对马克思主义和社会主义理论认识上的不足。譬如,长期以来我们更多地注重马克思学说的科学性、合规律性,片面地从阶级斗争、所有制、分配制度等来认识社会主义,而对其价值维度,即对主体活动与未来的合目的性的关注相对薄弱。二是受社会发展的特定阶段与任务所限。在中国共产党成立以来的一大半时间里,党的主导任务是争取民族解放与独立、巩固与稳定革命政权上,没能在治国理念中提出"以人为本"也是符合党情、国情和时代使命的。

　　历史进入21世纪,伴随着国家独立的日益巩固和"以经济建设为中心"的现代化建设的顺利进行,中国共产党建党以来面临的独立与富强两大使命基本完成。据统计,"1990—2001年,社会消费品零售总额从8300亿元增加到37595亿元,消费结构发生了重大变化,象征贫困与富裕程度的恩格尔系数大幅度下降,城镇居民恩格尔系数从1990年的54.2%下降到2001年的37.9%,农村居民恩格尔系数从58.8%下降到47.7%"②。这表明中国人民的物质生活水平已显著提高并在总体上进入小康,人的发展"第一层次的需求"基本得到满足,温饱已经不再成为人们所关心的头等大事。因此,具有依次递进性的享受、社交、受尊重和自我实现等发展需求接踵而至,它要求执政的中国共产党必须审时度势、要有新的作为。与此同时,经济社会发展与人的发展过程中出现了比较明显的不平衡、不全面、不协调,已经严重影响到经济社会的健康协调可持续发展,也波及到人的全面发展。

---

① 高湘泽:《回归和实践马克思主义人文关怀》,中国人学学会第十届学术年会"以人为本与中国特色社会主义"学术研讨会会议论文,2008年。
② 林兆木:《取得重大历史性成就的十三年》,载2002年11月26日《人民日报》。

面对新的时代特征和历史使命,以胡锦涛为核心的新一届党中央,以与时俱进的品质、实事求是的精神、理论创新的胆略,提出了"以人为本的科学发展观"。科学发展观在中国化马克思主义社会治理理念中,第一次用"以人为本"这一中国化马克思主义的语言,明确界定"以人为本"的科学含义,并将"以人为本"确定为作为当代中国社会发展重要指导方针和重大战略思想的科学发展观的本质和核心,鲜明夺目地彰显了马克思主义人的自由全面原则,在马克思主义人的全面自由发展理论中国化的进程中具有重要的历史地位。

(二)系统回答了中国特色社会主义的发展主体、动力和目的

以人为本不仅是一种理论诠释,更是一门行动科学,是一种社会治理理念和运行机制。以人为本从深层次上回答了中国特色社会主义"靠谁发展"、"怎样发展"和"为谁发展"的问题。坚持以人为本就是要把人作为现代化建设的出发点、落脚点和运转中轴,将人的发展目标落实到现实社会的运行机制之中,与现实社会运动构成一个有机整体,从而使马克思的人的全面自由发展理论实现了从抽象到具体、从理论到实践的巨大转变。

在马克思主义思想史上,马克思、恩格斯针对资本主义生产所导致的人的异化和畸形发展而提出了人的发展的理想状态和终极目标,即每个人全面而自由的发展,并把它作为共产主义社会的本质特征和基本原则。同时马克思指出,全面发展的个人……不是自然的产物,而是历史的产物。社会实践也一再表明,人的全面自由发展不是一蹴而就,更非一次完成,而是一个逐步提高、永无止境的历史发展过程,是一个通过终极价值目标不断规整人的发展方向、通过不同发展阶段的历史积累而逐步推进的历史发展过程。在这个漫长的过程中,人日益走向丰富性的每一步,人在发展的每一个阶段,都承载着人的全面自由发展这个终极价值目标的阶段性任务,要求无产阶级政党在追求人的发展目标的每一个阶段都要以人为本,把人作为制定无产阶级路线、纲领、政策的价值轴心,即坚持以人为本的执政理念,把人的发展目标有效体现在整个共产主义运动中,始终沿着终极价值目标所规定的方向前进。

马克思在《关于费尔巴哈的提纲》中有一句经典名言——"哲学家们只是用不同的方式解释世界,问题在于改变世界。"①作为当代中国社会治理理念的最新发展阶段,科学发展观在中国共产党的社会治理实践中第一次明确、响亮地提出了"坚持以人为本",从而将人本理论转化为治国理政的实践方略。面对世纪之交中国社会表现出的新的阶段性特征,以胡锦涛为核心的新一届党中央展开了对"什么是社会主义、怎样建设社会主义"的深层次探索,提出我国的社会主义现代化建设,必须坚持以人为本,树立全面、协调、可持续的发展观,从深层次上回答了经济社会发展主体、发展动力、发展目的、发展道路的问题,回答了社会发展以什么为坐标原点,以什么为发展中轴的重大现实问题。坚持以人为本,就是新一届党中央以马克思主义唯物史观为指导,选择、确定的这样一个不断推进人的全面发展的运动起点和中轴。它不仅进一步明确了我们党和国家关于现代化建设重大战略的立足点和价值取向,而且要求我国在全面建设小康社会进程中,物质文明、精神文明、政治文明、社会文明建设以及人与自然关系的处理,都必须坚持以人为本,即坚持以人在社会主义现代化建设中的目的地位,将社会主义的价值目标落实到现实社会的运行机制之中,这不仅是马克思人的全面自由发展理论在我国现阶段的新发展、新飞跃,也必将使我国的人的全面自由发展实践在今后的现代化进程中实现更大的突破。

---

① 《马克思恩格斯选集》第 1 卷,人民出版社 1995 年版,第 57 页。

终论　人的全面自由发展理论百年中国之路——特点与前瞻

自从马克思主义传入中国,中国人民追求人的全面自由发展的努力已有百余年历史。今天站在新世纪的潮头,以马克思所构想的共产主义是"以每个人的全面而自由的发展为基本原则的社会形式"为坐标原点和价值依据,通过对中国人追求全面自由发展的历史进程的回顾,透析其间所实现的阶段性飞跃,有助于我们清晰地勾勒出中国社会主义人的全面自由发展理论演进的轨迹,把握中国人走向全面自由发展的基本规律,期待中国特色社会主义运动能够自觉沿着马克思指引的道路前进,最终为实现共产党人的终极理想——建立"自由人联合体"做出贡献。

一、中国化的人的全面自由发展理论的基本特点

马克思主义人的全面自由发展理论中国之路是在中国半殖民地半封建社会背景下、西方帝国主义列强侵华的隆隆炮声中起步的。百余年来,中国社会经历了新民主主义革命、社会主义革命和建设的巨变,而今已迈上了中国特色社会主义道路。与这种社会发展进程相一致,中国人民追求自身解放的进程也呈现出以时代为特征的阶段性演变轨迹。以毛泽东、邓小平、江泽民、胡锦涛为核心的历代党和国家领导集体,秉承马克思主义人的全面自由发展基本原则,以满腔的人文情怀规划中国社会主义革命和建设。他们分别站在不同的逻辑起点、面对不同的时代任务、设计

了递进式人的发展目标、圆满完成了特定条件下人的解放的历史使命,走出了一条中国特色的人的解放与发展之路。

(一)指导思想上的一脉相承性

起步于人的依赖性、历经以物的依赖性为基础的人的独立性、最后达于人的自由个性,每个人获得全面而自由的发展,这是马克思为我们指明的人类发展的漫长历程和美好前景。同时,马克思还点明了人类从必然王国迈向自由王国及实现这一目标的实质与真谛,即"推翻那些使人成为被侮辱、被奴役、被遗弃和被蔑视的东西的一切关系"①,颠覆与人的存在和发展、人的自由个性的塑造、人的自我解放之内在需要相抵触、相背离的一切社会关系和制度原则,构筑有利于激发人的主体性力量、提升人的地位、维护人的权利、推动人的自由个性的生成的新型社会关系与运行法则,这是马克思主义一以贯之的价值立场与理论主旨。它提示我们,打碎各种枷锁、脱离一切羁绊、追求自由发展、实现人自身的解放理应是人在一切社会中皆不可放弃、贯穿一切制度改造的刚性价值原则,也是社会发展理念和原则必须恪守的根本价值取向。

一个多世纪以来,中国共产党人正是坚持马克思所设想的共产主义社会每个人全面自由发展的基本目标,遵循马克思主义及作为其基本思想、精神内核的人的解放理论,以满腔的人文情怀推进中国人的解放进程。诚然,作为一种文化的继承性,根植于中国大地的人的解放运动必然会深受中国传统文化的影响。非但如此,在马克思主义传入中国之前,在先进中国知识分子寻找救国救民的道路上,西洋文明也一直在为中国人民所效仿、比较和选择。近代中国史上先后上演的维新思潮、革命思潮、新文化思潮、自由主义思潮等,都是在中西文化相互碰撞下发生的。不可否认,新文化运动之后中国人迈向解放的运动充分吸收了上述中国传统文化和西方文明中的闪光思想。关于此点,我们已在文中诸章节中多次提到。

然而,在接受了马克思主义之后,中国共产党便在党的纲领性文献中

---

① 《马克思恩格斯选集》第 1 卷,人民出版社 1995 年版,第 10 页。

确立了马克思主义在中国革命和建设中的一元指导地位,新民主主义革命、社会主义革命与建设都是在马克思主义科学理论的指导下完成。同样,中国人民追求全面自由发展的历史也是在马克思主义解放理论的导引下完成的,充分体现了指导思想上的一脉相承性。以李大钊、陈独秀、瞿秋白等为代表的早期马克思主义者曾怀抱着拯救人民于水火的期待,试图运用初步掌握的马克思主义立场、方法对其人的解放学说进行启蒙传播。他们视马克思学说为"安民新学"①、"用以安民而救世"②;视"救济经济上的不平均"和"恢复人类真正平等的状态"③为社会主义两面最鲜艳的旗帜。以毛泽东、邓小平、江泽民、胡锦涛为核心党的历届领导集体,在领导中国革命和建设的过程中,自觉地接受马克思主义理论的指导,在不同场合表达了对马克思主义人的全面自由发展思想的向往和追求,如毛泽东曾谈到他很欣赏《共产党宣言》中关于人的全面自由发展思想,江泽民在党的纲领性文献中清楚地确认共产主义社会人的全面自由发展,当今新的领导集体也有过同样的直接表达。因此,作为中国化的马克思主义,历代领导人关于人的全面自由发展思想,是与马克思主义的基本思想完全契合的,体现了中国化马克思主义人的全面自由发展理论指导思想上的一致性。

(二)治国理念上的与时俱进性

在中共党史上,先后尝试过三种影响深远的主导价值观:以阶级斗争为纲,以经济建设为中心和以人为本为核心。在不同治国理念的影响下,人的发展呈现出历史的与时俱进性。总体上看,与上述治国理念的演变相适应,人在社会主义建设中的地位经历了一个从隐性目标到显性追求、从社会发展的边缘走向社会发展中心、从偏重人作为手段到目的与手段相统一、从片面追求人的奉献与付出到注重满足人的需求与享受等这样一个演变过程。

---

① 郭德宏:《中国马克思主义发展史》,中共中央党校出版社2001年版,第4页。
② 中共中央党校科研办公室:《社会主义思想在中国的传播》第1集上册,中共中央党校出版社1985年版,第75页。
③ 《李达文集》第1卷,人民出版社1980年版,第5页。

在改革开放之前的半个多世纪里，中国社会发展主导理念经历过几次大的演变。新中国成立前，中国人民深受"三座大山"的重压，不自由不民主的程度世所罕见。为此，毛泽东致力于实现中华民族的独立、中国人民的解放，进行革命战争成为主导理念，拯救人、解放人成为毛泽东领导中国革命的根本目的。新中国成立后，毛泽东致力于建立"一个独立的、自由的、民主的、统一的、富强的新中国"[①]。面对千疮百孔的国民经济，他作出了"保护和发展生产力"的决定，试图从造福人民的思想出发来规划社会主义建设。然而由于国内外形势的发展，"保护和发展生产力"的思想很快被阶段斗争的理念所取代，并且逐渐演变为以阶级斗争为纲。在阶级斗争为纲的笼罩下，人性的阶级性上升到主导地位，人成为阶级斗争的工具甚至成为阶级斗争的牺牲品，不合时宜的阶级斗争突出表现了它固有的强制性、暴力性和极端破坏性，造成了社会主义发展中严重的人本悲剧。

与此同时，由于对马克思主义理论和社会主义建设规律认识的不足，毛泽东在对"什么是社会主义、怎样建设社会主义"的认识上也出现了失误。一是"左"倾冒进的思想，譬如"大跃进"；二是倾向于从基本特征方面来认识社会主义，片面追求超越生产力发展水平的生产关系，譬如人民公社。这两种认识上的失误直接导致了对生产力的极大破坏，降低了人民生活水平的提高，损害了人的发展的物质基础。

党的十一届三中全会后，邓小平率先发起了对"什么是社会主义"的再认识。他打破了从基本特征方面认识社会主义的思维定式，而是从本质层面入手，将满足人的需求作为社会主义的根本价值追求。为此，他提出了社会主义本质论，从根本上扭转了长期以来对社会主义的片面理解，成为党和国家把工作重心转移到社会主义现代化建设上的理论起点。社会主义本质论着眼于人民群众的根本利益，充分体现了人民群众既是历史创造的主体又是社会发展的享受主体，深蕴着共产主义人的全面自由发展基本原则，开创了中国特色社会主义人的全面自由发展理论的新起点。

[①] 《毛泽东文集》第3卷，人民出版社1996年版，第304页。

"三个代表"重要思想是江泽民任期内执政治国理念的集中体现。它最初是从执政党的先进性上提出来的,后又上升为国家发展的指导方针。"三个代表"重要思想就其内容来看,无论是"代表中国先进生产力的发展要求"、还是"代表中国先进文化的前进方向"、"代表中国最广大人民群众的根本利益",人都是其不言而喻的逻辑起点和归宿,突出表现了人在中国共产党执政治国理念中的目的地位。更为重要的是江泽民将努力促进人的全面发展纳入到社会主义本质的范畴,在党的纲领性文献中予以体现。

科学发展观是以胡锦涛为首的新一届领导集体提出的执政治国理念,是现阶段中国经济社会发展的重要指导方针,也是发展中国特色社会主义必须坚持和贯彻的重大战略思想。科学发展观最引人注目的是将以人为本确定为其本质和核心,从而在中国共产党发展史上第一次将人的发展目标明确彰显在执政治国理念中,写在党的旗帜上。以人为本直接践行了马克思主义人的解放的理论旨趣,是当代中国最为深刻的一场价值革命,它在党的执政治国理念中第一次使用"以人为本"这一中国化马克思主义的语言,确认马克思主义人的全面自由发展的基本原则,是对马克思主义学说价值性的拓展和升华,表现了当代中国共产党人对社会主义本质特别是在人的问题上的突破性认识。非但如此,以人为本还是一门行动科学,是一种社会治理理念和运行机制,它把人作为现代化建设的出发点、落脚点和运转中轴,从深层次上回答了中国特色社会主义"靠谁发展"、"怎样发展"和"为谁发展"的问题,从而将人的发展目标有效落实到现实社会的运行机制之中。因此,以人为本科学发展观的提出,集中体现了人在社会主义建设中的地位从隐性到显性、从边缘到中心的飞跃,是党的执政治国理念日益趋向马克思主义人的全面自由发展原则的巨大进步。

(三)目标设计上的时代差异性

由于历代党和国家领导集体所处的时代条件存在着巨大的差异,因此他们在对于国民形象的设计和塑造上存在着明显的时代差异性。

毛泽东时代正是中国革命建设任务最艰巨、物质基础最薄弱的时期。

一方面"一穷二白"、极端贫瘠的物质条件注定暂时难以满足人民群众更多的需求,另一方面极其艰巨的革命任务又要求革命者必须具备大无畏的牺牲精神。因此,毛泽东特别注重从政治上、精神上塑造人,大力倡导奉献和付出而不计回报与享受的精神,注重塑造"一不怕苦、二不怕死"的革命英雄主义形象与"全心全意为人民服务"、"大公无私"、"毫不利己、专门利人"等具有崇高信仰和高尚情操的共产主义道德人,如刘胡兰、董存瑞、黄继光、白求恩等便是毛泽东树立起来的形象代表。

革命英雄主义和共产主义道德人最大程度地满足了战争与革命时代的需要,对中国革命取得胜利发挥了重要作用。但是革命英雄主义是旧中国人民深受"三座大山"压迫的产物、是在如若不战斗就面临着生命被剥夺的险恶境遇下的选择、是适应艰巨的革命任务而产生的。随着新中国的成立,大规模战争的结束,人们不再面临非以牺牲换得生存的险境时,革命英雄主义也随之失去了产生的土壤。同时,具有高尚的共产主义觉悟的道德人的产生,也是有严格的条件,其中最重要的前提是社会物质财富充分涌流,劳动不再是人们谋生的手段而成为人们自觉自愿的行动、成为人的第一需要。显然,在革命战争年代这些条件远远没能具备。因此,离开高度发达的生产力、受制于社会发育程度的低下、片面地拔高人的思想觉悟性,无疑是一种虚幻的主观作为。共产主义道德人虽然试图在精神境界上与共产主义新人形象接轨,但因其没有发达的社会进步作支撑,终究与马克思设想的真正的人的全面自由发展有着不短的距离。

新中国成立后,为适应社会主义建设的需要,毛泽东在人的发展目标设计上又提出了"又红又专"、"德智体全面发展"、"社会多面手"等具体的社会主义新人形象,虽然这些设计并非完全科学,特别是"红专"的培养中出现了"白专"倾向、"社会多面手"的培养在理论上和实践上都是走形变样的,但就毛泽东的初衷而言,可视为是对马克思所设想的全面而自由发展的人的初步尝试。

邓小平时代是和平与发展的时代。中国政府先后作出了改革开放、以经济建设为中心进行社会主义现代化建设、发展社会主义市场经济的伟大决定。党和国家的中心任务从阶级斗争转向了经济发展,与此相适应,它要求有一大批敢于打破传统思维定式、具有创新、冒险、务实精神的现代化的人,敢于大胆地试、大胆地闯,这样的人被邓小平称为有理想、有道德、有文化、有纪律的人,即"四有"新人。"四有"新人的提出和培养不仅准备了社会主义现代化建设的必备条件,同时也大大激发了中国人被长期压抑的活力和创造性。中国人民在发展思想道德素质、政治理论素质的同时,生产劳动能力和从事经济活动的能力也得到较大发展。

江泽民和胡锦涛面临着大致相同的时代背景。政治上,中国特色社会主义经历了苏东剧变冲击后进一步巩固,中国共产党的执政地位进一步加强;经济上,经过邓小平时代以经济建设为中心的社会主义现代化建设,中国综合国力显著提高,社会有了一定的财富基础。上述时代特征使得中国人民在生存温饱之后有能力追求更多的发展机会,产生更多的发展需求。江泽民、胡锦涛敏锐地抓住中国人民新的需求倾向,在继续将培养"四有"新人作为中国特色社会主义文化建设的根本任务的同时,将"全面发展的人"作为新的追求目标。"全面发展的人"的提出无疑是对马克思主义"每个人全面而自由发展"原则的重大接近。

(四)实践推进上的阶段演进性

在人的全面自由发展学说中,马克思不仅将其规定为未来共产主义社会的一个基本原则,同时还指明了人的全面发展的具体内容(如人的需要的全面发展、人的能力的全面发展、人的个性的全面发展、人的社会关系的全面发展等)提供了实现这一原则的基本途径(如大力发展生产力以满足人的全面自由发展的物质前提、消灭私有制和旧式分工来克服人的异化、大力发展教育事业拓展人的能力、重视精神产品的生产以满足人的精神需求等)。在马克思主义人的全面自由发展中国化的历史进程中,中国共产党人不仅依据马克思主义的理论宗旨思考"什么是社会主义",而且还按照马克思指明的路径将人的发展规划在"怎样建设社会主义"的实践中,于每一个阶段上都取得了突破性的进展,完成了特定的使命。

身处亡国灭种、水深火热险境中的毛泽东,在人的发展上最卓越的功绩是带领中国人民推翻了重压在人民头上的"三座大山",斩断了捆绑在中国人民特别是农民身上的"四大绳索"(即代表封建宗法思想和制度的政权、族权、神权、夫权),使中国人民从旧式的社会关系中解放出来;同时,实行社会主义改造,建立了以生产资料公有制为基础的社会主义制度,使中国人民获得了在新的政权和新的生产关系保护下实现全面自由发展的政治前提,实现了政治解放。这是中国人民在人的解放、人的全面自由发展道路上实现的第一次飞跃,也使毛泽东在马克思主义人的全面自由发展理论中国化历史进程中树立起了自己的丰碑。

邓小平面临的是一个贫穷的社会主义,面对的是十亿中国人民搞饭吃的情景。为此他秉持造福于人的初衷,开始了中国的第二次革命——改革开放。他视"共同富裕"为社会主义的本质,把经济发展置于社会主义现代化建设压倒一切的中心地位,通过改革开放发展经济、解放生产力,从而使中国人民获得了全面自由发展的最基本前提——物质财富基础。经济上的大解放意味着为人的发展提供了日益充足的劳动产品,从而满足了人类社会生存与发展的物质性需求;它标志着改革开放以来我国社会经济生活和人民生存状况发生了一次极为重要的历史性变化,千百年来人们梦寐以求的吃饭问题——人的全面自由发展最基本的前提——生存得以初步解决,并由此推动着人的需求走向丰富性。这是中国人民在全面自由发展的征程中迈出的具有决定意义的一步,也是邓小平在这一理论中国化进程中的卓越贡献。

江泽民则依据人民温饱需求得以基本满足之后、具有依次递进性的享受、社交、受尊重和自我实现等发展需求接踵而至的新情况和新任务,将促进人的全面发展纳入到社会主义本质的范畴,凸显了中国特色社会主义理论的价值主题。一方面,他继续坚持经济发展为中心的路线纲领,将发展视为执政兴国的第一要务,进一步巩固、夯实、提升人民的物质生活水平;另一方面,他用清晰的语言阐明了马克思主义学说蕴涵的基本价值,拓展了马克思主义理论认识的新领域。他提出的"共产主义社会,将是……每个人自由而全面发展的社会",是在人的全面自由发展中国化历史进程中、也是在党的权威性文献中第一次明确共产主义的价值原则,大大丰富了对马克思主义理论认识的新领域。同时,江泽民还将努力促进人的全面发展界定为社会主义的本质要求,并提出和树立了"推动社会全面进步,促进人的全面发展"的社会治理目标,从而使中国特色社会主义第一次在自己的旗帜中镌刻上"促进人的全面发展"这一伟大历史使命。

理论的突破必将带来实践的飞跃。继江泽民对中国特色社会主义理论的价值主题确认之后,胡锦涛便将这一理论付诸社会发展实践。其突出标志是在贯彻落实科学发展观、全面建设小康社会中明确提出"以人为本",从执政治国理念的高度将人的发展作为价值目标落实到社会运行机制之中。相对于对人的问题讳莫如深的历史而言,中国共产党不但敢于谈论人的问题,而且在党的执政纲领和国家战略指导思想中明确彰显人的发展主题,表现了当代中国共产党人解放思想、实事求是、与时俱进的马克思主义理论品质和创新勇气,是马克思主义人的全面自由发展理论中国化的又一次飞跃。以人为本还是一种现实的运动、一门行动的科学,是一种社会治理手段和运行机制,它的提出使得马克思主义的价值追求不仅停留于一种理想、一个口号、一种观念、一种理论,更体现为一种现实的运动,它的贯彻实施必将有力地推动我国人的发展迈上更高的台阶。

除了上述具有个性的阶段性突出成就外,还有一些共性的内容为历代领导集体一贯坚持和实践。一是都注重发展经济满足人的物质需求。从邓小平发展是硬道理、以经济建设为中心到江泽民"发展是党执政兴国的第一要务"、胡锦涛"以人为本科学发展观"的提出都明显地体现了这一内容,即便是在阶级斗争为主导的时代毛泽东也曾作出过"保护和发展生产力"的努力,纵使大生产运动、"大跃进"也都是出自于满足人们物质生活的初衷,只不过是一种违背社会发展规律的失败尝试。正是在历代领导集体的一贯努力下,中国人民的物质生活才在一穷二白的基础上有了显著的改善。国内生产总值从 1978 年的 3264 亿元人民币上升到 2007 年的 246619 亿元人民币,在改革开放以来的 30 年中年均 GDP 增长率超过 9.5%,贫困人口从 3 亿多人下降为不到 1500 万人。[①] 绝大多数人民群众不仅解决了温饱问题,而且开始过上小康生活。二是都注重从

---

① 俞可平:《努力实现人的自由而全面的发展——谈〈共产党宣言〉与中国特色社会主义》,载《马克思主义与现实》2008 年第 3 期。

教育入手塑造人。百年大计教育为本,从毛泽东提出的"教育与生产劳动相结合"、到邓小平提出培养社会主义"四有"新人,从江泽民一再强调的科教兴国到当代领导集体所实施的免费义务教育和大力倡导的高等教育、职业教育、在职教育等,都体现了马克思所说的通过教育造就全面发展的人的努力。三是都注重精神生产的育人功能。从毛泽东提出的"双百"方针到邓小平"两个文明"、从江泽民的"三个文明"到胡锦涛的"四个文明"和"四个建设"①,都蕴涵着文化发展和精神文明建设的思想。上述几个方面都是历代领导人对马克思主义人的全面自由发展实现途径、实践内容的探索。

诚然,"历史不外是各个世代的依次交替。每一代都利用以前各代遗留下来的材料、资金和生产力;由于这个缘故,每一代一方面在完全改变了的环境下继续从事所继承的活动,另一方面又通过完全改变了的活动来变更旧的环境"②。人的发展也遵循同样的道理,其每一个方面的实现也不是一蹴而就,上述几个方面实践上的突破难以截然分开。中华民族的独立将中国人民从"三座大山"的压迫下拯救出来、使中国人民获得了政治解放,为第二阶段上进行经济建设、解决生存之最基本的温饱问题提供了政治前提;而政治的独立、经济的发展,又为第三阶段上探索中国特色社会主义的价值取向奠定了坚实的经济基础;而只有在理论上确认社会主义价值原则后,才能在社会治国理念中提出以促进人的发展为中心目标的以人为本社会运行机制。因此,马克思主义人的全面自由发展理论中国化历程表明,人的全面自由发展表现为一个前后相继、永续发展的进程。人的发展的每一个方面的实现都为下一次飞跃提供了良好的基础,而后续的发展则使此前实现的内容更加巩固。

---

① "双百"方针即百花齐放、百家争鸣;"两个文明"即物质文明和精神文明;"三个文明"即物质文明、精神文明和政治文明;"四个文明"即物质文明、精神文明、政治文明和生态文明;"四个建设"即经济建设、政治建设、文化建设和社会建设。
② 《马克思恩格斯选集》第1卷,人民出版社1995年版,第88页。

二、中国化的人的全面自由发展理论与实践前瞻

通过上述对百余年来马克思主义人的全面自由发展理论的回顾与总结,可以看出中国人民在这条路上已经取得骄人的成绩,在这一领域中逐渐恢复了马克思主义的本来面貌。但这一成绩与漫长的人类社会相比,与马克思所设想的共产主义社会人的发展的最高理想相比,无论是理论上的解读还是实践中的推进都还有很长的距离,真正实现人的全面自由发展任重道远。

(一) 理论空间

在依据马克思关于共产主义是"每个人的全面而自由发展"的基本原则回顾和梳理中国化的历史进程中,我们发现当代中国共产党人对这一理论的诠释尚有很大的发展空间。

首先是关于"人"的内涵差异。在马克思那里,"人"是作为哲学社会科学对象的,是客观存在于现实生活中的、具有各种社会关系、从事各种社会活动、创造着社会历史的"所有人"、"每个人",是哲学人、是个体。这样的"人",是由所有个体按一定方式结合而成的、具有复杂结构的社会有机系统,是个人、群体和类的统一,它是从人的权利与义务、尊严与价值的多维统一层面对全社会所有成员的本质性肯定,其着眼点是"个体",即马克思在表述共产主义基本原则时所使用的主体词——"人人"、"每个人"。而在历代中共领导人这里,"人"的表现形式是"人民",是政治人、是集体人。如毛泽东说的"人民群众是历史的创造者"、"全心全意为人民服务",邓小平的"以人民满意不满意、答应不答应、高兴不高兴"为判断是非得失的标准,江泽民的"立党为公、执政为民"的提法,胡锦涛的"发展为了人民、发展依靠人民、发展成果由人民共享"的人民观,都反映了"人民"的主导地位。而"人民"显然是一个带着强烈政治立场的术语,它以"敌我"二元思维为基础或在"官民"对立中突出"人民群众",是一个"主体"、"群体"概念。这种提法既是当前世界范围内还存在着社会

主义与资本主义的较量与斗争的曲折反映,也是中国社会主义初级阶段生产力不发达、阶级斗争在一定范围内存在的折射,是"世情"与"国情"的使然。"人民"只是社会发展特定阶段的一个过渡性概念,随着社会发育程度的进一步提高,公民社会的实现,世界范围内阶级的消灭、国家消亡,"人民"一词终将为"人"所代替,中国特色社会主义将在自己的旗帜上写上"每个人"全面而自由的发展。

其次是关于"自由"的缺失。马克思主义人的全面自由发展理论是一个完整命题,但是目前中国社会对这一命题的理解却存在着明显差别。从国家治理层面上来讲,历代领导人在确认共产主义社会基本原则时大多使用"人的全面而自由的发展"这一概念,而在确立社会主义目标时又使用了"人的全面发展"。这种情况表明"自由"并不是一个可有可无的修饰词,而是一个十分讲究的提法。历代领导人之所以不在社会治理层面提出人的自由发展,并非是对"自由"的无知,他们对作为共产主义社会基本原则的"全面而自由"发展原则的确认便是证明。但他们清醒地知道,人的自由发展的实现需要更高社会条件,是今天的社会主义初级阶段远远不能成就的,因此在确立现阶段人的发展目标时,并未能在当下的执政治国理念中予以体现。从理论研究层面看,则情况更为复杂。不少研究只谈到"全面发展",而忽略了"自由发展"。许全兴教授在谈到这个问题时尖锐地指出:"马克思明明白白说的是'每个人全面而自由的发展',而我们的理论家却硬把'自由'两字砍去,只剩下'全面发展'。"①还有不少研究并未意识到二者的差异并在研究中未能加以区分,存在着一种概念混同或模糊,它所涉及的实质问题是没有真正弄清两种概念背后所折射出来的人的发展两种状态及决定两种状态的社会发育程度。

事实上,"自由"在马克思那儿占着极其重要的地位,他把未来的共产主义社会定义为"代替那存在着阶级和阶级对立的资产阶级旧社会的,将是这样一个联合体,在那里,每个人的自由发展是一切人的自由发展的条件",他甚至把未来的理想社会明明白白地确定为"自由人联合体"、"自由王国"。可见,"自由"是马克思主义学说追求的一个终极价值

---

① 阮青:《〈中国个性解放之路〉序言》,华东师范大学出版社2004年版,第2页。

目标,也是自欧洲启蒙学者提出民主、自由、平等价值观以来为实践所证明了的人类社会政治文明的共同成果。然而,在民主法制、公平正义已为社会主义所撷取的今天,自由仍然是一个十分敏感的话题,甚至曾一度将自由及自由主义统统贴上资产阶级的标签而列为禁区。究其原因,客观上是受前述社会发育程度的制约,主观上则是由于我们曾经受到过资产阶级自由化袭击,有种"一朝被蛇咬,十年怕井绳"的畏惧。但是"自由"终究是人类珍贵的理想,随着社会的进步,社会主义终会将"人的自由发展"写到自由的旗帜上,亦如今天已经提出的"人的全面发展"一样。因此,虽然中国社会的发展还远未能成就共产主义的"自由"梦想,但作为理论工作者有义务、有责任客观、忠实、科学地解读马克思主义自由观、共产主义自由原则,加强对社会主义自由观与资本主义自由观的比较研究,为党和国家在条件成熟的时候提出完整的马克思主义人的全面自由发展理论做出应有的贡献。

(二) 实践空间

不可否认,百余年来中国人民在追求全面自由发展的道路上已经迈出了坚实步伐。我们实现了梦寐以求的民族独立,解决了具有决定意义的温饱问题,确立了中国特色社会主义理论的价值主题,在治国理念中提出了以人为本并将人的全面发展规定为社会主义追求的目标,这些业绩举世公认。

然而,从人类历史发展的长河来看,我们所取得的成就仅仅是在人的发展道路上迈出的一小步。在我们的社会生活现实中,依据马克思所预测的人类社会"三形态"演进图景,中国人的发展尚未完全摆脱第一形态的痕迹,而与资本主义一样同处于以物的依赖性为基础的人的独立性时期,甚至说是正处于从第一形态向第二形态的过渡时期,社会关系中的依赖性随处可见,尤其在农村个人对血缘关系(家庭、家族)的依赖较重。据湖北省孝感县1991年按"国情调查数据库"统一问卷对农民家庭进行的抽样调查,在孝感县农民社会交往的主要对象中亲属的比例占64%。

在1999年天津市的调查中,这个比例仍高达55.4%。①过去的家族企业也是这种依赖关系的产物。在城市则表现为个人对单位的依赖,如果一个人找不到工作或失去了单位,他就会无限担心沦落为一个无依无靠的"游民"。人们长期从事同一工作而患上的"职业病"、具有正式编制的工作被称为"铁饭碗"、"下岗就失业、毕业即失业"的待业大军反映的正是个人对工作、对单位的严重依赖。就整个社会来说则表现为对权力的依赖,平民对官员、下级对上级的依赖,"父母官"、"包青天"、"为民作主"的提法正是这种依赖关系典型而曲折的反映。

中国人民发展中存在的这种普遍性的依赖关系,从根本上来讲是由中国社会发育程度较低决定的。根据马克思"三形态说",实现人类彻底的解放需要跨越"人的依赖性、以物的依赖性为基础的人的独立性"两个漫长的历史阶段,最后才能走向人的自由个性。目前我国还处于共产主义的第一阶段——社会主义,而且还处于第一阶段的初级阶段。社会主义的初级阶段是不发达的阶段,其最主要标志是生产力的落后。党的十三大认定的状况是:"人口多,底子薄,人均国民生产总值仍居于世界后列。突出的景象是:十亿多人口,八亿在农村,基本上还是用手工工具搞饭吃;一部分现代化工业,同大量落后于现代化水平几十年甚至上百年的工业,同时存在;一部分经济比较发达的地区,同广大不发达地区和贫困地区,同时存在;少量具有世界先进水平的科学技术,同普遍的科技水平不高,文盲半文盲还占人口近四分之一的状况,同时存在。"②十五大对上述说法再次进行了确认,认为"人口多、底子薄,地区发展不平衡,生产力不发达的状况没有根本改变;社会主义制度还不完善,社会主义市场经济体制还不成熟,社会主义民主法制还不够健全,封建主义、资本主义腐朽思想和小生产习惯势力在社会上还有广泛影响"③。直到2007年召开的党的十七大仍然以"两个没有变"再次确认了初级阶段生产力落后的现

---

① 张文宪等:《天津农村居民的社会网》,载《新华文摘》1999年第6期。
② 中共中央文献研究室编:《十三大以来重要文献选编》(上册),人民出版社1991年版,第10页。
③ 江泽民:《高举邓小平理论伟大旗帜,把建设有中国特色社会主义事业全面推向二十一世纪》,载1997年9月12日《人民日报》。

实。十七大报告称:"经过新中国成立以来特别是改革开放以来的不懈努力,我国取得了举世瞩目的发展成就,从生产力到生产关系、从经济基础到上层建筑都发生了意义深远的重大变化,但我国仍处于并将长期处于社会主义初级阶段的基本国情没有变,人民日益增长的物质文化需要同落后的社会生产之间的矛盾这一社会主要矛盾没有变。"①

因此,正是受制于初级阶段社会发育程度的低下,人的发展才表现了普遍的依赖性。由于生产力的落后,其所提供的社会财富尚难以满足人们最基本的生存需求;而生存是人第一层次的需求和人的全面自由发展的起点,没有生存就没有发展。著名的马克思"吃喝住穿"理论及其"要能发展,首先必须生存"②的理论诠释的都是同一个道理。在社会主义初级阶段,生产力的发展没有真正全面提升,落后的物质生产带来了巨大的生存压力,更远远滞后于人的发展需求,马克思所设想的人的全面自由发展所包含的更多更丰富的内容,如人的精神境界的极大提高、本质力量的全面拓展、自由个性的完全释放、社会关系的大大丰富等远远未能充分展开。

因此,回眸马克思主义人的全面自由发展理论中国化历程,既要充分肯定已取得的进步,同时又要清醒认识到人的解放还面临着艰巨的历史任务,力避将实践中初见成效的东西视为完美无缺的模式而迟滞前进的步伐。

---

① 中国共产党第十七次全国代表大会文件:《中国共产党第十七次全国代表大会文件汇编》,人民出版社2007年版,第13—14页。
② 《马克思恩格斯全集》第19卷,人民出版社1963年版,第439页。

参考资料

一、文献典籍著作类

1.《马克思恩格斯全集》(2卷、3卷、7卷、12卷、16卷、19卷、20卷、23卷、26卷、42卷、46卷),人民出版社1957、1960、1959、1962、1964、1963、1971、1972、1974、1979年版。

2.《马克思恩格斯选集》1—4卷,人民出版社1995年版。

3.《列宁全集》(2、3卷;30、33、34、35、36卷;39、40卷;43卷;49、50、52卷;23卷),人民出版社1984、1985、1986、1987、1988、1990年版。

4.《毛泽东选集》(1—4卷、5卷),人民出版社1991、1977年版。

5.《毛泽东文集》(1卷、2卷、3—4卷),人民出版社1991、1993、1996年版。

6.《毛泽东著作选读》(上、下),人民出版社1986年版。

7.《毛泽东早期文稿》,湖南人民出版社1995年版。

8.《毛泽东书信选集》,中央文献出版社2003年版。

9.《毛泽东在七大的报告和讲话集》,中央文献出版社1995年版。

10.《周恩来选集》下卷,人民出版社1984年版。

11.《邓小平文选》(1—2卷;3卷),人民出版社1994、1993年版。

12.《江泽民文选》第3卷,人民出版社2006年版。

13.江泽民:《论"三个代表"》,中央文献出版社2001年版。

14.江泽民:《在庆祝中国共产党成立八十周年大会上的讲话》,人民出版社2001年版。

15.中共中央文献研究室编:《十六大以来重要文献选编》(上、中、下),中央文献出版社2005、2006、2008年版。

16.温家宝:《提高认识,统一思想,牢固树立和认真落实科学发展观》,《人民日报》,2004年3月1日。

17.中共中央文献研究室编:《建国以来重要文献选编》(第9册),中央文献出版社1994年版。

18.中共中央文献研究室编:《十一届三中全会以来党的历次全国代表大会中央全会重要文件选编》(上、下),中央文献出版社1997年版。

19.《孙中山全集》,中华书局1981年版。

20.《陈独秀文章选编》(上、中、下),生活·读书·新知三联书店1984年版。

21.《陈独秀著作选》,上海人民出版社1993年版。

22.《李大钊文集》(上、下),人民出版社1984年版。

23.《瞿秋白选集》,人民出版社1984年版。

24.《艾思奇文集》(1卷),人民出版社1981年版。

25.《李达文集》第1卷,人民出版社1984年版。

26.《鲁迅全集》,人民文学出版社1981年版。

27.《毛泽东同志论教育工作》,人民教育出版社1992年版。

28.巴图:《生存·温饱·发展:毛泽东的人权观》,中国政法大学出版社1993年版。

29.袁洪亮:《中国近代人学思想史》,人民出版社2006年版。

30.北京大学哲学系编译:《西方哲学原著选读》(上、下),商务印书馆1999年版。

31.北京大学哲学系编:《马克思主义与人》,北京大学出版社1983年版。

32.蔡普民:《科学发展观的人学审视》,中国社会科学出版社2008年版。

33.陈刚:《马克思的自由观》,河南人民出版社1996年版。

34.陈波:《马克思主义视野中的人权》,中国社会科学出版社2004年版。

35.陈先达:《走向历史的深处》,上海人民出版社1987年版。

36.陈卫平、晋荣东:《人的全面发展是建设社会主义的本质要求》,上海社会科学院出版社2002年版。

37. 陈志尚:《人的全面自由发展论》,中国人民大学出版社 2004 年版。

38. 陈志尚:《人学原理》,北京出版社 2005 年版。

39. 丁守、殷叙彝:《从五四启蒙运动到马克思主义的传播》,三联出版社 1979 年版。

40. 逄先知、金冲及:《毛泽东传》(上册),中央文献出版社 2003 年版。

41. 冯契:《中国近代哲学的革命进程》,上海人民出版社 1989 年版。

42. 冯景源:《马克思异化理论研究》,中国人民大学出版社 1998 年版。

43. 高放、李景治、蒲国良:《科学社会主义的理论与实践》,中国人民大学出版社 2005 年版。

44. 高军、王桧林、杨树标:《五四运动前马克思主义在中国的介绍与传播》,湖南人民出版社 1986 年版。

45. 雇中平:《人的全面发展历史、现实与未来》,四川教育出版社 1988 年版。

46. 郭德宏:《中国马克思主义发展史》,中共中央党校出版社 2001 年版。

47.《郭嵩焘日记》(一),湖南人民出版社 1983 年版。

48. 韩庆祥:《马克思人学思想研究》,河南人民出版社 1996 年版。

49. 华东师范大学教育系编:《列宁论教育》,人民教育出版社 1990 年版。

50. 靳辉明:《谈谈异化和人道主义问题》,北京出版社 1984 年版。

51. 李中华:《中国人学思想史》,北京出版社 2005 年版。

52. 林炳秋、武克全:《马克思主义与中国社会主义实践》,中国大百科全书出版社上海分社 1991 年版。

53. 林代昭:《马克思主义在中国——从影响的传入到传播》,清华大学出版社 1983 年版。

54. 刘光荣:《毛泽东人际艺术》,中共中央党校出版社 1992 年版。

55. 郑永廷:《人的现代化理论与实践》,人民出版社 2006 年版。

56. 刘启良:《马克思东方社会理论》,学林出版社1994年版。

57. 罗荣渠:《现代化新论》,北京大学出版社1993年版。

58. 阮青:《中国个性解放之路》,华东师范大学出版社2004年版。

59. 权延赤:《毛泽东与赫鲁晓夫》,吉林人民出版社1989年版。

60. 启中平:《人的全面发展——历史、现实和未来》,四川教育出版社1988年版。

61. 沈恒远、燕宏远:《国外学者论人和人道主义》,社会科学文献出版社1991年版。

62. 张忠良:《毛泽东人学思想》,湖南人民出版社2006年版。

63. 苏联教育科学院编:《马克思恩格斯论教育》,人民教育出版社1985年版。

64. 陶富源:《终极关怀论——人的哲学之悟》,安徽大学出版社2004年版。

65. 王伟光:《科学发展观研究》,中共中央党校出版社2004年版。

66. 张景荣:《中国特色社会主义文化根本任务论》,天津社会科学院出版社2003年版。

67. 武天林:《马克思主义人学导论》,中国社会科学出版社2006年版。

68. 武原:《外国人眼中的毛泽东》,华岳文艺出版社1989年版。

69. 夏甄陶:《人是什么》,商务印书馆2000年版。

70. 向洪:《邓小平的人才谋略》,四川人民出版社1996年版。

71. 辛世俊、滕世宗:《邓小平人学思想》,大象出版社1999年版。

72. 熊芳、雍涛:《毛泽东眼中的人》,人民出版社2003年版。

73. 许全兴、陈战难、宋一秀:《中国现代哲学史》,北京大学出版社1991年版。

74. 《严复集》,中华书局1986年版。

75. 袁贵仁等:《论人的全面发展》,广西人民出版社2003年版。

76. 杨干忠:《社会主义市场经济概论》,中国人民大学出版社1998年版。

77. 俞可平:《全球化时代的"马克思主义"》,中央编译出版社1998

年版。

78. 赵敦华：《西方人学观念史》，北京出版社2005年版。

79. 雍涛：《马克思主义哲学中国化的历史进程》，武汉大学出版社2006年版。

80. 张步仁、马杏苗：《马克思主义人学研究》，黑龙江人民出版社2005年版。

81. 赵馥洁：《邓小平的价值观与改革开放20年》，陕西人民出版社1999年版。

82. ［苏］弗罗洛夫：《人的前景》，中国社会出版社1989年版。

83. ［美］赫伯特·马尔库塞：《单向度的人：发达工业社会意识形态研究》，刘继译，上海译文出版社2006年版。

84. ［美］罗兰·帕克：《人性与个性》，华夏出版社1991年版。

85. ［德］恩斯特·卡西尔：《人论》，甘阳译，上海译文出版社2004年版。

86. ［苏］多柏雷宁：《个性积极性问题》，科学出版社1958年版。

87. ［德］兰德曼：《哲学人类学》，工人出版社1988年版。

88. ［英］莱士列·史蒂文森：《人学的世界》，李燕、赵健杰译，中国人民大学出版社1992年版。

89. ［德］凯特林·勒德雷尔：《人的需要》，邵晓光、孙文喜、王国伟、贾永兴、王晓红译，辽宁大学出版社1988年版。

90. ［德］卡尔·雅斯贝尔斯：《现时代的人》，周晓亮、宋祖良译，社会科学文献出版社1992年版。

91. ［美］麦克斯维尔·梅尔兹：《个性的改造》，红旗出版社1988年版。

92. ［美］杜娜叶夫斯卡娅：《马克思主义与自由》，傅小平译，辽宁教育出版社1998年版。

93. ［美］阿列克斯·英克尔斯，戴维·H.史密斯：《从传统人到现代人——六个发展中国家中的个人变化》，顾昕译，中国人民大学出版社1992年版。

94. ［印］阿马蒂亚·森：《以自由看待发展》，中国人民大学出版社

2002年版。

95.［美］埃里希·弗洛姆:《对自由的恐惧》,国际文化出版公司1988年版。

96.［德］恩斯特·卡西尔:《人论》,上海译文出版社1985年版。

97.［美］埃里希·弗洛姆:《人的呼唤——弗洛姆人道主义文集》,王泽应、刘莉、雷希译,上海三联书店1991年版。

98.［美］埃里希·弗洛姆:《自为的人》,国际文化出版公司1988年版。

99.［美］约翰·杜威:《人的问题》,傅统先译,上海人民出版社2006年版。

100.［英］休莫:《人性论》,商务印书馆1980年版。

101.［德］雅斯贝尔斯:《现时代人》,社会科学文献出版社1991年版。

102.［美］托马斯·内格尔:《人的问题》,万以译,上海译文出版社2004年版。

103.［英］斯蒂文森:《人学的世界》,中国人民大学出版社1992年版。

104.［法］萨特:《存在主义是一种人道主义》,上海译文出版社1998年版。

105.［意］桑德拉·苏阿托妮:《文艺复兴:从神性走向人性》,夏方林译,四川人民出版社2000年版。

106.［俄］尼·列昂捷夫:《活动、意识、个性》,上海译文出版社1982年版。

107.［俄］尼古拉·别尔嘉耶夫:《人的奴役与自由》,贵州人民出版社1994年版。

108.［日］池田大佐:《我的人学》,北京大学出版社1992年版。

109.［法］卢梭:《社会契约论》,何兆武译,商务印书馆2003年版。

二、论文类

1.蔡晓牧:《社会主义市场经济与人的全面发展》,载《西南师范大学学报》2003 年第 11 期。

2. 曹冬梅、陈晓勇:《马克思人的全面发展理论在中国的发展》,载《延安大学学报》2004 年第 4 期。

3. 陈卫平:《人的全面发展与社会主义初级阶段的体制创新》,载《上海社会科学院学术季刊》2002 年第 3 期。

4. 陈先达:《马克思主义中国化的新境界》,载《教学与研究》2002 年第 5 期。

5. 高湘泽:《回归和实践马克思主义人文关怀》,中国人学学会第十届学术年会"以人为本与中国特色社会主义"会议论文,2008 年 11 月。

6. 丁涛:《胡锦涛的以人为本思想研究》,山东大学优秀硕士论文 2005 年。

7. 杜金亮:《简论毛泽东关于人的全面发展思想》,载《理论探讨》1995 年第 4 期。

8. 范履冰:《论马克思人的全面发展理论的哲学意蕴和当代意义》,载《西南师范大学学报》(人文社会科学版)2002 年第 3 期。

9. 方世南:《生态环境和人的全面发展》,载《哲学研究》2002 年第 2 期。

10. 郭红玲:《邓小平对马克思人的全面发展学说的重大贡献》,载《毛泽东思想研究》2001 年第 2 期。

11. 韩庆祥:《努力促进人的全面发展》,载《毛泽东邓小平理论研究》2002 年第 5 期。

12. 韩庆祥:《社会主义初级阶段和人的全面发展》,载《教学与研究》2002 年第 6 期。

13. 韩庆祥:《应注重揭示人的全面发展的时代内涵》,载《科学社会主义》2002 年第 2 期。

14. 贾高建:《马克思主义与人文关怀》,载《理论前沿》2000 年第 4 期。

15. 李敏:《以人为本——中国共产党执政规律的集中体现》,载《内江师范学院学报》2006 年第 5 期。

16. 李士坤:《对"以人为本"的解读》,载《哲学原理》2005 年第 5 期。

17. 李淑梅:《经济全球化与人的发展》,载《南开大学学报》2001 年第 3 期。

18. 李知恕:《论马克思主义的人的全面发展观》,载《理论探讨》2002年第 3 期。

19. 李中元:《人的解放和全面发展的伟大历程》,载《公民导刊》2008年第 9 期。

20. 林兆木:《取得重大历史性成就的十三年》,载《人民日报》2002年 11 月 26 日。

21. 卢衍昌:《论社会主义初级阶段人的全面发展》,载《理论学刊》2002 年第 9 期。

22. 罗文东:《社会主义与人的全面发展》,载《南京航天航空大学学报》2002 年第 3 期。

23. 罗文东:《正确认识苏联解体的原因与教训》,载《马克思主义研究》2006 年第 10 期。

24. 马德普:《正确理解马克思的人的全面发展思想》,载《社会主义研究》1997 年第 6 期。

25. 南钢:《"三个代表"与人的全面发展》,载《太原教育学院学报》2002 年第 12 期。

26. 牛先锋:《我国现阶段提出人的全面发展问题的现实意义》,载《科学社会主义》2002 年第 2 期。

27. 庞井君:《江泽民"人的全面发展"思想及其重大意义》,载《邓小平理论月刊》2002 年第 7 期。

28. 秋石:《社会主义和人的全面发展》,载《求是》2002 年第 13 期。

29. 石书臣:《人的全面发展的本质涵义和时代特征》,载《河北大学学报》2004 年第 4 期。

30. 孙超:《论邓小平"人的全面发展"思想》,载《江汉大学学报》2004年第 9 期。

31. 孙显元:《马克思社会形态划分理论的演变》(上),载《淮北职业技术学院学报》2002 年第 12 期。

32. 孙显元:《马克思社会形态划分理论的演变》(下),载《淮北职业技术学院学报》2003年第1期。

33. 唐晓勇:《促进人的全面发展是"三个代表"要求的根本目标》,载《毛泽东思想研究》2002年第11期。

34. 王金存:《葬送苏共和苏联的一剂毒药——评戈尔巴乔夫"人道的民主的社会主义"》,载《中华魂》2008年第1期。

35. 王明东、张首先:《毛泽东、邓小平、江泽民人的全面发展思想之比较》,载《探索》2003年第5期。

36. 王南湜:《马克思人的发展理论的内在张力》,载《新华文摘》2006年第2期。

37. 汪寿祥:《"三个代表"的逻辑引申:人的全面发展》,载《求实》2003年第8期。

38. 王友洛:《不能以"人的全面发展"替代"个人全面而自由的发展"》,载《哲学研究》1993年第8期。

39. 王员、郭秋光:《科学社会主义视野下的最低纲领最高纲领统一论的现实针对性》,载《社会主义研究》2006年第5期。

40. 汪征鲁:《中国马克思主义以人为本价值观的崛起》,载《福建师范大学学报》(哲学社会科学版)2005年第3期。

41. 王志凤:《人的全面发展的内涵及其实现条件》,载《理论与改革》1997年第4期。

42. 王忠武:《人的全面发展在当代中国社会发展中的地位和作用》,载《天津社会科学》2002年第3期。

43. 魏义霞:《人的生存维度及其哲学回应》,优秀博士论文2003年。

44. 熊宏俊:《论毛泽东人的全面发展观》,载《求实》2004年第5期。

45. 徐春:《科学发展观与人的全面发展》,载《北京行政学院学报》2008年第1期。

46. 徐建立:《经济全球化与人的全面发展》,载《河南师范大学学报》2003年第5期。

47. 许全兴:《"人的自由而全面发展"与现代性》,载《哲学原理》2005年第5期。

48. 杨继红、王浣尘:《邓小平建立社会主义市场经济体制的螺旋推进过程》,载《毛泽东思想研究》2005 年第 1 期。

49. 杨信礼:《青年毛泽东毕生理想浅探》,载《毛泽东思想研究》1989 年第 3 期。

50. 俞可平:《努力实现人的自由而全面的发展——谈〈共产党宣言〉与中国特色社会主义》,载《马克思主义与现实》2008 年第 3 期。

51. 俞可平:《人的全面发展:马克思主义的最高命题和根本价值》,载《马克思主义与现实》2001 年第 5 期。

52. 张静、陈红娟:《轨迹·逻辑·后续——中国特色社会主义理论体系解读》,载《理论探讨》2008 年第 1 期。

53. 张雪永:《社会主义与人的全面发展》,载《社会主义论丛》2003 年第 5 期。

54. 张志辉:《论知识经济与人的全面发展的良性互动》,载《求索》2002 年第 4 期。

55. 赵小华:《邓小平人的全面发展思想:理想与现实的互动》,载《邓小平理论研究》2001 年第 5 期。

56. 赵兴良:《论江泽民人的全面发展观》,载《邓小平理论研究》2003 年第 8 期。

57. 赵兴良、胡启南:《人的全面发展与社会主义》,载《社会主义研究》2001 年第 11 期。

58. 郑永廷、石书臣:《马克思主义人的全面发展理论的丰富与发展》,载《马克思主义研究》2002 年第 1 期。

59. 周敬青:《正确认识和把握党的最低纲领与最高纲领相统一中的五大课题》,载《上海党史与党建》2002 年第 8 期。

60. 祝黄河:《论人的全面发展在马克思主义理论体系中的地位》,载《科学社会主义》2002 年第 4 期。

三、外文类

1. Fromm Erich, *Marx's Concept of man*, N. Y. : The Free Press, 1961.

2. Mclellan David, *Marx and Engels on the Future Communist Society*, in: John P. Burke, Lawrence Crocker and Lyman H. (eds.), *Marxism and

the Good Society, Cambridge University Press, 1970.

3. O'Rouke, James, *The Problem of Freedom in Marxist Thought*, Dordrecht: Kluwer Academic Publishers, 1974.

4. Paul Smart, *Mill and Marx: Individual Liberty and The Roads to Freedom*, Manchester University Press, 1991.

5. Robert Weatherley: *The discourse of human rights in China: Historical and Ideological PersPective*, NewYork: ST. Martin S Press, 1999.

6. Selucky, Radoslav, Marxism, *Socialism Freedom: Towards a General Theory of Labor-Managed System*, London: Macmillan Press Ltd, 1979.

7. UNDP, *Human Development Report* 1995, NewYork: Oxford University Press, 1995.

后 记

获得全面而自由的发展不仅是马克思的夙愿,亦为当世之人奢侈的梦想。怀抱着这样的梦,我选择了这个研究话题,并使自己的人生也向着这个方向努力。1993年,在千军万马中我跨过了高考的独木桥,挤进了河南大学。四年的大学时光即将结束之际,一纸研究生录取通知书让我能够继续留在那所历史文化悠久、学术积淀深厚的河南大学。2000年毕业后,我来到了河南省委党校。面对党校日益高学历、高实践水平的学员,站在讲台上的我如履薄冰,深感学历低资历浅,庸医误人,遂决定考博。然而,通往自由王国的路总是伴随着窘境。彼时,子幼父迈,生活挫折不断,三十有余的我步履维艰。但时不我待,肩负着沉重的负荷,我执著地走进了南开园。尔来春秋有三,历经博论之灼,终于公元2009年站到了学位颁发台上。于此,布衣寒女为闯锦绣前程离村走镇驻汴栖郑赴京转津终摘学位之冠。今天呈现在读者面前的小著,正是在博士论文的基础上拓展而成。

诚哉,文凭两纸,实功名一场,皆寻常人生,乏善可陈。然从小学至初中、从高中及大学、从硕士到博士,漫长21年的负笈游学,承载着太多人的关爱和鼓励。他们是:我的父母、我的恩师、我的单位、我的挚友亲朋。身发受之父母,学德受之师长,栽培受之单位,激励受之挚友。付梓之际,更忆助我追梦的吾师、吾友、吾亲,遂以文言表育教之恩、资助之情。

自入南开大学以来,累受师长教育之恩。熬时三年、携我奋战在学业第一线的武东生先生温恭和蔼、德才兼具,于我终生受益。一为先生激发我以学术信心。曾几何时,仰视学界泰斗,自卑感严重迟滞着我的求索,是先生发蒙启蔽,明以学术之法,引我渐入佳境,信心随之倍增。二为先生启迪我以学术高度。追思往昔,为"跳农门"而苦战寒窗,为利禄功名而洋学伪文,置学术要义于脑后。是先生以其马克思主义理论工作者的高度责任感、大家的气度、深邃的思维、广阔的视野微言大义、鱼渔双授,引领我跨上新台阶,使得博士论文能立足于社会主义的高度来看待人的发展问题。三为先生上善若水,行端表正,利名不争,不言之教,用以修身养性。巨舰破浪,非桨舵导引无以致远千里;大鹏腾空,非长风托举难望垂翼九天。虽不敢妄想某日能为巨舰鲲鹏,但先生扶我上马定能助我奏响生命的音响与光华。是以没齿难忘,感念于心。亦欲备述三年来给我以智慧与启迪的张静教授、刘景泉教授、李毅教授、赵铁锁教授、寇清杰教授、纪亚光教授等,彼等皆博学厚德,垂教之恩永世铭记。

难忘为我今天博取中国最高学位奠定阶段性基础而立下丰碑的历任恩师。从小学到大学他们依次是:放飞少年理想的时富尊老师、时祥耀老师,成就光辉中学的王富恩老师、朱建德老师,苦战高考的白丁文老师、周风云老师,授业养身双予的韩爱萍老师、庞洪铸老师,助我登高望远、年逾古稀的姜大为老师、孙君健老师等。亦有更多师长,情长襟短,述之则挂一漏万。在此,祝愿我敬爱的老师们平安健康,我会一路耕耘以谢师长们的心血浇灌。

我的单位中共河南省委党校,数载鼎力以助。十年前,游学一十八载手持一纸文凭的我意气方遒,雄心闯天下。不想眼望林立的大厦,竟无可进的楼门。凄惶沮丧报国无门的我辗转于郑州街头,是她——中共河南省委党校热情接纳了我这个布衣学子。田舍之郎终成国家干部,累弯腰脊的双亲从此绽开笑颜。一个月后我收到人生第一笔薪俸,六个月后乔迁撒满阳光的小居,三年后我成长为一名合格的讲师,五年后跨入北京大学深造,而今转眼春秋九载一名博士研究生即将诞生。回首芝麻开花日新月异的盛景,内心溢满对单位的感激。感谢中共河南省委党校的领导,是他们本着为党的教育事业打造优秀师资的初衷,作出力送教师出校进修的英明决策。外出求学的日子里,中共河南省委党校给予鼎力相助,不仅同意我全脱产学习,使我拥有读书和写作的充分时间,而且给予部分经费资助,薪饷全额下发,免去了我坐冷板凳写文字的饥荒。栽培恩养之情牢记于心,惟有学成归来释放累年积聚以奉献单位,躬耕党的教育事业。感谢我所在的团队——科学社会主义教研部的领导和各位同仁,数年集体备课中给我以中恳指导和科研上的大力协助。我身外学习,是他们不辞劳苦勇担我的分内工作,对家人更是几多关照,了却我后顾之忧,在此向他们颔首致谢。

中共河南省委党校领导干部主体班学员和在职研究生们,都是思想开放、思维活跃的群体,在我讲授的"社会主义政治文明"、"中国政治体制改革"等课程中,课堂课下,学员们曾同我讨论了诸多问题、提出了很多宝贵意见。他们的理论疑惑启发了我的思考,涵养了书中的部分内容。谢谢我的学员们。

河南省社会科学界联合会、河南人民出版社提供了本书出版的人力、物力、财力鼎助。2011年年初,河南省社会科学界联合会启动了《河南社会科学文库》工程,成立了评审委员会。经过大浪淘沙的评选,本书很幸运地被纳入了《河南社会科学文库》第一批全额资助图书之列。评审委员会不仅同意出版本书,而且对文稿提出了中肯的修改意见。特别是河南人民出版社的李自强处长,非常仔细地提出了修改书稿的技术指标。这些建议已被吸收进修改稿中。感谢河南省社会科学界联合会,感谢河南人民出版社,没有你们的鼎力相助,本书的面世将经历一个更加艰难的过程。

感谢我的家人。我的父母,深明大义,目不识丁却懂书中自有黄金屋的至理。父母一生育养两儿两女,在改革开放初期温饱尚难糊口的艰苦岁月,他们一反重男不重女、供男不供女的褊狭观念,节衣缩食将四子皆送学堂。忆当年双亲为筹学费,咽苦不颦眉,奔波无稍息,砸锅卖铁挖东墙补西墙、忐忑不安进去面红耳赤出来的情景历历在目。而今他们已为国家培养了一博一硕二技工,年近古稀又肩挑抚养子孙之重担,支持儿女们干事创业。在我北上赴京津四年读书生涯中,是他们寒来暑往风刮雨淋把我的稚子从三岁拉扯到七岁、从幼稚园送进小学。非父母后盾如磐,我岂能安然于象牙塔攀登学位高峰?叩谢我平凡而伟大的双亲,唯有以成才换得他们的欢欣,以孝悌侍奉他们安享晚年。

提及我的幼女,不禁鼻酸眼热。女儿问世,无声无息,救护车呼啸着与死神争夺生命通道,小小精灵顽强地撕碎病危通知,以承受每日百针的坚毅争得与妈妈相伴人生的机会。可我却雪雨晨昏,难得停下匆忙前行的脚步。女儿三岁上,正渴望依偎在妈妈身边膝下承欢,我却背着行囊如饥似渴地攫取着北京大学深厚的思想资源。月余接女儿来京度十一国庆节,遍游美景毕,问"北京好不好",答曰"北京好,北京有妈妈"。我为之震惊,原以为她会说出动物园里令她激动不已的狮子老虎之类,却不想占据她心灵的仍然是朝思暮想魂牵梦萦的妈妈。天津三年更是离多聚少,每每女儿泪眼朦胧站台惜别时,我无不心如刀剜。而今女儿已经戴上红领巾,成了班里的小明星,开始钻研鸡生蛋蛋生鸡的学问了。偶尔她会对小朋友讲"我妈妈是博士",言语中溢满自豪。当她说"妈妈辛苦了",当她用小手为我搓揉久坐变形的背脊时,我相信女儿是懂事的,她终会明白妈妈这艰巨的一搏来之不易并原谅妈妈的多行少陪之罪。

许是我之幸运,人生路上总有挚友亲朋相伴。挚友皆为人中之菁,彼等各擅其长,材称栋梁,与我一路同行,裨益甚多。求学困顿之际,友人总慷慨解囊以助燃眉。写作倦怠无力形容枯槁时,不时能喝上小灶出炉的滋补汤。博士论文进行时,彼侪多通宵达旦,倾力援手,方得以成大块文章,如期毕业。回看二十多万一行行千锤百炼的文字,无数个得以订正的注解,乃至精美的格式小小的标点,深感其中溢满挚爱情深!

文章千古事,得失寸心知。往事远逝不是烟,感念驻心间。幸甚至哉!谨以此书献给吾师、吾友、吾亲,铭而致谢。

作　者
2010 年 9 月